be my guest

Arbeitsmaterialien zur Nachhaltigkeit

von
Stephan Stomporowski

unter Mitarbeit der Verlagsredaktion

GEFÖRDERT VOM

Bundesministerium
für Bildung
und Forschung

Cornelsen

Stephan Stomporowski, Vertr. Prof. Dr., Jg. 1967
Vertretungsprofessor am Institut für Berufs- und Wirtschaftspädagogik des Fachbereiches Erziehungswissenschaften der Universität Hamburg mit den Schwerpunkten Didaktik der Ernährungs- und Haushaltswissenschaften und Berufliche Bildung für eine nachhaltige Entwicklung; Berufsschullehrer mit der Fächerkombination Ernährungs- und Haushaltswissenschaften, Geschichte und Philosophie; Koch; zahlreiche Projekte, Vorträge und Veröffentlichungen im Bereich der Beruflichen Bildung für eine nachhaltige Entwicklung.

Redaktion: Anja Lull
Außenredaktion: Stefan Schiefer
Umschlaggestaltung: Anja Rosendahl, Berlin
Layoutkonzept: Michael Heimann, Heimann und Schwantes, Berlin
Layout und technische Umsetzung: Renate Huth, Heimann und Schwantes, Berlin

Das dieser Veröffentlichung zugrundeliegende Vorhaben wurde mit Mitteln des Bundesministeriums für Bildung und Forschung unter den Förderkennzeichen BBNE0001 und BBNE0002 gefördert.
Die Verantwortung für den Inhalt dieser Veröffentlichung liegt beim Autor.

www.cornelsen.de

1. Auflage, 1. Druck 2012

Alle Drucke dieser Auflage können im Unterricht nebeneinander verwendet werden.

Druck: Druckhaus Berlin-Mitte GmbH

ISBN 978-3-06-450665-7

Inhalt gedruckt auf säurefreiem Papier aus nachhaltiger Forstwirtschaft.

VORWORT

Liebe Auszubildende, liebe Schülerinnen und Schüler,

Nachhaltigkeit ist in aller Munde und sogar im Artikel 20 a des Grundgesetzes verankert. Doch wie funktioniert eigentlich nachhaltiges Handeln in der Praxis? Es gibt viele Ziele, die mit dem Gedanken der Nachhaltigkeit in Verbindung gebracht werden. So ist die Umwelt zu schonen (Ökologie), der faire Umgang mit anderen Menschen zu beachten (Soziales), aber gleichzeitig auch effektiv und effizient zu handeln (Ökonomie) sowie ein politisches Bewusstsein zu fördern (Politik) und vor allem die Gesundheit zu bewahren (Gesundheit). Doch kann man alle diese Ziele gleichzeitig erreichen? Nein, das wird nicht klappen. Es geht um das Bewusstmachen der Folgen unseres Handelns – gerade im Bereich der Berufsarbeit. Und vor allem geht es um einen aktiven Gestaltungsprozess. Aus diesem Grund wird von nachhaltiger Entwicklung gesprochen, die bei den Problemen der Gegenwart ansetzt und die Bedürfnisse der Generationen nach uns berücksichtigt. Dürfen wir unbegrenzt die Meere leer fischen, nur um unser derzeitiges Verlangen nach frischem Aal, Thunfisch und Seelachs zu befriedigen? Oder müssen wir nicht auch das Recht der nachfolgenden Generationen bedenken, ihren Nahrungsbedarf zu stillen?

Mit den vorliegenden Materialien soll gezeigt werden, dass es durchaus Wege einer nachhaltigen Entwicklung auch und gerade im beruflichen Bereich gibt. Diese Wege sind nicht konfliktfrei und müssen ausdiskutiert werden, um Gestaltungsmöglichkeiten aufzuzeigen. Nachhaltige Entwicklung verlangt ein Umdenken. Denn ein blindes „Weiter so wie bisher“ besitzt keine zukunftsweisende Perspektive. Wer heute im Beruf bestehen will, der muss ein Selbstverständnis entwickeln, das den Gedanken der nachhaltigen Entwicklung in das Handeln einbezieht. Dies gilt insbesondere für die Berufe im Ernährungsbereich, in denen es vielfältige Gestaltungsmöglichkeiten gibt, die Sie als Auszubildende und spätere Akteure in dieser Branche aufgreifen können.

Für die Unterstützung bei der Erstellung dieses Lehrbuches gilt der besondere Dank Prof. Dr. Heinrich Meyer, Dr. Anne Gerlach, Karsten Müller und Ernestine Tecklenburg.

Hamburg 2012
Stephan Stomporowski

INHALT

Hinweis
Ab Sommer 2012 stehen Ihren Lehrerinnen und Lehrern weitere Lerneinheiten online zur Verfügung. Diese können Sie am Ende dieses Buches einheften.

Nachhaltigkeit als Erfolgskonzept
Das GLOBALE-WELT-HOTEL stellt sich vor

Nachhaltigkeitsperspektive: „Werte als veränderbar begreifen“

Das sind Ihre fachlichen Kompetenzen

Sie sind in der Lage,

- die zentralen Aussagen eines Textes in eigene Worte zu fassen
- die Merkmale eines Hotelleitbildes zu nennen
- Beispiele für nachhaltiges Handeln zu nennen
- die zentralen Aussagen des Leitbildes vom GLOBALE-WELT-HOTEL zu nennen
- Argumente für Ihre Berufswahlentscheidung zu nennen
- verschiedene Arbeitsbereiche und Aufgaben von Hotelbetrieben zu nennen
- Leitbilder zu bewerten

Das sind Ihre personalen Kompetenzen

Sie sind in der Lage,

- sich selbstkritisch einzuschätzen
- eigene Leitbilder zu entwickeln, zu überprüfen und zu korrigieren
- die eigenen Berufserwartungen zu beschreiben
- andere Perspektiven einzunehmen
- andere Wertvorstellungen zu tolerieren
- ein eigenes Berufsverständnis zu entwickeln.

1 Das GLOBALE-WELT-HOTEL stellt sich vor

Abb. 1: Gutshaus Stellshagen (Mecklenburg-Vorpommern), das nach einem Nachhaltigkeitsleitbild arbeitet

1.1 Der Name: GLOBALE-WELT-HOTEL

Interview zwischen Herrn Grundmann von der Lokalzeitung und Frau Lange, der Inhaberin des GLOBALE-WELT-HOTEL, das sie seit 1993 leitet.

Herr Grundmann (Lokalzeitung)
Frau Lange, wie sind Sie eigentlich auf den Namen GLOBALE-WELT-HOTEL gekommen?

Frau Lange (Hotelinhaberin)
Das Hotel gehörte ursprünglich meinem Vater und hieß damals „Hotel Landleben". Als ich es übernahm, wollte ich vieles verändern. Das Hotel war mit seinen zwölf Zimmern klein und eher auf Kurzurlauber und Geschäftsreisende spezialisiert. Der Umsatz wurde über das Restaurant erzielt, das hauptsächlich Gäste aus dem Ort besuchten.

Und was sollte sich ändern?
Ich wollte weg vom alten Muff. Das Hotel sollte endlich ein richtiges Hotel und kein besseres Gasthaus sein. So renovierten wir zunächst die wunderschöne alte Fassade, die noch aus den 1920er Jahren stammt. Ich wollte das Hotel für neue Zielgruppen öffnen, schließlich liegen wir hier in einer Urlaubsregion. Das Meer ist zu Fuß keine 20 Minuten entfernt und die Gegend hier bietet viele Erholungsmöglichkeiten.

Und wie ging es dann weiter?
Wir modernisierten die alten Anlagen, erweiterten das Hotel um 20 Zimmer und bauten zusätzliche Ferienwohnungen direkt neben dem Hotelgelände. Das war sehr erfolgreich und wir konnten viele neue Gäste hinzugewinnen. Der Tourismusboom der 1990er Jahre hielt an und die Auslastung und der Umsatz stiegen. Wir konnten unser Hotel weiter modernisieren und hatten immer neue Ideen, wie z. B. den Anbau von Tagungsräumen und den Bau eines Wellnessbereiches.

Aber was hat das nun mit dem neuen Namen des Hotels zu tun?
Unsere Gäste kamen auch aus dem Ausland und wir mussten uns umstellen. Die ländliche Küche allein passte einfach nicht mehr zu unserem neuen Publikum. Unsere Küchenchefin, Frau Ehrlicher, machte daraufhin zahlreiche Fortbildungen und kam mit immer neuen Ideen wieder. Mal waren es asiatische Spezialitäten, dann italienische und auch die türkische Küche lernten wir schätzen. Das freute unsere Gäste und wir machten immer häufiger Aktionswochen und größere Bankettveranstaltungen unter dem Motto „Spezialitäten aus aller Welt".

Und das war dann der Anlass, dem Hotel einen neuen Namen zu geben?
Noch nicht, da waren ja noch unsere neuen Mitarbeiter. Weil einige Gäste kaum Deutsch sprachen, suchten wir Personal mit guten Sprachkenntnissen. So kam es, dass wir immer mehr Angestellte mit Migrationshintergrund einstellten. Und das zahlte sich doppelt aus. Denn neben den Sprachkenntnissen kennen sie auch die verschiedenen kulturellen Gewohnheiten unserer Gäste. Das ist in einem Hotelbetrieb sehr wichtig. Schließlich wollten wir keine Gäste verlieren, weil wir z.B. nicht wussten, dass Alkohol in der Minibar in einigen Kulturkreisen eher befremdlich wirkt.

Können Sie uns noch weitere Beispiele nennen?
Wenn eine Anmeldung ausländischer Geschäftsleute eingeht, wie z.B. aus Japan, dann können wir im Vorwege das Besprechungszimmer entsprechend ausstatten und eine gezielte Auswahl an Speisen anbieten.

Und daher der Namen „GLOBALE-WELT-HOTEL“?
Richtig, der alte Name war nicht mehr zeitgemäß und sprach nicht mehr unser Publikum an. Der neue Name sollte unser Motto von Gastfreundschaft und Offenheit ausdrücken. Jeder Reisende ist uns willkommen und jeder soll sich wohl fühlen. Außerdem ist unser Personal bunt gemischt, wir haben Beschäftigte aus der Türkei, aus Russland, aus Italien und von den Philippinen. Die bringen immer neue Ideen ein und wir bereichern uns gegenseitig mit kulturellem Wissen. So entstand ein wichtiger Teil unserer Betriebsphilosophie: die Chancen der kulturellen Vielfalt nutzen. Daher ist heute unsere Speisekarte abwechslungsreicher, die Zimmer sind individueller und der Empfang auf internationales Publikum eingestellt.

AUFGABEN

1. **Geben Sie in eigenen Worten wieder, wie es zu dem neuen Namen GLOBALE-WELT-HOTEL gekommen ist.**

2. **Wie hoch ist der Anteil der internationalen Speisen und Gerichte in Ihrem Betrieb? Verwenden Sie hierfür auch das → Arbeitsblatt 1.**

1.2 Das Leitbild

Jan B. hat sich als Koch-Auszubildender im GLOBALE-WELT-HOTEL beworben. Seinen Entschluss, Koch zu werden, hat er während eines Schulpraktikums gefasst. Damals arbeitete er für kurze Zeit in einem kleinen Restaurant auf dem Gemüseposten. Gefallen hat ihm damals der Umgang mit Lebensmitteln, von denen er viele Sorten nicht kannte. Weniger gefallen hat ihm jedoch, dass in diesem Betrieb viel mit vorgefertigten Produkten (Convenience-Produkten), Tiefkühlware und sogar Geschmacksverstärkern gearbeitet wurde. Daher schaute er bei der Suche nach einem Ausbildungsbetrieb genauer hin. Über das Internet fiel ihm ein Hotel in seiner Region auf: das GLOBALE-WELT-HOTEL.

Abb. 2: Webauftritt des GLOBALE-WELT-HOTEL

Jan B. war neugierig geworden und informierte sich auf der Homepage des GLOBALE-WELT-HOTEL. Unter dem Link „Hotelleitbild“ fand er das Motto „Verantwortung für Mensch und Umwelt“. Sein Entschluss stand fest. In diesem Hotel möchte er ausgebildet werden. Um allerdings gut auf das Bewerbungsgespräch vorbereitet zu sein, hat er auf der Homepage weiter nachgelesen.
Als Erstes fiel ihm das Wort **Nachhaltigkeit** auf. Allerdings konnte er zunächst nichts mit dem Begriff anfangen. Darüber standen noch die Begriffe *Gesundheit, Wirtschaft, Mensch, Natur* und *Politik*. Er schloss daraus, dass Nachhaltigkeit irgendetwas mit diesen Begriffen zu tun haben müsse. Unter dem Leitbild des Hotels fand er dann weitere Informationen.

Abb. 3: Leitbild des GLOBALE-WELT-HOTEL

AUFGABEN

1 Im Leitbild des GLOBALE-WELT-HOTEL finden sich einige Punkte, die erklären, was das Hotel unter Nachhaltigkeit versteht. Fassen Sie die genannten Punkte zusammen und finden Sie weitere Beispiele. Verwenden Sie das →Arbeitsblatt 2.

2 Auch andere Hotels haben mittlerweile ein Leitbild, das sich auf Nachhaltigkeit bezieht. Recherchieren Sie im Internet und erkunden Sie, wie diese Hotels auf ihrer Homepage das Thema Nachhaltigkeit präsentieren. Achten Sie auf Besonderheiten und verwenden Sie das →Arbeitsblatt 3 und die →Materialien M1 und M2.

1.3 Das Vorstellungsgespräch

Die Bewerbung von Jan B. war erfolgreich. Er wurde zum Vorstellungsgespräch eingeladen. Doch es kam anders, als er dachte. Zwar sollte er begründen, warum er Koch werden möchte und wie er auf das GLOBALE-WELT-HOTEL gekommen sei, doch über das Leitbild wurde er nicht befragt. Stattdessen konnte er die Küchenchefin fragen, was es mit dem Begriff Nachhaltigkeit auf sich hat:

Jan B. (Ausbildungsbewerber):
Auf Ihrer Homepage steht das Motto des Hotelleitbildes „Verantwortung für Mensch und Umwelt“. Außerdem taucht dort der Begriff Nachhaltigkeit auf. Also, wenn ich das richtig verstanden habe, dann arbeiten Sie hier im GLOBALE-WELT-HOTEL nach dem Leitbild der Nachhaltigkeit.

Frau Ehrlicher (Küchenchefin):
Das ist richtig, Nachhaltigkeit ist im GLOBALE-WELT-HOTEL ein zentraler Gedanke, den wir über das Hotelleitbild unseren Gästen darstellen.

Ich habe viele Begriffe gefunden, wie z.B. Mensch, Natur und Politik. Was kann ich darunter in Bezug auf Nachhaltigkeit verstehen?
Natur bedeutet, dass wir möglichst umweltgerecht, also ökologisch arbeiten. So achten wir beim Kauf unserer Lebensmittel und auch bei Hygieneprodukten auf die verschiedenen Bio-Kennzeichnungen. Das ist umweltgerecht und hat auch gesundheitliche Vorteile. Ökologisch zu arbeiten heißt für uns aber auch schonende Garverfahren in der Küche oder die Verwendung von Energiesparlampen u.v.m.

Das verstehe ich. Aber auf Ihrer Homepage steht auch Wirtschaft. Wie ist das zu verstehen?
Das ist natürlich sehr wichtig. Wir möchten eben auch Gewinn machen, weshalb wir immer auf die Kosten achten und nach alternativen Handlungsmöglichkeiten suchen. So sind z.B. die saisonalen Lebensmittel oft preiswerter und schmackhafter als importierte Ware. Außerdem möchten wir die regionale Wirtschaft vor Ort fördern, indem wir unsere Gäste über die touristischen Angebote informieren. So erreichen wir eine Förderung der heimischen Wirtschaft und gleichzeitig eine bessere Gästeanbindung. Das ist auch ein Stück weit Politik, die uns bei unseren Aktivitäten in der Region unterstützt.

Abb. 4: Nachhaltigkeit als Leitbild

Und was ist dann unter dem Begriff Mensch in Zusammenhang mit Nachhaltigkeit zu verstehen? Können Sie mir auch dafür Beispiele nennen?
Die Bezeichnung Mensch steht für das Soziale. So sind wir z.B. bemüht, einen vernünftigen und verantwortungsvollen Umgang mit unseren Mitarbeitern zu finden. Dazu gehören z.B. die Übernahme der Auszubildenden, die Zusammenarbeit mit einer ortsnahen Kindertagesstätte und eine Reihe von Mitbestimmungsmöglichkeiten. Einzelne Abteilungen erhalten mehr Einfluss, damit sie Entscheidungen selbstständig treffen können. Das hat sich beim Frühstücksbuffet schon bewährt, da nun schneller auf Gästewünsche reagiert werden kann.

Schwierig finde ich den Begriff Politik ...
Politisch zu handeln bedeutet für uns, bei Ungerechtigkeit Stellung zu beziehen und zu versuchen, an Veränderungen mitzuwirken. Dies gelingt, indem wir z. B. auf das Fairtrade-Siegel achten. Das sind Produkte, die daraufhin kontrolliert werden, ob sie auch unter menschenwürdigen Arbeitsbedingungen hergestellt sind. Außerdem lehnen wir Nahrungsmittel aus nicht artgerechter Tierhaltung ab, denn auch das ist eine politische Sache.

Und warum bezeichnen Sie das alles als „nachhaltig“?
Ich gebe zu, dass das Wort Nachhaltigkeit schwierig ist. Im Grunde umfasst es mindestens zwei Aspekte: zum einen, dass uns alle genannten fünf Punkte gleich wichtig sind und zum anderen, dass wir stets bemüht sind, an einer lebenswerten Zukunft mitzuarbeiten – also verantwortungsvoll im Interesse der kommenden Generationen zu handeln.
Das ist natürlich nicht immer einfach, weil wir uns jeden Tag aufs Neue entscheiden müssen, was wichtig ist. So können wir nicht nur ökologisch arbeiten, ohne die Kosten zu beachten. Aber auch umgekehrt können wir nicht nur auf minimale Kosten achten, weil wir auch Verantwortung gegenüber der Natur

und unseren Mitarbeitern besitzen. Nachhaltiges Arbeiten bedeutet deshalb, immer wieder darauf zu achten, was möglich und was nötig ist, um auch unseren Kindern eine lebenswerte Zukunft zu hinterlassen. Daher auch die Pfeile auf unserer Grafik im Internet, die die einzelnen Punkte miteinander verbinden.

***

Jan B. hat im Vorstellungsgespräch viel über das Leitbild des GLOBALE-WELT-HOTEL erfahren. Allerdings sollte er auch etwas über sich berichten und seine Berufsvorstellungen sowie seine Stärken und Schwächen darlegen. Nur gut, dass er sich zuvor intensiv auf das Vorstellungsgespräch vorbereitet hat. Seit drei Monaten arbeitet er nun im GLOBALE-WELT-HOTEL und ist froh, täglich frische Lebensmittel in Bio-Qualität verarbeiten zu können. Doch trotz der Hinweise von Frau Ehrlicher zum Leitbild des Hauses und seinen zahlreichen Nachfragen, erfährt er erst jetzt, was Nachhaltigkeit im Berufsalltag tatsächlich bedeutet.

AUFGABEN

1 **Frau Ehrlicher hat im Vorstellungsgespräch das Leitbild des GLOBALE-WELT-HOTEL erklärt. Fassen Sie die Beispiele auf dem →Arbeitsblatt 4 zusammen.**

2 **Jan B. hat sich vor dem Vorstellungsgespräch ausführlich Gedanken über seinen Berufswunsch gemacht. Er hat seine drei wichtigsten Argumente auf Karteikarten geschrieben, die ihm an diesem Beruf besonders gefallen. Darüber hinaus hat er ebenfalls drei Argumente notiert, die aufzeigen, welche Stärken er in den Beruf mitbringt. Zur Sicherheit hat er noch zwei seiner Schwächen vermerkt, um darzulegen, an welchen Punkten er an sich noch arbeiten könnte. Machen Sie es Jan B. nach und notieren Sie auch Ihre Argumente für Ihren Berufswunsch sowie Ihre wichtigsten Stärken und Schwächen. Siehe dazu →Methodenblatt: Präsentation.**

2 Die Hotelbereiche

Abb. 5: Hotelbereiche des GLOBALE-WELT-HOTEL

2.1 Die Hotelbereiche und ihre Aufgaben

Das GLOBALE-WELT-HOTEL wird als Privathotel geführt. Seit der Übernahme des Hotels von Frau Lange im Jahre 1993 ist viel passiert. Das Haus wurde modernisiert und die Zimmerzahl auf 32 erweitert.

Das Restaurant

Das Hotelrestaurant besitzt ein reichhaltiges Angebot an unterschiedlichen Speisen. Besonders stolz ist man dabei auf das Angebot traditioneller regionaler Speisen, zumal fast vergessene Produkte, wie alte Nutztierrassen und alte Gemüsesorten, verwendet werden. Das Restaurant wird aber auch für Aktionswochen, Festlichkeiten, Bankettveranstaltungen und andere Gelegenheiten genutzt. Bei der Gestaltung des Restaurants wird wie überall in der Gastronomie, auf ein ansprechendes Ambiente geachtet. So schmücken z.B. Blumen die Tische, die täglich frisch von den eigenen Wiesen und Gärten geerntet werden.

Die Küche

Die Küche wird seit Jahren von Frau Ehrlicher geleitet. Bei der Rohstoffauswahl wird darauf geachtet, dass die Lebensmittel nicht nur aus ökologischer Anbauweise stammen, sondern möglichst auch aus der Region kommen. Ferner werden saisonale Produkte bevorzugt und gern wird auch mal auf vergessene Gemüsesorten zurückgegriffen. Qualität spielt insgesamt eine große Rolle. Dies gilt für den gesamten Herstellungsprozess: vom Einkauf bis zur Zubereitung.

Abb. 6: Speiseangebot des GLOBALE-WELT-HOTEL

Der Wellnessbereich
Ein Wellnessbereich wurde schon früh nach der Modernisierung eingerichtet. Dazu gehörten ein Naturbadesee, eine Sauna, ein Bereich für Massagen aller Art, wie z. B. Aromamassagen, und vieles anderes mehr. Wichtig war, dass die Angebote mit Umweltgesichtspunkten übereinstimmen. Auf dem Hotelgelände wurden zusätzlich Ruhezonen eingerichtet, um einen entspannten Aufenthalt zu garantieren.

Das Gesundheitszentrum
In den letzten Jahren wurde der Wellnessbereich durch ein Gesundheitszentrum erweitert. In den neu gestalteten Räumen werden Seminare durchgeführt und Kurse angeboten. Dazu gehören neben Ayurveda und chinesischer Medizin auch spezielle Lehrgänge im Bereich der Ernährung, wie z. B. zur vegetarischen Küche, Vollwerternährung und Ernährungsökologie.

Abb. 7: Aus dem Wellnessprogramm

Die Ferienwohnungen
Eine kleine Anzahl von sechs Ferienwohnungen wurde speziell für Familien direkt neben dem Hotelgebäude gebaut. Dabei wurde auf eine ökologische Bauweise geachtet und mit Baufirmen aus der Region zusammengearbeitet.

Das Tagungszentrum
Ein Tagungszentrum, ebenfalls in ökologischer Bauweise, wurde 2003 eröffnet. Hier können in fünf unterschiedlich großen Seminarräumen Tagungen mit bis zu 200 Teilnehmern durchgeführt werden. Mit einer eigenen Wäscherei, die nach ökologischen Kriterien arbeitet, wurden zusätzlich drei Arbeitsplätze geschaffen.

Abb. 8: Ambiente im GLOBALE-WELT-HOTEL.

Die Hotelzimmer
Die Einrichtung der 32 Hotelzimmer erfolgte nach unterschiedlichen Maßstäben. Bei der technischen Ausstattung der Zimmer ist die Vermeidung von Elektrosmog bedacht worden. Leitungen sind abgeschirmt und nur strahlungsarme Geräte wurden installiert. Die Geräte haben keinen Stand-by-Betrieb. Einige Zimmer sind auf Wunsch der Gäste ohne Fernseher und Internetanschluss ausgestattet. Das Rauchen ist im gesamten Hotel nicht erlaubt; für die Nutzung von Mobiltelefonen sind bestimmte Zonen vorgesehen.

Die Zimmer sind individuell gestaltet und weisen eine unverwechselbare Atmosphäre auf. Dies soll die Gästebindung erhöhen. Bei der Materialauswahl, wie z. B. bei den Betten, ist darauf geachtet worden, dass sie ökologischen Gesichtspunkten entsprechen. Einwegmaterialien gibt es nicht. In den Zimmern stehen unterschiedliche Behältnisse für Abfälle zur Verfügung, damit eine Mülltrennung erfolgen kann. Die Gäste haben dies gut angenommen.

Das Buffet

Das GLOBALE-WELT-HOTEL bietet unterschiedliche kalte und warme Buffets an. Das Motto lautet hier: Abwechslung und Vielseitigkeit, z.B. mit ungewöhnlichen Lebensmitteln, wie Medaillons vom Bunten Bentheimer Schwein, Kornblumenbeilage oder Bamberger Hörnchen.

Der Empfang

Der Empfang ist großzügig ausgelegt und besitzt mehrere Sitzecken. Durch die Kooperationen mit Tourismusanbietern aus der Region ist es eine der wichtigen Aufgaben am Empfang, die Gäste mit Informationen zu versorgen. Wo gibt es einen Bio-Bäcker, welcher Bio-Bauernhof bietet Besichtigungen an? usw.

Das Hotelmagazin

Die Bestellung von Lebensmitteln und allen Non-Food-Artikeln, wie z.B. Hygieneartikel für die Etage, findet über die Abteilung Magazin statt. Bei der Warenbestellung ist das Hotelleitbild immer zu beachten. So werden Obst und Gemüse fast zu 100% aus der Region und aus ökologischer Produktion bezogen. Besonders wichtig sind aber auch langfristig angelegte Kooperationen mit unterschiedlichen Lieferanten. So werden z.B. alle Backwaren von einer mittelständischen Bio-Bäckerei bezogen.

Die Nutzgärten

Das GLOBALE-WELT-HOTEL liegt in einer ländlichen Region. Daher wurde schon früh ein Nutzgarten angelegt. Entstanden sind im Verlauf der letzten Jahre ein Gemüse-, Obst- und Kräutergarten sowie ein über Solarzellen beheiztes eigenes Gewächshaus. Auf diese Weise wird ein Teil des Warenangebotes über die eigene Produktion gewonnen. So stehen selbst angebautes Gemüse und Kräuter für die Küche zur Verfügung und Dekorationsmittel, wie Schnittblumen, für das Restaurant und die Zimmer. Weil der Umfang der Arbeit hoch ist, wurde ein Gärtner eingestellt. Das GLOBALE-WELT-HOTEL verfügt zusätzlich über eine eigene Kompostierungsanlage. Damit gewinnt das Hotel natürlichen Dünger für den eigenen Gemüse- und Kräuteranbau.

Die verschiedenen Bereiche des GLOBALE-WELT-HOTEL werden von den Auszubildenden während ihrer Zeit im Hotel mit unterschiedlichen Zeitanteilen und entsprechend des Ausbildungsplans durchlaufen. So müssen Köche auch mal im Restaurant arbeiten, während in den Bereichen, die nicht direkt zum Hotelbetrieb gehören, ein Praktikum absolviert werden kann.
Die Restaurantfachkräfte durchlaufen ebenfalls alle Bereiche, wobei aber auch hier zwischen betrieblichen Fortbildungen und Praktika und vorgeschriebenen Stationen ihrer Ausbildung unterschieden wird.

AUFGABEN

1 **Notieren Sie alle Bereiche, die Sie während Ihrer Ausbildung in Ihrem Betrieb durchlaufen. Tragen Sie die Ergebnisse von allen Schülern zusammen, indem Sie die verschiedenen Bereiche auf Karten notieren und an einer Stellwand zusammenfassen. Zu welchem Ergebnis kommen Sie?**

2 **In der Berufsschule entsteht das Projekt „Schülerzeitung“. Das GLOBALE-WELT-HOTEL möchte diese Aktion unterstützen und schaltet eine Werbeanzeige. Formulieren Sie einen Textvorschlag und verwenden Sie dafür das** **→Arbeitsblatt 5.**

3 Die Ausbildung im GLOBALE-WELT-HOTEL

3.1 Der Ausbildungsbetrieb

Jan B. hat einen Ausbildungsvertrag mit dem GLOBALE-WELT-HOTEL abgeschlossen. Am ersten Tag seiner Ausbildung wird er von der Inhaberin Frau Lange gemeinsam mit den anderen Auszubildenden begrüßt. In diesem Jahr sind es sechs Auszubildende, von denen sich bereits zwei im zweiten Ausbildungsjahr befinden. Es folgt eine Begrüßungsrunde, bei der sich jeder vorstellt. Jan B. stellt fest, dass im GLOBALE-WELT-HOTEL in den folgenden Ausbildungsberufen ausgebildet wird:

- Hotelfachmann/-frau,
- Restaurantfachmann/-frau,
- Hotelkaufmann/-frau,
- Koch/Köchin,
- Fachkraft im Gastgewerbe

Nach der Begrüßungsrunde geht Jan B. in die Küche und trifft dort die Küchenleiterin Frau Ehrlicher. Sie überreicht ihm den Ausbildungsplan des GLOBALE-WELT-HOTEL. Dort wird geregelt, wie Jan B. die einzelnen Abteilungen des Hotels durchlaufen wird. Darin steht, dass er

- sämtliche Küchenposten,
- einen Monat am kalten Buffet im Restaurant und an der Getränkeausgabe,
- zwei Monate im Service und
- einen Monat im Gemüse- und Kräutergarten

arbeiten wird.

Jennifer H. ist ebenfalls neue Auszubildende im GLOBALE-WELT-HOTEL. Sie lernt Hotelfachfrau und erhält ebenfalls von ihrem Abteilungsleiter, Herrn Meyer, einen Ausbildungsplan für die Abteilungen:

- Office,
- Restaurant,
- Küche,
- Gemüse- und Kräutergarten,
- Buffet und
- Zimmerservice.

In ihrem Ausbildungsplan findet sie noch einen Zusatzvermerk. Danach muss sie mehrere betriebliche Fortbildungen absolvieren. Auf Nachfrage erfährt sie von Herrn Meyer, dass damit folgendes Ziel verbunden ist: Während der Kurse wird den Auszubildenden nahegebracht, wie das Hotelleitbild „Verantwortung für Mensch und Umwelt" im Haus umgesetzt wird. So wird z. B. bei der Mitarbeiterschulung *Räume, Mobiliar, Textilien und Pflege* verdeutlicht, welche Reinigungsmittel wie verwendet werden, aus welchem Holz die Betten hergestellt wurden und warum keine Papierservietten zum Einsatz kommen.

Auch Jan B. muss zu diesen betrieblichen Fortbildungen des GLOBALE-WELT-HOTEL. Er erfährt, dass hier eine Menge anders ist als in anderen gastronomischen Einrichtungen. So wird nicht nur im Großhandel Ware bestellt, sondern auch auf dem regionalen Markt und von Bio-Bauernhöfen der Umgebung. Die Küchenchefin erklärt dem Auszubildenden, dass ein Koch nicht nur wissen muss, dass es verschiedene Kohlsorten gibt und wie sie verarbeitet werden, sondern auch wann die Hauptangebotszeit heimischer Freilandware ist. Schließlich müsse man die Produkte kennen, um ihre Qualität einschätzen zu können, so Frau Ehrlicher.

AUFGABEN

1 **Die Auszubildenden müssen im GLOBALE-WELT-HOTEL verschiedene Abteilungen durchlaufen. Vergleichen Sie die Abteilungen mit Ihrem Ausbildungsplan und diskutieren Sie die Unterschiede.**

2 **Erklären Sie, weshalb Frau Ehrlicher Jan B. erklärt, dass es für seine Ausbildung im GLOBALE-WELT-HOTEL wichtig sei, die Angebotszeiten von Gemüse zu kennen.**

Name	Daten
Mesut Y. 18 Jahre	**Restaurantfachmann** Schulabschluss: Hauptschule – Sek. I (Realschulabschluss) 2. Ausbildungsjahr
Olga T. 17 Jahre	**Fachkraft im Gastgewerbe** Schulabschluss: Hauptschule (10.) – Sek. I (Hauptschulabschluss) 1. Ausbildungsjahr
Laura S. 16 Jahre	**Köchin** Schulabschluss: Hauptschule (10.) – Sek. I (Hauptschulabschluss) 1. Ausbildungsjahr
Jan B. 16 Jahre	**Koch** Schulabschluss: Hauptschule (10.) – Sek. I (Hauptschulabschluss) 1. Ausbildungsjahr
Jennifer H. 19 Jahre	**Hotelfachfrau** Schulabschluss: Gymnasium (13.) – Sek. II (Abitur) 1. Ausbildungsjahr
Daniel W. 19 Jahre	**Hotelfachmann** Schulabschluss: Gymnasium (13.) – Sek. II (Abitur) 2. Ausbildungsjahr

Tab. 1: Die Auszubildenden im GLOBALE-WELT-HOTEL

3.2 Die Auszubildenden

Derzeit werden im GLOBALE-WELT-HOTEL sechs Auszubildende in fünf verschiedenen Ausbildungsberufen ausgebildet. Zwei von ihnen haben einen Migrationshintergrund. Einen Ausbildungsplatz erhalten zu haben, bedeutet viel für die Jugendlichen, zumal sie nicht immer den besten Schulabschluss haben. Doch alle sind hoch motiviert, weil das Arbeiten in einem solchen Betrieb viele neue Herausforderungen stellt. So bedeutet es z. B. für die Koch-Auszubildenden, mit Obst- und Gemüsesorten zu arbeiten, die ihnen völlig unbekannt sind. Die Auszubildenden im Restaurant- und Hotelbereich müssen auf ganz spezielle Gästewünsche eingehen, weshalb hier nicht nur umfangreiches Fachwissen, sondern Freude im Umgang mit Menschen und kommunikative Fähigkeiten notwendig sind.

ALLES KLAR?

1 **Recherchieren Sie im Internet nach Leitbildern in der Hotellerie (oft auch als „Philosophie" gekennzeichnet). Stellen Sie die Kernaussagen zusammen, vergleichen Sie die Aussagen und diskutieren Sie über die Funktion von Leitbildern.**

2 **Nennen Sie fünf Punkte, die im Leitbild des GLOBALE-WELT-HOTEL genannt werden.**

3 **Was versteht die Küchenchefin Frau Ehrlicher unter der Bezeichnung Nachhaltigkeit?**

„Schlage nur so viel Holz ein, wie der Wald verkraften kann! So viel Holz, wie nachwachsen kann!"

So formulierte Hans-Karl von Carlowitz 1713 als Erster das Prinzip der Nachhaltigkeit in seinem Buch über die Ökonomie der Waldkultur „Silvicultura oeconomica".

4 Material

M1 Nachhaltigkeit in der Hotelbranche

In Deutschland, Österreich und der Schweiz existieren verschiedene Organisationen, die sich zum Ziel gesetzt haben, den Gedanken der Umwelt- und Nachhaltigkeitsorientierung stärker in der Hotel- und Gaststättenbranche zu etablieren. Wer Mitglied werden möchte, muss verschiedene Auflagen erfüllen. Dazu gehört z.B., dass ein bestimmter Anteil an Lebensmitteln aus ökologischer Produktionsweise stammen muss. Wer die Auflagen erfüllt, kann dann die Mitgliedschaft beantragen und ist berechtigt, das Logo der Organisation zu Werbezwecken, z.B. auf der hoteleigenen Internetseite, zu veröffentlichen. Ein weiterer Vorteil besteht darin, dass Gäste, die gerne in einem solchen Hotel übernachten wollen, über die Verbandshomepage schnell geeignete Betriebe finden. Beispiele für derartige Verbände sind:

online Viabono e.V.
www.viabono.de

online Biohotels
www.biohotels.info

online Steinbock-Label
www.steinbock-label.ch

M2 Der Begriff der Nachhaltigkeit

Bundesministerium für Umwelt, Naturschutz und Reaktorsicherheit (Hg.) (1992): „Agenda 21" www.bmu.de/files/pdfs/allgemein/application/pdf/agenda21.pdf [Stand 26.12.2011]

Der Begriff der Nachhaltigkeit findet seinen Ursprung in der Forstwirtschaft des 18. Jahrhunderts. Nur so viel Holz soll geschlagen werden, wie nachwachsen kann. Heute ist der Begriff weiter gefasst. Im Jahr 1987 veröffentlichte die UN-Expertenkommission unter Leitung der norwegischen Ministerpräsidentin Brundtland eine Erklärung, die als sogenannte „Brundtland-Formel" bekannt geworden ist und den Begriff Nachhaltigkeit näher beschreibt: „Die gegenwärtige Generation darf ihre Bedürfnisse nur so weit befriedigen, dass damit die Fähigkeit der zukünftigen Generationen erhalten bleibt, ihre eigenen Bedürfnisse befriedigen zu können."

Diese Forderung wurde 1992 auf dem Umweltgipfel in Rio de Janeiro aufgegriffen und in die „Agenda 21" überführt. Darin sind zahlreiche Handlungsforderungen beschlossen, die von 179 Regierungen unterschrieben wurden – auch von Deutschland. Die Agenda 21 stellt ein entwicklungs- und umweltpolitisches Aktionsprogramm für das 21. Jahrhundert dar. In der Präambel der Agenda 21 heißt es:
„Die Menschheit steht an einem entscheidenden Punkt ihrer Geschichte. Wir erleben eine zunehmende Ungleichheit zwischen Völkern und innerhalb von Völkern, eine immer größere Armut, immer mehr Hunger, Krankheit und Analphabetentum sowie eine fortschreitende Schädigung der Ökosysteme, von denen unser Wohlergehen abhängt. Durch eine Vereinigung von Umwelt- und Entwicklungsinteressen und ihre stärkere Beachtung kann es uns jedoch gelingen, die Deckung der Grundbedürfnisse, die Verbesserung des Lebensstandards aller Menschen, einen größeren Schutz und eine bessere Bewirtschaftung der Ökosysteme und eine gesicherte, gedeihlichere Zukunft zu gewährleisten. Das vermag keine Nation allein zu erreichen, während es uns gemeinsam gelingen kann: in einer globalen Partnerschaft, die auf eine nachhaltige Entwicklung ausgerichtet ist."

online www.bne-portal.de
[Suche: Was ist Nachhaltigkeit?]

Deutsche UNESCO *Zukünftige Generationen sollen dieselben Chancen auf ein erfülltes Leben haben wie wir. Gleichzeitig müssen Chancen für alle Menschen auf der Erde fairer verteilt werden. Nachhaltige Entwicklung verbindet wirtschaftlichen Fortschritt mit sozialer Gerechtigkeit und dem Schutz der natürlichen Umwelt.*

online www.bne-portal.de
[Schlagwortverzeichnis ► Agenda 21]

METHODE

Präsentation

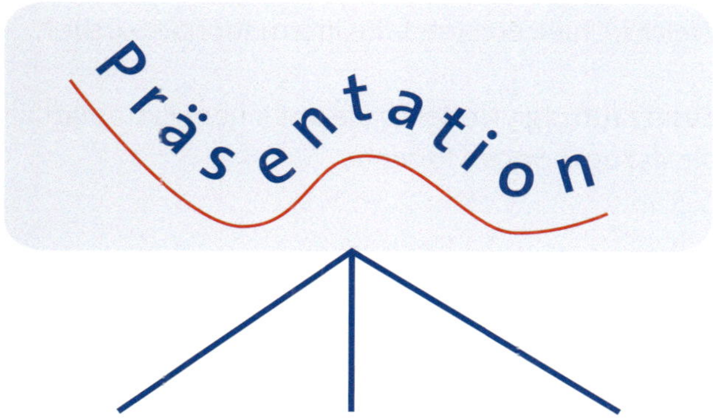

Ziel

Präsentationen gehören mittlerweile in vielen beruflichen Situationen zur Selbstverständlichkeit. Aufgabe, Bilder, Texte, Diagramme usw. können vor anderen Personen auf vielfältige Weise dargestellt werden. Ziel einer Präsentation ist es, die Zuhörer zu informieren, manchmal auch zu überzeugen und zu motivieren.

Hilfsmittel (Medien)

Um die Präsentation aufzuwerten, werden oft Hilfsmittel eingesetzt, die die Präsentation unterstützen. Dazu gehören z. B.:

- Tafel, Tafelbild
- Power-Point-Präsentation
- Flipchart
- Tonträger (Radio, MP3-Player)
- Video (TV, PC)
- Overheadprojektor
- Wandplakate

Der Einsatz der Hilfsmittel hängt vom Inhalt der Präsentation ab. Nicht jedes Hilfsmittel eignet sich daher für eine Präsentation. Grundsätzlich gilt: Ein Hilfsmittel dient der Unterstützung des Vortrages. Dem Vortragenden dienen die Hilfsmittel auch als Stichwortgeber und helfen dem Zuhörer beim Behalten und Verstehen. Es sollte vermieden werden, dass die Hilfsmittel zu stark im Vordergrund stehen, denn es kommt auf den Inhalt an. Für den Einsatz von Hilfsmitteln gilt:

- **Verständlichkeit** (immer einfach)
- **Übersichtlichkeit** (nicht zu viel)
- **Sachlichkeit** (auf den Punkt bringen)

Zum Punkt Übersichtlichkeit ist hinzuzufügen: nicht zu viele Stilmittel verwenden. Das bedeutet z. B. bei Power-Point-Präsentationen höchstens zwei Schriftarten zu verwenden – ansonsten wirkt die Präsentation unübersichtlich. Weniger ist daher oft mehr!

Auftreten

Eine gute Präsentation setzt auch ein sicheres Auftreten der Person voraus. Dabei sind folgende Punkte zu beachten.

1 Blickkontakt: Schauen Sie alle Zuhörer während der Präsentation an.

2 Position: Stehen Sie bequem und wechseln Sie ab und zu Ihre Position im Raum. Niemals mit dem Rücken zum Publikum sprechen! Vermeiden Sie unruhige oder hastige Bewegungen, wie z. B. Beinwippen. Dies wird manchmal als Nervosität missverstanden.

3 Hände: Benutzen Sie Ihre Hände, um auf wichtige Punkte der Präsentation hinzuweisen. Sie können auch Hilfsmittel, wie Zeigestock, Bleistift, Pointer o. Ä. verwenden. Dies erleichtert dem Publikum, die richtige Stelle innerhalb der Präsentation zu finden.

4 Sprache: Bleiben Sie sachlich, aber nicht zu steif. Lockern Sie deshalb die Präsentation hin und wieder mit einem Witz oder einer Anekdote auf – aber übertreiben Sie nicht, denn der Inhalt steht im Vordergrund.

5 Publikum: Entscheiden Sie vorher, ob das Publikum während Ihres Vortrages Fragen stellen darf und teilen Sie ihre Entscheidung mit. Bei Unruhe lohnt es sich, ruhig abzuwarten und den Vortrag anschließend fortzusetzen. Achten Sie darauf, dass ein längeres Gespräch mit dem Publikum Ihren Zeitplan beeinträchtigt.

Mittelstädt, Holger; Mittelstädt, Rainer: *Präsentationen und Referate.* Cornelsen Scriptor, Berlin, 2010

Internationale Speisen und Gerichte

Arbeitsauftrag: Untersuchen Sie die Speisekarte Ihres Betriebes und notieren Sie in der Tabelle die Herkunft der aufgeführten Speisen und Gerichte. Wenn Sie unsicher sind, fragen Sie bei der Küchenleitung oder im Service nach. Vergleichen Sie Ihre Ergebnisse anschließend mit denen der anderen Schüler und diskutieren Sie die Frage: Welche Chancen bietet die internationale Küche?

Zusatzauftrag: Notieren Sie auf einem Extrablatt die dazugehörigen Rezepte.

Speise, Gericht (evtl. auch Getränke u. Ä.)	Herkunftsland
Beispiel: Filet Wellington, dazu Röstkartoffeln und frisches Gemüse der Saison	*Filet Wellington = England*

NACHSCHLAGEMÖGLICHKEITEN:

- Lexikonredaktion F. A. Brockhaus Verlag Mannheim (Hg.): *Der Brockhaus Kochkunst.* Brockhaus, Leipzig [u. a.], 2008
- Gromzik, Jasmin [Red.]: *Dr. Oetker Kochen von A – Z.* Heyne, München, 2011

online
www.kochen-international.de
www.cuisimonde.com

Arbeitsblatt 2

Grundbegriffe der Nachhaltigkeit (1)

Arbeitsauftrag: Welche Beispiele für nachhaltiges Handeln werden im Leitbild des Hotels genannt? Ergänzen Sie mit eigenen Beispielen, z. B. aus Ihrem Ausbildungsbetrieb.

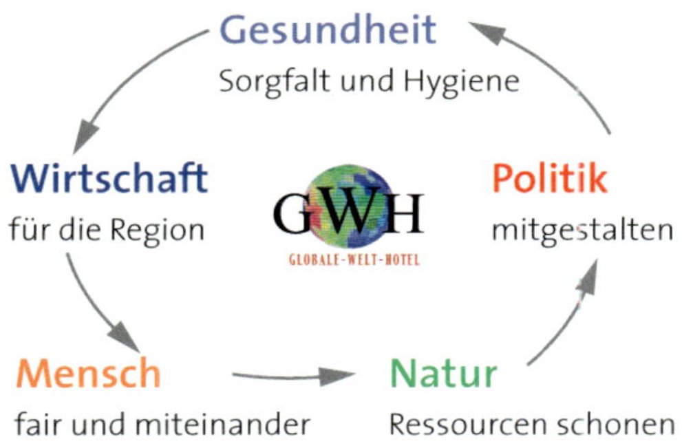

Beispiele aus dem Leitbild	Eigene Ergänzungen
Gesundheit	
Wirtschaft	
Mensch	
Natur	
Politik	

Arbeitsblatt 3

Nachhaltigkeit in der Hotelbranche

Arbeitsauftrag: Recherchieren Sie im Internet zum Thema nachhaltige Hotelbetriebe. Erkunden Sie, welche Beispiele die Hotels für ihr nachhaltiges Handeln nennen.

Beispiel:

Hotel Gutshaus Stellshagen in Mecklenburg-Vorpommern
online www.gutshaus-stellshagen.com

Hotel Sport- und Bildungszentrum Bartholomä in Baden-Württemberg
online www.sbz-bartholomae.de

Bio-Seehotel Zeulenroda in Thüringen
online www.seehotel-zeulenroda.com

Hotel Steinschaler Hof in Rabenstein/Österreich
online www.steinschaler.at

Hotel Ferien-Art in Saas Fee/Schweiz
online www.ferienart.ch

Hotelname	**Handlungsbeispiel**
Beispiel: Steinschaler Hof	**Natur** *„Gärten und Hotelumgebung werden naturnah gestaltet."*
	Wirtschaft
	Mensch
	Gesundheit
	Politik

Arbeitsblatt 4

Grundbegriffe der Nachhaltigkeit (2)

Arbeitsauftrag: Welche Beispiele für nachhaltiges Handeln hat die Küchenchefin Frau Ehrlicher genannt? Welche weiteren Beispiele fallen Ihnen, z. B. aus Ihrem Ausbildungsbetrieb, ein?

Beispiele aus dem Gespräch mit Frau Ehrlicher	Eigene Ergänzungen
Gesundheit	
Wirtschaft	
Mensch	
Natur	
Politik	

Arbeitsblatt 5

Werbeanzeige in der Schülerzeitung

Arbeitsauftrag: Formulieren Sie einen Werbetext. Im Werbetext stellt das GLOBALE-WELT-HOTEL die besonderen Merkmale der einzelnen Hotelbereiche vor, die z. B. auch im Leitbild des Hotels niedergeschrieben sind.

Werbung

Schülerzeitung der Berufsschule

Hallo, wir arbeiten im GLOBALE-WELT-HOTEL

Liebe Schülerinnen und Schüler,

Vom Leitbild der Nachhaltigkeit im Arbeitsbereich der Küche

Nachhaltigkeitsperspektive: „Verständnis von ökologischer Wertigkeit haben und Vernetzungen erkennen“

Das sind Ihre fachlichen Kompetenzen	Das sind Ihre personalen Kompetenzen
Sie sind in der Lage, • Obstsorten nach saisonalen Gesichtspunkten zu unterscheiden • selbstständig Arbeitspläne zu erstellen • die Saison und Herkunftsländer verschiedener Früchte zu nennen • die verschiedenen Bio-Kennzeichnungen zu unterscheiden • zwischen biologischer und ökologischer Wertigkeit zu unterscheiden • Gemüsesorten fachlich einzuteilen • den Ablauf der Zubereitung einer Liaison zu benennen • soziale und politische Aspekte der Saisonarbeit zu benennen	Sie sind in der Lage, • andere Perspektiven einnehmen zu können • gemeinsam planen und kommunizieren zu können • Einfühlungsvermögen zu zeigen • sich für gerechte Arbeitsbedingungen einzusetzen • sich und andere motivieren zu können

1 Arbeiten in der Küche des GLOBALE-WELT-HOTEL

Abb. 1: Arbeiten auf dem Arbeitsposten des Gardemanger

1.1 Der Arbeitsbereich „Kalte Küche“

Jan B. hat es geschafft. Er hat einen Ausbildungsvertrag und erlernt im GLOBALE-WELT-HOTEL den Beruf des Koches. Der Auszubildende arbeitet zunächst in der „Kalten Küche“. Dort erfährt er, dass in der Gastronomie oft französische Fachbegriffe verwendet werden und daher die „Kalte Küche“ auch „Gardemanger“ genannt wird. Dies gilt ebenso für die anderen Küchenposten, auf denen jeweils nur ganz bestimmte Tätigkeiten ausgeübt werden. Im GLOBALE-WELT-HOTEL gibt es die Arbeitsbereiche

- **Saucier** (Soßenposten),
- **Poissonier** (Fischposten),
- **Entremetier** (Gemüseposten),
- **Gardemanger** (Kalte Küche) sowie
- **Pâtissier** (Küchenkonditorei).

Nach kurzer Einarbeitungszeit auf dem Gardemanger muss Jan B. nun immer häufiger kleine Speisen selbstständig zubereiten. Dazu gehören zusammengesetzte Salate, Beilagensalate, kalte Vorspeisen, Desserts, wie Rote Grütze, Obstsalate usw. Kleine Schwierigkeiten bereiteten ihm noch die Vielzahl der verschiedenen Obstsorten, da er einige Früchte noch nie gesehen hat. Auch die Art der Zusammenstellung, z. B. nach Form, Farbe und Geschmack, muss er noch üben. Besonders große Probleme bereitet ihm die fachgerechte Verarbeitung von exotischen Früchten, wie z. B. Papaya, Maracuja, Physalis und Kaktusfeige.

AUFGABEN

1 **Jan B. muss zunächst einmal die verschiedenen Obstsorten kennen lernen, um sich in der „Kalten Küche“ zurechtzufinden. Helfen Sie ihm und verwenden Sie das →Arbeitsblatt 1.**

2 **Viele Aufgaben in der Küche des GLOBALE-WELT-HOTEL sind für Jan B. neu. Als Auszubildender im ersten Jahr lernt er Schritt für Schritt die speziellen Tätigkeitsbereiche der verschiedenen Posten kennen. Ordnen Sie die Tätigkeiten den verschiedenen Posten zu. Verwenden Sie das →Arbeitsblatt 2.**

3 **Vergleichen Sie die Aufgabenbeschreibungen aus Ihren Fachbüchern mit den Tätigkeiten in der „Kalten Küche“ in Ihrem Betrieb. Welche Unterschiede gibt es?**

1.2 Herstellen einfacher Speisen: Planen eines Obstsalates

Jan B. hat in den ersten Wochen in der Küche des GLOBALE-WELT-HOTEL viele neue Tätigkeiten erlernt. Es ist mittlerweile Hochsommer und die Gäste bestellen vermehrt Speisen aus der „Kalten Küche“. Besonders nachgefragt sind Obstspeisen, wie z.B. Rote Grütze, Fruchteis, Sorbets und Obstsalat. Nun soll auch Jan B. das erste Mal einen gemischten Obstsalat für eine kleine Gästegruppe selbstständig planen und zubereiten. Der Auszubildende hat sehr viel Freude an dieser Aufgabe und bereitet sich gründlich vor. Zur Sicherheit nimmt er sich ein Fachbuch, aus dem er die Zutatenliste für seinen Obstsalat zusammenstellt. Folgende Zutaten notiert der Auszubildende auf einen Zettel:

Zutaten: Obstsalat
Mango, Apfel, Birne, Physalis, Erdbeeren, Stachelbeeren, Kaktusfeige, Pflaume, Kiwi, Ananas, Kirschen, Banane, Zitrone, Mirabellen

Der Auszubildende geht zu seinem Postenchef, Herr Petersen, und präsentiert die Zutatenliste. Dieser ist allerdings gar nicht begeistert und macht Jan B. auf folgende Punkte aufmerksam:
„Lieber Jan, das ist ja gut gemeint, aber bei Deiner Zutatenliste für den Obstsalat hast Du zwei grobe Fehler gemacht. Erstens hast Du nicht darauf geachtet, ob die einzelnen Früchte geschmacklich aufeinander abgestimmt sind und sich überhaupt von ihrer Beschaffenheit für einen Obstsalat eignen. Zweitens arbeitest Du im GLOBALE-WELT-HOTEL. Da erwarten unsere Gäste nicht nur einen hohen Standard mit frischen Produkten und einer fachgerechten Zubereitung, sondern gerade im Sommer Lebensmittel der Saison, die aus der unmittelbaren Region stammen. Du musst wissen, wir sind ein Hotel, das viel Wert auf eine intakte Umwelt legt. Daher hat das GLOBALE-WELT-HOTEL auch ein eigenes Leitbild, das den Gesichtspunkt der Nachhaltigkeit betont.“

Fachliche Grundsätze bei der Herstellung eines Obstsalates

- Schneiden der Früchte entsprechend ihrer natürlichen Struktur; mit den säurereichen Früchten beginnen, um eine enzymatische Bräunung zu vermeiden; erst anschließend die säurearmen Produkte verarbeiten; Kerne, harte Schalen u.Ä. sind grundsätzlich zu entfernen.
- Die Verwendung von stark färbendem Obst sollte ebenfalls vermieden werden.
- Vermengen Sie Läuterzucker mit etwas Zitronensaft und geben das geschnittene Obst hinzu, vorsichtig verrühren.
- Je nach Variation kann der Obstsalat geschmacklich, z.B. mit Kräutern, Rosinen u.Ä. erweitert und abgerundet werden.
- Eine optische Steigerung des Erscheinungsbildes kann auf vielfältige Weise erzielt werden (z.B. Obstsalat in ausgehöhlten Früchten servieren).
- Richten Sie den Obstsalat immer gekühlt an.

AUFGABEN

1 Stellen Sie eine Zutatenliste für einen Obstsalat zusammen. Verwenden Sie nur Früchte der Saison, wie sie in Deutschland in den Sommermonaten zu finden sind. Nutzen Sie das →Arbeitsblatt 3 sowie →Material M5.

2 Der Obstsalat von Jan B. muss nicht nur fachlichen Gesichtspunkten genügen, sondern auch dem Leitbild des GLOBALE-WELT-HOTEL entsprechen. Vergleichen Sie seine Zutatenliste mit Angaben aus Fachbüchern und stellen Sie heraus, welche Fehler der Auszubildende gemacht hat.

1.3 Herstellen einfacher Speisen: Zubereitung eines Obstsalates

Der Auszubildende Jan B. erhält den Auftrag, seine Zutatenliste komplett zu überarbeiten und einen Obstsalat nur aus Früchten herzustellen, die momentan in der Region angeboten werden. Dies ist jedoch schwieriger als gedacht. Obwohl Sommer ist und das Angebot an heimischen Früchten groß ist, muss sorgfältig ausgewählt werden. So kommt es nicht nur auf die Rohstoffe an, sondern auch auf ihre Beschaffenheit und Farbe sowie auf ihren Geschmack. Schließlich sollen die Früchte optisch zusammenpassen und geschmacklich harmonieren.

Nach einiger Überlegung hat Jan B. nun eine Liste aller Zutaten mit saisonalen Früchten angefertigt. Herr Petersen ist begeistert und lobt ihn, weil er bei der Auswahl an Äpfeln auch an deren unterschiedliche Geschmäcke gedacht hat. So ist Apfel nicht gleich Apfel, hier gibt es eine große Auswahl an Sorten, die von süßen bis stark säuerlichen Sorten reicht. Dies ist bei der Zusammenstellung eines Obstsalates sehr wichtig. So ist der *Holsteiner Cox* eher säuerlich, wogegen der *Jonagold* eher süßlich schmeckt.

a) Red Delicious

b) Granny Smith

c) Jonagold

d) Golden Delicious

Abb. 2: Verschiedene Apfelsorten

Gemeinsam mit Herrn Petersen werden nun die Zutaten bestellt. Dabei muss die Ware folgenden Anforderungen genügen:

- frische und reife Früchte bester Qualität
- saisonales Obst aus der Region

Bevor sie jedoch das Obst bestellen, wird Jan B. erneut von Herrn Petersen auf einen wichtigen Punkt des Hotelleitbildes aufmerksam gemacht:

„Unsere Lebensmittel sollten nicht nur aus der Region stammen, sondern vor allem auch gesund sein. Das bedeutet, möglichst auf Bio-Produkte zurückzugreifen, weil wir damit sicher sein können, dass z. B. keine Reste von chemisch-synthetischen Pflanzenschutzmitteln enthalten sind."

Jan B. stimmt zu, doch fragt er sich, woran er eigentlich Bio-Lebensmittel erkennen kann? Jan B. ist bei der Warenbestellung für seinen Obstsalat irritiert. Denn bei vielen Produkten finden sich ähnliche Siegel und Bezeichnungen, die er nicht kennt. So steht manchmal „Bio" und manchmal „Öko", dann wieder „kontrollierter Anbau" und hin und wieder auch „integrierter Anbau", „naturnaher Anbau" oder „unbehandeltes Lebensmittel". Damit der Auszubildende Jan B. jedoch die richtige Entscheidung trifft und Lebensmittel bestellt, die auch tatsächlich ökologisch produziert wurden, muss er sich näher informieren.

Bio-Siegel

Abb. 3: EU-Bio-Siegel

Abb. 4: Deutsches Bio-Siegel

„Eine Vielzahl unterschiedlicher Öko-Kennzeichen machte es noch vor wenigen Jahren den Verbrauchern schwer, den Überblick zu behalten. Darum wurde 2001 das staatliche Bio-Siegel ins Leben gerufen. Bio-Produkte sind dank des Bio-Siegels heute auf einen Blick zu erkennen.
Mit dem Bio-Siegel können Produkte und Lebensmittel gekennzeichnet werden, die nach den EU-Rechtsvorschriften für den ökologischen Landbau produziert und kontrolliert wurden. Diese EU-weit gültigen Rechtsvorschriften garantieren einheitliche Mindeststandards für den ökologischen Landbau. Das Bio-Siegel steht somit für eine ökologische Produktion und artgerechte Tierhaltung. (...)
Die Vergabe des Bio-Siegels richtet sich nach den Kriterien der EU-Rechtsvorschriften für den ökologischen Landbau. Diese schreiben unter anderem vor:

– Die Produkte müssen entsprechend den Rechtsvorschriften für den ökologischen Landbau produziert und kontrolliert worden sein.
– Soweit Lebensmittel aus mehreren Zutaten bestehen, müssen von diesen mind. 95 % aus dem ökologischen Landbau stammen. Die restlichen 5 % dürfen nur dann aus der konventionellen Landwirtschaft stammen, wenn sie in ökologischer Qualität am Markt nicht verfügbar sind.
– Der Einsatz von Gentechnik ist verboten.
– Viele ansonsten zugelassene Zusatzstoffe sind nicht erlaubt.

– Nur Erzeuger sowie Verarbeitungs- und Importunternehmen, die den Anforderungen der EU-Rechtsvorschriften für den ökologischen Landbau gerecht werden und sich den vorgeschriebenen Kontrollen unterziehen, sind berechtigt, ihre Produkte unter den Bezeichnungen „Bio“ oder „Öko“ zu verkaufen.
– Bei der Kennzeichnung der Produkte muss die Codenummer der zuständigen Öko-Kontrollstelle angegeben werden. (...)
– Seit dem 01.07.2010 sind in der EU produzierte und vorverpackte Bio-Lebensmittel mit dem EU-Bio-Logo verpflichtend zu kennzeichnen. Für eine Übergangszeit können jedoch noch Produkte ohne das Logo am Markt sein. (...)“

Bundesanstalt für Landwirtschaft und Ernährung (Hg.) (2010): „Auf einen Blick: Informationen zum Bio-Siegel“ www.oekolandbau.de/fileadmin/redaktion/bestellformular/pdf/064405.pdf [Stand: 26.12.2011]

Private Bio-Labels der Anbauverbände

Abb. 5 a–c: Bio-Siegel von Anbauverbänden

Neben dem staatlichen Bio-Siegel gibt es noch weitere Bio-Siegel privater Organisationen. Dabei handelt es sich zumeist um ökologisch produzierende Anbieter, die sich in Anbauverbänden zusammengeschlossen haben und über diese Verbände, wie z. B. Bioland, Demeter, BioKreis oder Naturland, ihre Bio-Standards veröffentlichen.
Diese Produkte müssen dann aber mindestens den Anforderungen der europäischen Verordnung über Bio-Lebensmittel entsprechen (EG 834/2007). Allerdings folgen die Verordnungen der Anbauverbände meist wesentlich strengeren Bestimmungen und Kontrollen, um dem Verbraucher zusätzlich Produktsicherheit zu garantieren. In der Schweiz ist „Bio Suisse“ der größte Anbauverband, in Österreich „Bio Austria“.

online www.oekolandbau.de [Suche: Anbauverbände]

„Bio“ oder „Öko“?

Die geschützten Begriffe „Bio“ und „Öko“ verweisen beide auf Lebensmittel, die nach den Richtlinien des ökologischen Landbaus erzeugt und verarbeitet werden. Sie werden daher synonym gebraucht. Kennzeichnungen wie „integrierter Landbau“, „aus kontolliertem Vertragsanbau“, „umweltschonend“, „extensiv“, „naturnah“, „unbehandelt“ oder „kontrolliert“ sind keine geschützten Bezeichnungen. Sie weisen daher nicht auf Produkte aus dem ökologischen Landbau hin.

online www.bio-siegel.de

Die Zutaten für den Obstsalat können also bestellt werden. Jan B. ist sich nun sicher, worauf er beim Einkauf achten muss, um einen schmackhaften, gesunden und umweltverträglichen Obstsalat herzustellen.

AUFGABEN

1 **Die Zubereitung des Obstsalates fällt Jan B. leicht. Er möchte diesen daher optisch und geschmacklich aufwerten. Sammeln Sie Ideen in der Klasse und informieren Sie sich in Fachbüchern.**

2 **Aus welchem Grund verwendet das GLOBALE-WELT-HOTEL bevorzugt saisonales Obst? Beziehen Sie sich auf das Leitbild des Hotels (Lerneinheit 1) sowie auf das →Material M5.**

3 **Nach Meinung von Herrn Petersen sind Bioprodukte gesünder als konventionell hergestellte Lebensmittel. Begründen Sie und informieren Sie sich zu den Richtlinien des ökologischen Landbaus. Verwenden Sie auch das →Material M5.**

4 **Jan B. stößt beim Einkauf auf die Bezeichnung „integrierter Anbau“. Klären Sie die Bedeutung dieser Bezeichnung. Worin besteht der Unterschied zum Bio-Siegel?**

1.4 Regionales oder exotisches Obst?

Jan B. hat mehrere Variationen des saisonalen Obstsalates zubereitet. Diese schmecken ihm zwar hervorragend, doch fehlen dem Auszubildenden einfach die Südfrüchte. Denn er ist gewohnt, dass in einem Obstsalat z. B. Kiwis, Mangos und Ananas enthalten sind. Außerdem glaubt er, dass nicht nur ihm, sondern bestimmt auch vielen Gästen die exotischen Früchte fehlen würden. Mit diesem Problem geht er zu Herrn Petersen, dem Chef der „Kalten Küche“. Herr Petersen erklärt ihm, dass er sicherlich Recht hat, doch müsse man die Gäste auch von den Vorteilen überzeugen und ihnen den Genusswert reifer, einheimischer Obstsorten erklären. Und für die Monate im Jahr, in denen das heimische Obstangebot gering ist, gebe es ja auch exotisches Bio-Obst. Jan B. ist irritiert, denn exotisches Bio-Obst – ist das noch umweltgerecht? Schließlich müssen die Südfrüchte mit Schiffen oder Flugzeugen nach Deutschland transportiert werden. Ist dann eine Bio-Kiwi aus Neuseeland noch ökologisch vertretbar?

Abb. 6: Bio-Lebensmittel aus Übersee?

Ökobilanz

Der Transport von Obst aus fernen Ländern, insbesondere mit dem Flugzeug, ist mit einer hohen CO_2-Belastung verbunden. Viele Verbraucher wundern sich, woher ihre Produkte stammen. Schnittlauch aus Indien und Knoblauch aus China, muss das sein? Das gilt auch für Bio-Produkte, die mittlerweile aus allen Ländern kommen und durch die langen Transportwege eine schlechte Ökobilanz aufweisen. Bio-Äpfel aus Argentinien – ist das notwendig? Allerdings gibt es viele Lebensmittel, die aufgrund klimatischer Verhältnisse nur importiert werden können, wie z. B. Kaffee. Die Verbraucher müssen sich also entscheiden und dabei berücksichtigen, dass Lebensmittel, auch wenn sie „Bio“ sind, transportiert werden müssen. Regionale und saisonale Produkte haben aber allemal die beste Ökobilanz.

Der Auszubildende Jan B. hat bei der Herstellung eines Obstsalates im GLOBALE-WELT-HOTEL viele neue Dinge erfahren. So lässt sich ein gesunder und schmackhafter Obstsalat auch aus Früchten herstellen, die aus der eigenen Region stammen. Zudem lernt man die heimischen Obstsorten besser kennen und weiß um deren Geschmacksvielfalt. Auf exotische Früchte kann also verzichtet werden, solange das eigene saisonale Angebot ausreicht. Wenn nicht, dann bleibt noch immer die Möglichkeit, wenigstens auf importierte Bio-Lebensmittel zurückzugreifen.

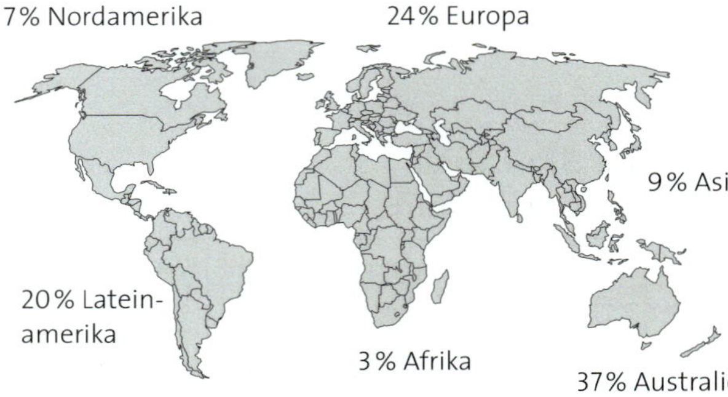

Abb. 7: Verteilung der ökologisch bewirtschafteten Flächen weltweit

AUFGABEN

1 **Jan B. hat einen saisonalen Obstsalat mit Früchten aus der Region zubereitet. Fertigen Sie einen Flyer an, auf dem Sie die Gäste über die Vorteile eines solchen Obstsalates informieren. Verwenden Sie hierzu das →Arbeitsblatt 4.**

2 **Führen Sie in der Klasse eine Verkostung durch. Stellen Sie hierfür drei verschiedene Obstsalate her:**
1. Obstsalat aus einheimischen Früchten
2. Obstsalat aus exotischen Früchten
3. Obstsalat aus beiden Fruchtsorten
Diskutieren Sie folgende Fragen:
– Wovon hängen Qualitätsunterschiede zwischen den einzelnen Salaten ab?
– Welche Erwartungshaltung könnten Gäste an einen Obstsalat haben?

3 **Bio-Produkte aus fernen Ländern: Ist das noch umweltgerecht? Führen Sie ein Pro-Kontra-Debatte durch. Berücksichtigen Sie die Abbildung 7 und die →Materialien M2, M3 und M4.**

2 Der Arbeitsbereich „Gemüseküche“

2.1 Arbeiten auf dem Entremetier

Laura S. hat ebenfalls ihre Ausbildung im GLOBALE-WELT-HOTEL begonnen und erlernt den Beruf der Köchin. Sie ist dem Arbeitsposten Gemüseküche (*Entremetier*) eingeteilt. Hier werden im GLOBALE-WELT-HOTEL auch die Suppen zubereitet, für die sich die Auszubildende besonders interessiert. In der kommenden Woche erhält Laura S. die Gelegenheit, ihr bislang erworbenes Wissen unter Beweis zu stellen. Eine Gästegruppe von zehn Personen ist angemeldet, die sich u.a. für „Legierte Spargelsuppe“ entschieden hat. Die Auszubildende soll diese Aufgabe zunächst allein planen und einen entsprechenden Zubereitungsvorschlag der Postenchefin des Entremetiers, Frau Clausen, präsentieren.

AUFGABEN

1 **Laura S. hat ihre Arbeit auf dem Gemüseposten (Entremetier) begonnen. Neben Spargel hat sie viele neue Gemüsesorten kennengelernt. Erarbeiten Sie mit Hilfe Ihres Fachbuches oder dem Internet, welche Lebensmittel hier typischerweise verwendet werden. Wie lassen sie sich unterteilen? Notieren Sie die Ergebnisse auf dem ➔Arbeitsblatt 5.**

2 **Sammeln Sie mit Hilfe Ihres Fachbuches oder des Internets weitere Informationen über den Entremetier. Welche Unterschiede gibt es zu Ihrem Betrieb? Fertigen Sie ein Tafelbild der Aufgaben an.**

2.2 Herstellung einer legierten Spargelsuppe

Abb. 8: Legierte Spargelsuppe

Frau Clausen bittet Laura S., dass sie einen Zubereitungsvorschlag für eine legierte Spargelsuppe anfertigen soll. Auch sie verweist Laura S. auf das Leitbild des GLOBALE-WELT-HOTEL und präsentiert ihr die aktuelle Speisekarte, die ganz im Zeichen des saisonalen Spargels steht. Die Auszubildende muss nun die Vorbereitungen für die Suppe treffen. Eine besondere Herausforderung stellt dabei die Zubereitung der Liaison dar, zumal bei der Bindung mit Eiern immer die Gefahr der Gerinnung besteht. Schon oft hat das Laura S. erlebt, weshalb sie ihre Postenchefin nach den Ursachen fragt.

Die Liaison

Wenn vom Legieren einer Suppe die Rede ist, dann ist damit auch eine Liaison (franz.: Bindung) gemeint. Es handelt sich um eine Mischung von Sahne und Eigelb, die verquollen vorsichtig der Suppe (auch Sauce u.a.) beigefügt wird. Dabei darf die Flüssigkeit nicht mehr kochen, d.h. nicht 70 °C überschreiten, weil ansonsten der Gerinnungsvorgang ausgelöst wird. Es bilden sich kleine weiße Flocken. Dieses Problem hängt mit dem Eiweiß (Protein) zusammen, das bei dieser Temperatur seine chemische Form verändert und gerinnt (denaturiert). Als Denaturieren bezeichnet man die Strukturänderung der Proteine, wobei deren räumliche Anordnung (Helix bzw. Faltblattstruktur) zerstört wird. Hitze, Säure und Schwermetallsalze gehören zu den auslösenden Faktoren einer Denaturierung. Die Zerstörung der Eiweißstruktur wird als Flocken sichtbar (Niederschlag). Diesen Vorgang nennt man auch koagulieren, wobei in diesem Zustand die gewünscht Bindung der Suppe nicht mehr möglich ist.

Speisekarte im Juni

GLOBALE-WELT-HOTEL

Spargel Vinaigrette mit Parmaschinken,
Stangenweißbrot und Butter

Legierte Spargelsuppe
mit frischem Kerbel

Spargel mit Avocado, Tomaten
und Schwarzwälder Schinken

Portion Stangenspargel mit Holländischer Sauce,
zerlassener Butter und Heidekartoffeln
dazu wahlweise:
Bio-Lachsfilet (160 Gramm)
Filetsteak Angus-Rind (150 Gramm)
Brust vom Landhuhn (150 Gramm)
Schinkenplatte (120 Gramm)

Dessert
Bayerische Creme mit Erdbeermark in der Hippenblüte
Rhabarberkompott mit hausgemachtem Vanilleeis

Abb. 9: Ausschnitt aus der Speisekarte des GLOBALE-WELT-HOTEL

AUFGABEN

1 **Laura S. möchte allen Erwartungen entsprechen und legt zunächst ihren Arbeitsablauf fest. Helfen Sie ihr mit Hilfe des ➔Arbeitsblattes 6.**

2 **Das Besondere einer legierten Suppe ist die Liaison. Beschreiben Sie ausführlich, wie eine Liaison zubereitet wird, worauf besonders zu achten ist und welche alternativen Vorgehensweisen es für die Bindung einer Suppe gibt. Verwenden Sie das ➔Arbeitsblatt 7.**

2.3 Spargel, ein königliches Gemüse

Abb. 10: Weißer Spargel

Laura S. muss sich nun um die Zutaten ihrer „Legierten Spargelsuppe“ kümmern. Hauptbestandteil ist natürlich der Spargel, über den sie sich als Erstes informiert. Die Auszubildende ist zunächst überrascht, als sie erfährt, dass Spargel als „König der Gemüse“ gilt und im Unterschied zu den meisten Gemüsesorten ein mehrjähriges Gewächs ist. Da es in unmittelbarer Nähe ein Spargelanbaugebiet gibt, informiert sich die Auszubildende direkt vor Ort.

Warenkunde Spargel

Die Spargelzeit beginnt je nach Wetterlage in der Mitte des Aprils und endet traditionell am Johannistag (24. Juni). Der Volksmund weiß darüber hinaus: „Wird die Kirsche rot, ist der Spargel tot.“ Spargel ist der unterirdisch wachsende Stängeltrieb einer mehrjährigen Pflanze. Zumeist in aufgeschütteten Erdwällen wachsen die Stangen im dunklen Boden heran und haben zunächst die erwünschte weiße Farbe. Wenn die Triebe die Erdwälle durchbrechen, müssen sie mit scharfen Spezialmessern sofort ausgestochen werden. Der Spargel ist schneeweiß und wird als Bleichspargel bezeichnet. In Deutschland stellt er die bevorzugte Form des Spargelangebots dar. Unter Lichteinfluss verfärben sich die Köpfe durch die Bildung von Chlorophyll violett, dann grün und der Geschmack des Spargels wird strenger. Eine derartige Verfärbung ist nach der geltenden Handelsklassenverordnung zwar wertmindernd, doch wird dieser „Buntspargel“ in anderen Ländern, wie z. B. Frankreich, bevorzugt.

Auf dem benachbarten „Bio-Hof Müller“ erfährt Laura S. viel über Spargel. So gehört Spargel zur Gattung Aspáragus, die etwa 300 Arten umfasst. Der Hofinhaber erklärt ihr, dass der Aspáragus officinalis bei uns heimisch ist und sowohl wild wachsend als auch angebaut in Kultur zu finden sei. Ferner ist Spargel arm an energieliefernden Nährstoffen, aber reich an Vitaminen, Mineralstoffen und sekundären Pflanzenstoffen. Im grünen Spargel stecken mehr Vitamine als im weißen. Spargel regt zudem die Nierentätigkeit an und entwässert. Als

Portion ist ein Pfund Spargel pro Person (Hauptgericht) angemessen. Frischer Spargel ist glatt und glänzend und lässt sich leicht brechen. Seine Schnittflächen sollten hell und feucht sein und beim Zusammendrücken saften. Außerdem quietscht frischer Spargel, wenn er aneinandergerieben wird. Frischer weißer Spargel sollte in einem feuchten Tuch eingeschlagen und kühl gelagert werden, da er dann mehrere Tage hält.
Als Laura S. nachfragt, welche Vorteile der Bio-Spargel vom „Bio-Hof Müller" hat, wird ihr Folgendes erklärt:

„Bei unserem Bio-Spargel verwenden wir im Anbau ausschließlich gute humusreiche, organische Erde. Nährstoffe bekommt unser Bio-Spargel nur von Gründüngungspflanzen und Mist. Dagegen wird bei der herkömmlichen Düngung Reinstickstoff verwendet, der nicht nur ins Grundwasser gelangt, sondern auch den Spargel bitterer macht. Früher wurde noch ausschließlich mit reinem Kuhmist gedüngt, welcher im Herbst auf den Boden kam. Zwar waren die Erträge geringer, aber der Spargel schmeckte besser. Daher wird unser Bio-Spargel auch mit einem hohen Anteil an Mist gedüngt, was sich hervorragend auf den Geschmack auswirkt. Außerdem vermeiden wir eine unnötige Gesundheits- und Umweltbelastung, da keine zusätzlichen giftigen Stoffe in den Spargel eingelagert werden und keine überflüssigen Düngermittel ins Grundwasser gelangen."

AUFGABEN

1 **Informieren Sie sich in Ihrem Fachbuch und/ oder im Internet, warum Spargel als „König der Gemüse" bezeichnet wird.**

2 **Spargel ist ein besonderes Gemüse. Sein Geschmack wird sehr geschätzt. Welche Argumente werden vom Besitzer des „Bio-Hof Müller" genannt, die die besondere Qualität von Bio-Spargel ausmachen?**

3 **Führen Sie in der Klasse einen Geschmackstest durch, indem Sie Bio-Spargel mit konventionell erzeugtem Spargel vergleichen. Achten Sie auf gleiche Bedingungen beim Kauf der Rohware und bei der Zubereitung.**

2.4 Marketingprobleme mit Spargel

Die Auszubildende Laura S. stellt bei der Kostenkalkulation für die Spargelsuppe fest, dass der Bio-Spargel im Vergleich zum konventionellem Produkt teurer ist. Sie informiert sich erneut auf dem „Bio-Hof Müller".
Dort erfährt sie, dass die höheren Kosten hauptsächlich durch den Verzicht auf chemische Düngemittel und Pestizide entstehen. Dafür erhalte man aber auch gesundes und umweltverträgliches Gemüse. Wesentlich teurer wäre es, so der Besitzer vom Bio-Hof, wenn man noch an Stelle der ausländischen Erntehelfer ausschließlich deutsche Arbeitskräfte zur Spargelernte einsetzen würde. Der Preis stiege steil nach oben, weil man für einheimische Helfer wesentlich höhere Löhne zahlen müsste, um überhaupt jemanden für die Spargelernte zu gewinnen. Denn viele Deutsche sind nicht bereit, die anstrengende Arbeit der Spargelernte für einen geringen Lohn zu erledigen.
Damit der Spargel aber überhaupt geerntet und verkauft werden kann, sei man daher auch auf dem „Bio-Hof Müller" auf ausländische Hilfe angewiesen.

„Aber wir zahlen anständige Löhne von 8,50 € die Stunde und stellen vernünftige Unterkünfte zur Verfügung. Wir brauchen die Menschen aus dem Osten, weil wir hier niemanden finden. Deshalb können wir uns nicht leisten, diese Mitarbeiter zu verlieren. Schließlich sind auch in Polen die Lebenshaltungskosten gestiegen. Wir müssen fair zu unseren ausländischen Mitarbeitern sein, weshalb ich mich für einen allgemeinen Mindestlohn einsetze", so der Besitzer Herr Müller selbstbewusst.

PRESSEMITTEILUNG

Knochenjob Spargelstechen und kaum noch Hilfskräfte zu finden!

Abb. 11: Spargelfelder vor, während und nach der Ernte

Am Johannistag endet die Spargelsaison, und viele polnische Spargelstecher kehren nach Hause zurück. Allerdings lohnt sich der Weg von Polen nach Deutschland für viele nicht mehr. Denn in Polen sind die Lebenshaltungskosten und Einkommen gestiegen, was das Spargelstechen in Deutschland eher unattraktiv macht.
Es ist ein Knochenjob, der für viele Deutsche zu mühselig und zu schlecht bezahlt ist. Gebückt stehen und mit kräftigem Druck aus dem Handgelenk Spargel stechen – das ist immer noch sehr harte Arbeit. Morgens werden die Arbeiter abgeholt und zur Arbeit gefahren. Sie wohnen zumeist auf den betriebseigenen Höfen und belegen mit zwei bis drei Personen möblierte Wohncontainer.
Für alle war es ein gutes Geschäft, solange die Erntehelfer aus Polen kamen und für wenig Geld arbeiteten und körperlich durchhielten. Doch nun bleiben sie immer öfter weg, denn auch andere Länder, wie die Niederlande und Großbritannien, haben Mindestlöhne. Die Spargelbauern befragen nun, woher sie die Arbeiter nehmen sollen. Daher fordert der Deutsche Bauernverband, zügig Abkommen mit Nicht-EU-Ländern, wie der Ukraine und Weißrussland, auszuhandeln. Weil vielleicht dort die Lebensverhältnisse noch schlechter sind?

ZEITUNGSARTIKEL

Arbeitnehmerfreizügigkeit: „Jährlich kommen rund hunderttausend Osteuropäer"

„Für den Arbeitsmarkt gelten von Mai 2011 an neue Regeln. Daraus entstehen neue Chancen für viele Beschäftigte – aber auch zusätzliche Risiken. (...)
Ab Mai [2011] können Arbeitnehmer aus acht mittel- und osteuropäischen Staaten ohne Beschränkung in Deutschland arbeiten. Um Lohndumping zu verhindern, brauchen wir dringend einen Mindestlohn für Leiharbeiter, fordert ein breites Bündnis aus Arbeitgebern, Gewerkschaften und Politikern. (...)
Joachim Möller, Direktor des Forschungsinstituts der Bundesagentur für Arbeit, IAB, rechnet mit einem Zuzug von jährlich rund 100 000 Menschen aus Ost- und Mitteleuropa. Er macht sich für einen moderaten, flächendeckenden Mindestlohn stark, um eine „Ausbreitung von Schmuddelfirmen mit Hungerlöhnen zu verhindern. (...) Es ist zu befürchten, dass in einigen Branchen Firmen auftreten, die Arbeitnehmer aus den neuen Mitgliedstaaten einsetzen, diesen sehr niedrige Löhne zahlen und es manchmal auch mit Arbeitsschutzbestimmungen nicht so genau nehmen. (...) Auf der Strecke bleiben dann in erster Linie die Geringqualifizierten, von denen jetzt schon mehr als jeder Fünfte arbeitslos ist. Klar ist, eine Wirtschaft braucht fairen Wettbewerb. (...) Von einer Ausbreitung von Schmuddelfirmen mit Hungerlöhnen und geringem Arbeitsschutz hat letztlich niemand etwas. Ein mit Augenmaß festgelegter allgemeiner Mindestlohn könnte solch einer unseligen Entwicklung vorbeugen." (...)
Gerhard Bosch, Direktor des Instituts Arbeit und Qualifikation (IAQ) der Universität Duisburg-Essen [sagt]: „Lohndumping kann man durch Mindestlöhne verhindern, die auch für ausländische Leih- und Werkauftragnehmer gelten. Bei einem offenen Arbeitsmarkt verhindern Mindestlöhne auch Firmenpleiten, deshalb sprechen sich immer mehr Unternehmer dafür aus. Angemessen wären ein allgemeiner Mindestlohn von zunächst 8,50 € im Westen und 7,50 € im Osten sowie allgemeinverbindliche Tarifverträge für Branchen wie die Zeitarbeit."

Roth, Eva (7.12.2010): „Jährlich kommen rund hunderttausend Osteuropäer"
www.fr-online.de/wirtschaft/arbeitnehmerfreizuegigkeit--jaehrlich-kommen-rund-hunderttausend-osteuropaeer---,1472780,4903842.html [Stand: 26.12.2012]

Für Laura S. stellt sich die Frage, ob sie den Einsatz von Herrn Müller für faire Löhne und gute Arbeitsbedingungen bei der Saisonarbeit auf der Speisekarte positiv vermerken soll. Bislang steht dort nur, dass Bio-Spargel angeboten wird. Nach Ansicht der Auszubildenden könne man nicht vom Spargel als „König der Gemüse“ sprechen und gleichzeitig Menschen aus dem Ausland zu schlechten Arbeitsbedingungen und geringen Löhnen arbeiten lassen.

Abb. 12: Spargelstecher in der Rheinebene

AUFGABEN

1 Laura S. möchte erreichen, dass auf der Speisekarte ein Hinweis zur fairen Saisonarbeit aufgenommen wird. Sie geht zu ihrer Postenchefin und trägt ihr Anliegen vor. Helfen Sie Laura S. und machen Sie einen Vorschlag für einen entsprechenden Hinweis auf der Speisekarte. Denken Sie daran, dass ein Informationstext nur wenige Sätze umfassen sollte.

2 Diskutieren Sie die Frage der „gerechten“ Löhne und vergleichen Sie Ihren eigenen Stundenlohn mit denen der Erntehelfer (→Material M6). Zur Information: Ein Koch mit zwei und mehr Gesellenjahren verdient (brutto) zwischen 11,15 € pro Stunde und 11,64 € pro Stunde (Stand 2011).

ALLES KLAR?

1 Nennen Sie die verschiedenen Posten einer Küche und ordnen Sie diesen typische Tätigkeiten zu. Vergleichen Sie die Aufgabenverteilung in einer Großküche mit denen in Ihrem Betrieb. Welche Unterschiede gibt es?

2 Erklären Sie, warum bei der Herstellung eines Obstsalates zuerst die säurereichen Früchte verwendet werden.

3 Nennen Sie Vorteile der Verwendung von saisonalem Obst.

4 Erklären Sie den Unterschied zwischen den Siegeln der privaten Anbauverbände und dem nationalen sechseckigen Bio-Siegel.

5 Das GLOBALE-WELT-HOTEL verwendet Obst und Gemüse vorwiegend aus biologischer Anbauweise. Führen Sie in der Klasse eine Befragung durch, welche Chancen Sie mit Bio-Lebensmitteln in Ihrem Beruf verbinden. Nutzen Sie auch das →Methodenblatt: Brainstorming.

6 Worauf sollte man bei einer Legierung besonders achten? Begründen Sie.

7 Welche Auswirkungen werden im Zusammenhang mit der 2011 in Kraft getretenen Arbeitnehmerfreizügigkeit im Bereich der Saisonarbeit diskutiert? Nutzen Sie auch die →Materialien M6 und M7.

3 Material

M1 Saisonalität und Regionalität

Obst und Gemüse der Saison, das zudem noch aus der eigenen Region stammt, schützt die Umwelt und wirkt dem Klimawandel entgegen – so die Ergebnisse vieler Fachstudien. Vermieden werden lange Transportwege mit dem LKW, mit Flugzeugen und mit Schiffen, die sehr viel CO_2 ausstoßen. Ein weiterer Vorteil von saisonalen und regionalen Produkten besteht in der Frische dieser Lebensmittel, die auf Grund ihrer geringeren Lagerung oft auch besser schmecken, ein intensiveres Aroma besitzen und mehr wichtige Inhaltsstoffe, wie Vitamine enthalten. Hinzu kommt der enorme Wasserverbrauch von importiertem Obst aus Gewächshäusern – Wasser, das dann der eigenen Region fehlt. Nicht selten sind es Gebiete, die selbst an Wassermangel leiden, wie z. B. der Süden von Spanien.

M2 Was sind Bio-Produkte?

Verbraucher, die sich für Bio-Produkte entscheiden, wollen gesunde und schmackhafte Lebensmittel auf ihrem Teller. Und sie wollen wissen, wie diese erzeugt und verarbeitet werden. Bei Bio-Produkten ist die Sache klar: Sie sind Erzeugnisse einer besonders naturnahen Wirtschaftsweise – des ökologischen Landbaus. Der Öko-Landbau

- setzt keine Gentechnik ein; die Anwendung der Gentechnik ist verboten.
- verwendet deutlich weniger Zusatzstoffe (nur 47 von über 300 sind erlaubt).
- verzichtet grundsätzlich auf chemisch-synthetische Pflanzenschutzmittel.
- verzichtet auf mineralischen Stickstoffdünger.
- steht für artgerechte Tierhaltung.
- hilft, die Artenvielfalt zu erhalten.
- vermindert den Energieverbrauch und schont Rohstoffreserven.
- strebt eine Kreislaufwirtschaft mit möglichst geschlossenen Nährstoffzyklen an.
- bietet Sicherheit durch Richtlinien und Kontrollen.
- schafft Transparenz bei der Erzeugung und Herstellung von Lebensmitteln.
- setzt grundsätzlich keine Antibiotika ein.

online www.bio-siegel.de [► Infos für Verbraucher]

M3 Stichwort: Ökobilanz (1)

Unter dem Begriff „Ökobilanz“ werden die Umweltauswirkungen von Produkten während des gesamten Lebensweges verstanden. Das ist daher von Bedeutung, weil z. B. weite Transportwege mit hohen Schadstoffemissionen verbunden sind, weshalb zwar der Anbau nach biologischen Kriterien erfolgt sein kann, aber das Produkt dennoch in der Ökobilanz schlecht abschneidet. Allerdings sind die Messverfahren noch sehr unsicher, weil oft unklar ist, was zur Ökobilanz hinzuzurechnen ist. Außerdem ist zu beachten, dass einige Produkte nur in sehr weit entfernten Ländern produziert werden, wie z. B. Reis, Tee oder Kaffee. Ein ebenfalls oft diskutiertes Thema sind die Gewächshäuser, in denen Obst angebaut wird (auch Bio-Obst). Diese verbrauchen sehr viel Wasser in Ländern, in denen häufig Wassermangel herrscht. Die Ökobilanz ist leider auf keiner Verpackung sichtbar, sodass die Verbraucher selbstständig entscheiden müssen. Generell gilt zwar: Je weiter ein Produkt reisen muss, um auf unserem Tisch zu landen, desto schlechter wird seine Ökobilanz:
Ein Apfel aus Chile, der mit dem Flugzeug importiert wird, verbraucht die 520-fache Energie eines regionalen Apfels, der in der Saison geerntet wird. Doch muss bei den Produkten genau hingesehen werden, um alle Einflussfaktoren zu berücksichtigen.

online www.agenda21-treffpunkt.de

M4 Stichwort: Ökobilanz (2)

Greenpeace-Redaktion (29.08.2007) „Bio gut, alles gut?“ www.greenpeace.de/themen-/chemie/nachrichten/artikel/bio_gut_alles_gut/ [Stand: 26.12.2011]

Auszug aus einem Interview mit dem Greenpeace-Landwirtschaftsexperten Alexander Hissting:

„(...) **Redaktion:** Wenn ich die Wahl habe zwischen einem Bio-Apfel aus Argentinien und einem konventionellen Apfel aus der Region, für was soll ich mich entscheiden?

Alexander Hissting: Hier gibt es kein Schwarzweiß. Äpfel aus Übersee werden mit dem Schiff nach Europa transportiert. Die Klimabilanz ist zwar schlechter als bei einem regionalen Apfel, allerdings ist sie noch einigermaßen vertretbar. Entscheidender ist, ob ich mit dem Fahrrad oder dem Auto einkaufen fahre und wie energieeffizient mein Kühlschrank zu Hause ist.

Wenn man das beachtet und vorausgesetzt der argentinische Bio-Apfel schmeckt, würde ich diesen bevorzugen. Die Hoffnung wäre, den Bio-Markt zu stärken, damit weitere Betriebe in Deutschland umstellen und in Zukunft genügend deutsche Bio-Äpfel auf dem Markt sind, damit keine mehr aus Übersee importiert werden müssen. Meine persönliche Realität sieht anders aus. Ich kaufe meine Bio-Äpfel auf dem Wochenmarkt, direkt von einem Erzeuger aus der Region. Hier stimmt die Beratung, die Ökologie, der Geschmack und die Klimabilanz. Sollten mal ein paar Wochen keine Äpfel verfügbar sein, kaufe ich eben anderes Bio-Obst, vorzugsweise aus Mitteleuropa. Aber solche Entscheidungen muss jeder für sich treffen. Hauptsache kein Import mit dem Flieger. Das ist der absolute Klimagau. Und bitte auch kein Dogmatismus, das verursacht Magengeschwüre. (...)"

M5 Saison für heimisches Obst

Regionale und saisonale Erzeugnisse

Nach Angaben des Allgemeinen Informationsdienstes Ernährung, Landwirtschaft, Verbraucherschutz e.V. (aid Infodienst) weisen regionale und saisonale Erzeugnisse viele Vorteile auf. Dazu gehört, dass weniger Emissionen durch kürzere Lieferwege freigesetzt werden und sich hierdurch auch die Feinstaubbelastung verringert. Umweltschonend sind saisonale Produkte aber auch, weil im Vergleich zum Treibhausanbau (Sonnenlicht fördert den Einbau von Stickstoff in der Pflanze) der Freilandanbau weniger Nitratrückstände aufweist. Aber es sprechen auch wirtschaftliche Gründe für den Kauf saisonaler Produkte. Dazu gehören die Förderung der heimischen Wirtschaft, die Sicherung der Arbeitsplätze und vor allem der Erhalt regionaler Spezialitäten. Letztlich sprechen aber auch gastronomische Gesichtspunkte eine Rolle. Saisonales Obst kann am Baum/Strauch mehr ausreifen, weshalb sie schmackhafter sind und mehr wertgebende Inhaltsstoffe enthalten. Außerdem lernt man etwas über Jahresabläufe und die saisonale Vielfalt, wobei die Vorfreude, zum Beispiel auf die heimische Erdbeer- oder Spargelsaison, nicht außer Acht gelassen werden darf.

online www.aid.de
[► Ernährung ► Essen und Klima]

M6 Geringe Löhne für Erntehelfer

Der Verdienst von Erntehelfern, z. B. zur Spargelsaison, lag 2008 zwischen brutto 4,50 und 7,00 € pro Stunde. Abgezogen werden aber meist noch Pauschalen für Wohnen und Essen, sodass mancherorts die Stundenlöhne unter 4,00 € lagen. Daher forderte die Gewerkschaft IG BAU einen Mindestlohn für Saisonarbeiter in der Landwirtschaft. Seit 1. Januar 2009 gelten nun in den neuen Bundesländern Stundenlöhne von 5,10 bis 5,55 €, ab 2011 werden einheitlich 6,10 € gezahlt. In den alten Bundesländern bekommen die Saisonarbeiter 5,55 bis 5,70 € in der Stunde seit 1. Januar 2009 und 6,40 € seit 1. Januar 2011. Das bedeutet auf Grund der unterschiedlichen Ausgangsbasis der alten und neuen Länder eine Lohnsteigerung von bis zu 18 Prozent. Mit der Herstellung der EU-Freizügigkeit für Arbeitskräfte aus den meisten mittel- und osteuropäischen Mitgliedstaaten zum 01. Mai 2011 hat die IG BAU den Tarifvertrag für Saisonarbeitskräfte im September 2011 gekündigt.
Da Saisonarbeiter zum Großteil aus osteuropäischen EU-Mitgliedsstatten kommen, sei die Notwendigkeit entfallen, die Mindestbedingungen zu regeln, so die IG BAU. Für die Arbeitskräfte aus den neuen EU-Ländern gelten nun die gleichen Bedingungen wie für andere Arbeitnehmer hierzulande. Der Lohn der normalen Tarifverträge ist bis zu 10 % höher als der in den Tarifverträgen der Saisonarbeitskräfte. Leider werden aber nicht in allen Betrieben die Tarifverträge berücksichtigt. Die IG BAU geht davon aus, dass 40–50 % der Betriebe ihre Beschäftigten nach Tarif bezahlen.

M7 Ausländische Saisonarbeitskräfte

www.bmelv.de/SharedDocs/Downloads/Broschueren/Agrarbericht2011.pdf?__blob=publicationFile
[Stand: 26.12.2011]

Agrarpolitischer Bericht der Bundesregierung 2011

"(...) Um der sinkenden Zahl ausländischer Saisonarbeitnehmer zu begegnen, hat das Bundesministerium für Arbeit und Soziales in Abstimmung mit dem BMELV die zulässige jährliche Beschäftigungsdauer für ausländische Saisonarbeitskräfte zum 1. Januar 2009 von vier auf sechs Monate erhöht. Zusätzlich wurde die Möglichkeit zur Anwerbung bulgarischer Saisonarbeitskräfte auf die Landwirtschaft und den Gartenbau erweitert."

METHODE

Brainstorming

Brainstorming als Methode zur Planung von Arbeitsprozessen

Abb. 13: Brainstorming

Vorbemerkungen

Brainstorming bzw. Brainwriting sind Grundmethoden zur Findung von Interessen, Wünschen, Erfahrungen, Vorlieben, Abneigungen oder auch Ideen. Es wird in der Planungsphase der Ausführung eines Arbeitsprozesses angewendet.

Hier ein Beispiel: Der Chef der „Kalten Küche" (Gardemanger) bittet die Mitarbeiter Ideen für die Dessertkarte zur Spargelzeit zu entwickeln. Der Küchenchef möchte für die Spargelkarte Vorschläge für kalte und warme Spargelgerichte mit möglichst abwechslungsreichen Beilagen haben.

Es gibt verschiedene Formen der Ideenfindung. Es kann alleine oder in Gruppen durchgeführt werden. Da das Arbeiten im Hotel- und Gaststättengewerbe immer Teamarbeit ist, wird es hier in Gruppen durchgeführt.

Vorbereitungen und Material

Die Lerngruppen werden in Gruppen von maximal sechs Personen eingeteilt. Es werden Gruppentische gebildet. Auf den Gruppentischen befinden sich folgende Materialien:

- Karte mit der Aufgabenstellung bzw. Leitfrage
- dicke Filzstifte
- Papier (DIN-A4-Format)
- Plakatpapier
- eine Stoppuhr

Durchführung

Die Karte mit der Aufgabenstellung wird in die Mitte des Tisches gelegt und von einem der Gruppenmitglieder laut vorgelesen. Verständnisfragen werden geklärt. Alle Gruppenmitglieder notieren drei Ideen zu dem Leitthema und geben den Zettel weiter. Das nächste Gruppenmitglied verändert evtl. die Vorschläge und macht drei weitere Vorschläge und gibt erneut den Zettel weiter.

Grundregeln

- Während des Brainwriting darf nicht gesprochen werden.
- Die vorgegeben Zeit (im Normalfall zehn Minuten) muss eingehalten werden.
- Alle Teilnehmer bemühen sich um eine gut lesbare Schrift.
- Kommentierungen, auch durch Gestik oder Mimik, sind während des Brainstorming nicht gestattet.

Auswertung

Alle Ergebnisse sind zu würdigen. Doppelungen werden gestrichen. Die Ergebnisse werden gut lesbar auf einem Plakatbogen (Flipchartpapier) zur Vorbereitung der Präsentation notiert. Die Vorschläge können dabei nach Zusammenhängen geordnet und zusammengefasst werden. Auch eine Festlegung der Rangfolge, die z.B. durch eine Bewertung mit Klebepunkten vorgenommen wird, ist möglich.

Obstsorten benennen

Arbeitsauftrag: Führen Sie ein Brainstorming durch und sammeln Sie alle Obstsorten, die Ihnen einfallen. Systematisieren Sie das Obst nach den unten aufgeführten Kriterien. Ergänzen Sie Ihre Angaben mit Informationen aus Ihrem Fachbuch.

Kernobst

Steinobst

Beerenobst

Schalenobst

Südfrüchte

Arbeitsaufgaben von Küchenabteilungen

Arbeitsauftrag: Ordnen Sie die folgenden Tätigkeiten den Küchenposten zu.

1. Schmoren von Kalbshachsen
2. Dünsten von Seezungenschleifen
3. Zerlegen einer Rinderkeule
4. Filetieren einer Forelle
5. Legieren einer Weißweinsauce
6. Parieren einer Kalbsoberschale
7. Herstellen einer Bayerischen Creme
8. Herstellen eines Kalbsragouts
9. Herstellen von Hechtklößchen
10. Tournieren von Karotten
11. Ansetzen einer Grand Jus
12. Ausbeinen eines Roastbeefs
13. Dünsten einer Hähnchenbrust
14. Herstellen von Gurkensalat
15. Herstellen von Kartoffelkroketten
16. Grillen eines Rumpsteaks
17. Herstellen einer Roten Grütze
18. Legieren einer Spargelsuppe

Posten:	Aufgaben:
Saucier Saucenkoch	
Rôtisseur Bratenkoch	
Poissonnier Fischkoch	
Entremetier Gemüsekoch	
Gardemanger Koch der „Kalten Küche“	
Boucher Küchenfleischer	

online www.foodnews.ch
www.huettenhilfe.de [► Küchenbrigade]

Zutatenliste für einen saisonalen Obstsalat

Arbeitsauftrag: Notieren Sie die Zutaten für einen gemischten Obstsalat, der ausschließ ich Obst aus dem saisonalen Angebot im Sommer (Juli–August) enthält.

Zutatenliste für einen saisonalen Obstsalat (10 Personen).

Menge in kg	saisonales Obst

Arbeitsblatt 4

Flyer

Vervollständigen Sie den Flyer, auf dem die Gäste über die Vorzüge eines saisonalen Obstsalates informiert werden.

Name ....

Klasse ....

Datum ....

GWH
GLOBALE-WELT-HOTEL

Obstsalat der Saison

Es gibt gute Gründe,
unseren schmackhaften Obstsalat der Saison einmal zu probieren.

Arbeitsblatt 5

Gemüsesorten

Arbeitsauftrag: Ergänzen Sie die folgende Tabelle.

Blattsalate	
Beispiel: Feldsalat	4
2	5
3	6
Stängel- und Sprossengemüse	
1	2
Blatt- und Kohlgemüse	
Beispiel: Rotkohl	4
2	5
3	6
Wurzel- und Knollengemüse	
1	4
2	5
3	6
Zwiebel- und Lauchgemüse	
1	2
Blütengemüse	
Beispiel: Blumenkohl	2
Frucht- und Samengemüse	
1	3
2	4

NACHSCHLAGEMÖGLICHKEITEN:

- Matkowitz, Hans Peter; Raskin-Schmitz, Juliana L.: *Die Tricks und Tipps der Köche.* Hädecke, Weil der Stadt, 2007

online www.gemüse.de

Arbeitsablauf „Legierte Suppe“ (Potages veloutés)

Arbeitsauftrag: Die Herstellung einer legierten Spargelsuppe erfolgt nach einem bestimmten Arbeitsprozess. Beschreiben Sie kurz die einzelnen Schritte des Arbeitsprozesses, begründen Sie die Vorgehensweise und notieren Sie die eingesetzten Materialien.

Herstellen einer legierten Spargelsuppe

Arbeitsvorgang	Begründung	Material
↓		
↓		
↓		
↓		
↓		
↓		
↓		
↓		
↓		

Eine Liaison herstellen

Arbeitsauftrag: Beschreiben Sie die Arbeitsschritte bei der Herstellung einer Liaison und verweisen Sie auf die Risiken in der Zubereitung. Welche Vorteile ergeben sich aus dieser Bindungsart und welche Alternativen gibt es?

1. Arbeitsschritte

2. Vorteile einer Liaison

3. Alternative Bindungsarten

Internationale Spezialitätenwoche
Kaffeekultur im GLOBALE-WELT-HOTEL

Nachhaltigkeitsperspektive: „Kulturelle Vielfalt mit sozialer Gerechtigkeit verknüpfen“

Das sind Ihre fachlichen Kompetenzen

Sie sind in der Lage,

- die wesentlichen Merkmale im Umgang mit Gästen zu nennen
- verschiedene Zubereitungsformen von Kaffeespezialitäten zu nennen
- die typischen Herkunftsregionen von Kaffee aufzuführen
- die Zubereitung typischer Dessertspeisen darzustellen
- die Qualitätsmerkmale von Kaffeesorten aufzuführen
- den Herstellungsprozess von Kaffee zu beschreiben
- die wesentlichen Kriterien von Fairtrade-Produkten zu benennen
- den Zusammenhang zwischen Kaffeepreis und Kaffeeanbieter zu erklären
- den Zusammenhang von Armut in Äthiopien und dem Kaffeehandel zu beschreiben

Das sind Ihre personalen Kompetenzen

Sie sind in der Lage,

- ihre eigenen Wertmaßstäbe beim Kauf von Kaffee zu beschreiben
- Lebensmittel entlang ihrer sozialen Wertigkeit zu beurteilen
- sich kritisch gegenüber eigennützigem Verhalten zu zeigen
- die moralischen Kriterien der eigenen Kaufentscheidung zu benennen

1 Internationale Spezialitätenwoche im GLOBALE-WELT-HOTEL

Abb. 1: Kaffeestation GLOBALE-WELT-HOTEL

1.1 Umgang mit Gästen

Mesut Y. ist im zweiten Ausbildungsjahr zum Restaurantfachmann. Die kommenden Wochen werden für ihn sehr aufregend sein, da der diesjährige Austragungsort der sechsten „Internationalen Spezialitätenwoche" das GLOBALE-WELT-HOTEL ist. Für die Region ist das ein wichtiges Ereignis, da viele Gäste aus dem Ausland erwartet werden. Die Anspannung ist bei allen hoch, weshalb die Vorbereitungen früh begonnen haben. Alle Auszubildenden werden zu diesem Anlass noch einmal im richtigen Umgang mit Gästen geschult. Grundsätzlich gelten für alle Mitarbeiter folgende Voraussetzungen:

- Zuverlässigkeit und Ehrlichkeit
- Verfügbarkeit und Einsatzbereitschaft
- Umsicht und Disziplin
- Eigenverantwortlichkeit und Teamgeist

Die Gäste sollen vom Auftreten des Servicepersonals einen sympathischen Eindruck erhalten und auf keinen Fall durch überhebliches oder ignorierendes Verhalten abgeschreckt werden.
Oberstes Prinzip ist im GLOBALE-WELT-HOTEL die Gastlichkeit. Im Mittelpunkt steht stets der Gast, wobei jede Persönlichkeit ernst zu nehmen ist und in ihrer Verschiedenheit eine besondere Wertschätzung erfahren sollte.

Der Restaurantchef macht die Auszubildenden noch einmal darauf aufmerksam, dass eine gute Serviceleistung sich besonders dadurch auszeichnet, die Individualität des Gastes zu respektieren, seine Bedürfnisse schnell zu erkennen und seine gastronomischen Vorstellungen sogar noch zu überbieten. Mesut Y. fragt nach, wie er denn die Bedürfnisse des Gastes am schnellsten herausfinden könne, ohne ihn fortwährend mit Fragen zu belästigen.

„Eine richtige Gästeeinschätzung", so sein Restaurantchef, „das ist sehr schwer. Das gelingt nur mit menschlichem Einfühlungsvermögen und langjähriger Erfahrung. Allerdings hilft es auch, wenn man die verschiedenen Eigenschaften der Gäste kennt, um dann durch den ersten Kontakt eine vorläufige Einschätzung vornehmen zu können."

Mesut Y. hat noch wenig Erfahrung und muss sich immer wieder auf neue Gästetypen einstellen. Mittlerweile weiß er aber, dass der Gast niemals belehrt, sondern auf Wunsch beraten werden sollte. Für eine angemessene Beratung sind gute Fachkenntnisse wichtig.

Servicepersonal

Kleidung
Korrekte Kleidung zeigt sich am ordentlichen Erscheinungsbild mit einheitlichen Anzügen des Hauses sowie sauberer Kleidung. Auf auffälligen Schmuck sollten Sie verzichten.

Köperpflege
Sauberkeit hat oberste Priorität. Fingernägel, Haut und Haare müssen gepflegt sein und der Atem sollte nicht unangenehm riechen (auf Zigaretten, Alkohol und Knoblauch sollte verzichtet werden).

Haltung
Die Haltung muss ein freundliches Erscheinungsbild ausdrücken und Aufmerksamkeit signalisieren. Am besten ist eine aufrechte Position (gerade Haltung). Eine angespannte Haltung erweckt leicht den Eindruck von Überheblichkeit, wogegen eine eher lasche und nachlässige Haltung Desinteresse signalisiert.

Sprache
Das Personal soll stets freundlich, zuvorkommend und respektvoll mit den Gästen umgehen. Nach dem Motto „Der Gast ist König" sind folgende Punkte zu beachten: Einfühlungsvermögen, Toleranz, Anpassungsfähigkeit, Höflichkeit, Aufmerksamkeit, Geduld und Diskretion. Die Sprache darf aber auch nicht zu laut oder zu leise sein, weil dies den Gast irritieren könnte.

Gesamterscheinung
Das Personal ist dem Gast zugewandt und freundlich. Es sollte ein einheitliches Erscheinungsbild herrschen, das auch den Betrieb repräsentiert. Neben der Freundlichkeit zählen noch Schnelligkeit und das Erkennen der Gästewünsche sowie Verschwiegenheit.

Mögliches Gastverhalten
- selbstbewusst und entschlossen
- unentschlossen
- gesundheitsbewusst
- kritisch
- sparsam/geizig
- eilig
- redselig
- schüchtern
- geruhsam
- geltungsbedürftig
- misstrauisch/nörgelnd
- aufgeregt/nervös
- anspruchsvoll
- besserwisserisch/angeberisch

AUFGABEN

1 **Der Umgang mit Gästen ist sehr wichtig. Nennen Sie Beispiele für negative Erfahrungen, die Sie schon einmal mit Gästen gemacht haben und notieren Sie auf dem →Arbeitsblatt 1, was hätte besser laufen können.**

2 **Zur „Internationalen Spezialitätenwoche" werden im GLOBALE-WELT-HOTEL nicht nur Gäste aus der Region erwartet. Nennen Sie mindestens zwei Kompetenzen, die im Umgang mit internationalen Gästen besonders wichtig sind.**

3 **Mesut Y. weiß, dass man einen Gast niemals belehrt, sondern ihn allenfalls berät. Worin liegt der Unterschied? Führen Sie in kleinen Gruppen Rollenspiele durch, die sich durch die unterschiedlichen Verhaltensmuster Belehrung und Beratung auszeichnen. Berücksichtigen Sie auch unterschiedliche Gästetypen.**

4 **Oft ist das Gastverhalten sehr unterschiedlich. Schätzen Sie sich als Gast selbst ein und notieren Sie den fachgerechten Umgang auf dem →Arbeitsblatt 2.**

1.2 Bildung von Expertenteams

Um die Gäste während der „Internationalen Spezialitätenwoche" sachkundig beraten zu können, werden im GLOBALE-WELT-HOTEL Expertenteams gebildet. Ihre Aufgabe ist es, sich mit einem speziellen Thema vertraut zu machen und Vorschläge für ein besonderes Ereignis (ein *Event*) im Zusammenhang mit der „Internationalen Spezialitätenwoche" zu erarbeiten. Beim nächsten Vorbereitungstreffen geben die Expertenteams ihre Informationen an die anderen Servicemitarbeiter weiter, damit alle Mitarbeiter die Gäste angemessen beraten können.
Auch alle Auszubildenden sind aufgefordert, an diesem Vorhaben mitzuwirken und ihre Ideen einzubringen. Schnell haben sich Mesut Y. und sein Kollege Daniel W. zum Expertenteam zusammengefunden. Die beiden Auszubildenden werden sich rund um das Thema *Kaffee* kümmern. Bevor sie sich sachkundig machen, führen sie ein erstes Brainstorming durch, um Ideen zu sammeln, wie man im GLOBALE-WELT-HOTEL das Thema Kaffee gastorientiert präsentieren kann.
Sie fragen sich, welche Erwartungshaltung wohl ihre Gäste haben, wenn sie zur „Internationalen Spezialitätenwoche" in das GLOBALE-WELT-HOTEL kommen.
Ihr Brainstorming hat die beiden zu folgendem Ergebnis geführt: Während der „Internationalen Spezialitätenwoche" sollen Kaffeespezialitäten aus der ganzen Welt angeboten werden. Dazu ist es notwendig, dass die Getränkekarte für diese Zeit erweitert wird.

Abb. 2: Kaffeespezialitäten werden weltweit unterschiedlich zubereitet und serviert.

Mesut Y. und Daniel W. beschließen, Vorschläge für eine erweiterte Getränkekarte zu erarbeiten, auf der zusätzlich zum bestehenden Angebot mehrere internationale Kaffeespezialitäten aufgeführt werden sollen. Neben der Bezeichnung einer Kaffeespezialität soll die jeweilige Länderflagge signalisieren, in welchem Land diese Zubereitungsform üblich ist. Das Motto der Getränkekarte soll heißen *Die kulturelle Vielfalt des Kaffeegenusses.*

Bei ihrer Recherche stellen die beiden Auszubildenden fest, dass es eine Vielzahl an Büchern zum Thema Kaffee gibt und scheinbar unendlich viele Zubereitungsformen. Diese reichen von verschiedenen Mokkasorten über Kaffee mit Alkoholika bis hin zu Variationen mit Gewürzen wie Chili und Kardamom. Hinzu kommen die unterschiedlichen Aufgussverfahren wie Filterung, Kaffeeautomaten, Espressokocher und Pad-Varianten. Endlich haben Mesut Y. und Daniel W. eine Auswahl getroffen. Folgende Kaffeespezialitäten sollen das Angebot auf der Getränkekarte ergänzen:

- Einspänner
- Melange
- Pharisäer
- Arabischer Mokka
- Caffè Americano
- Schweizer Kaffee
- Café Brûlot
- Irish Coffee
- Café Frappé
- Café de Olla

Die beiden Auszubildenden stellen fest, dass ihre Auswahl an Kaffeespezialitäten dem Restaurant verschiedene Probleme bereitet. Dies gilt beispielsweise für das Kaffeegeschirr, da jede Kaffeespezialität in einer besonderen Tasse angeboten wird.

Abb. 3: Latte-macchiato-Glas (li.) und Espressotasse (re.)

AUFGABEN

1 Beschreiben Sie die Herstellung der zehn genannten Kaffeespezialitäten auf dem →Arbeitsblatt 3 und nennen Sie die Herkunftsländer.

2 Kaffee ist eine internationale Spezialität. Suchen Sie in Gruppen weitere Kaffeespezialitäten und notieren Sie diese Beispiele auf einer Weltkarte. →Arbeitsblatt 4.

3 Trinken Deutsche mehr oder weniger Kaffee als Menschen mit anderer Nationalität? Führen Sie in Ihrer Klasse, Schule, Ihrem Ausbildungsbetrieb oder auf einem öffentlichen Platz eine Umfrage zum Kaffeekonsum bzw. den bevorzugten Kaffeegetränken durch. Achten Sie dabei auch auf die Nationalitäten der befragten Personen. Zu welchem Ergebnis kommen Sie? Berücksichtigen Sie das →Material M1.

1.3 Die neue Kaffeebar

Den Auszubildenden fehlt noch ein Vorschlag für ein geeignetes Event während der „Internationalen Spezialitätenwoche". Das Thema Kaffee soll im Vordergrund stehen und zu einem Erlebnis für die Gäste werden. Mesut Y. recherchiert im Internet und sucht nach passenden Ideen. Dabei stößt er auf verschiedene Kaffeebars und Coffeelounges anderer Hotels.

Vom Kaffeehaus zur Coffeelounge

Die Coffeelounge ist eine moderne Variante der alten Kaffeehaus-Tradition. Dieser Brauch stammt ursprünglich von den Türken (1554 eröffnete das erste Kaffeehaus in Konstantinopel), die das Getränk nach Mitteleuropa importierten. Schnell breiten sich im 17. und 18. Jahrhundert in vielen Städten Kaffeehäuser aus. Am bekanntesten war aber das „Wiener Kaffeehaus", das im 19. Jahrhundert in Österreich sehr große Popularität besaß und sich an mehreren hundert Standorten in der ganzen Stadt ansiedelte. Das gastronomische Konzept war völlig neu, denn im Zentrum stand das Verweilen bei einer Tasse Kaffee und Gebäck. So war es üblich, im Wiener Kaffeehaus nicht nur Kaffee zu trinken, sondern stundenlang an seinem Tisch zu sitzen, Zeitung zu lesen, zu schreiben, ins Gespräch zu kommen usw. Die Kaffeehäuser waren für jeden offen. Es trafen sich Intellektuelle und die einfachen Leute, Politiker und Arbeiter. Der Schriftsteller Stefan Zweig schreibt, es ergab sich eine demokratische Kultur des politischen Austausches. Zudem bildete sich die Kaffeehausliteratur, die das gemütliche Beisammensein noch förderte. Aus gastronomischer Sicht ist hinzuzufügen, dass diese Tradition auch zu einer Kultivierung der Kaffeezubereitung führte und zahlreiche Kaffeespezialitäten erfunden wurde. Zudem förderte es die Konditormeisterei, weshalb bis heute Gebäckspezialitäten aus Wien weltbekannt sind.
Trotz des Niedergangs der Kaffeehäuser ist diese Kultur aber nicht verloren gegangen. Denn auch heute existieren zahlreiche kleine Espresso-Bars, Konditoreien und Bäckereien mit einer Kaffeeecke, kleine Eckrestaurants und Hotels mit einer Coffeelounge, die an diese Tradition anschließen. Dazu gehören auch die Coffee-Shops oder Kaffeebars, die vor allem durch die großen Kettenunternehmen wieder an Bedeutung gewonnen haben. Das Geschäftsmodell ist dabei durchaus mit den alten Kaffeehäusern vergleichbar, da die modernen Kaffeebars ebenfalls zum Verweilen einladen und mit einem kleinen Angebot an Speisen einem breiten Publikum zur Verfügung stehen.

Bangert, Elisabeth; Mahrle, Christine: *Kaffee*. Ed. XXL, Fränkisch-Cumbach, 2007

Abb. 4: Tiramisu

Der Restaurantchef ist von dem Vorschlag der beiden Auszubildenden begeistert. Während der „Internationalen Spezialitätenwoche" könnte man eine Kaffeebar im GLOBALE-WELT-HOTEL mit einem speziellen Angebot an internationalen Spezialitäten einrichten. Neben verschiedenen Kaffeezubereitungsformen können dazu passende kleine Dessertspeisen angeboten werden. Die Auszubildenden schlagen folgende Speisen vor:

- Crème brûlée
- Schokoladenauflauf (Soufflés)
- Kaiserschmarrn
- Tiramisu
- Schokoladenmus (Mousse)
- Palatschinken

AUFGABE

1 Die Auszubildenden haben sechs Dessertspeisen ausgewählt. Notieren Sie auf dem →Arbeitsblatt 5 die Zubereitungsformen.

1.4 Warenkunde Kaffee

Kaffeeanbau und Kaffeeherstellung

Abb. 5: Kaffeekirschen im Wasser (Nassverfahren) Kaffeekirschen zur Trocknung (Trockenverfahren)

Die Kaffeepflanze wächst in tropischen Ländern. Sie ist gegen Frost sehr empfindlich, verträgt aber auch Temperaturen über 30 °C nur sehr schlecht und benötigt viel Wasser (1 500 bis 2 000 Millimeter Niederschlag pro Jahr). Bei den Pflanzen handelt es sich, je nach Art, um einen Strauch oder einen vier bis acht Meter hohen Baum, der kirschenartige Früchte trägt. Während die unreifen Früchte grün sind, besitzen die reifen Früchte eine rote Farbe. Die Qualität hängt vom Klima ab. Insbesondere in hohen Lagen verfeinert sich das Aroma, weil die Früchte eine längere Verweildauer an der Pflanze haben und so mehr Aromen ausbilden. Daher wird zwischen dem qualitativ hochwertigeren Hochlandkaffee (600–2 000 m) und dem Tieflandkaffee (300–600 m) unterschieden. Der Großteil der Welternte, etwa 2/3, entfällt auf die Sorte **Coffea arabica** (Hochlandkaffee), während etwa 1/3 die Sorte **Coffea robusta** (Tieflandkaffee) ausmacht. Aus den Früchten wird der Rohkaffee gewonnen, der durch Rösten, Mahlen und den Aufguss zum Kaffeegetränk wird.
Beim Trockenverfahren werden die Kaffeekirschen in der Sonne getrocknet, anschließend geschält, poliert und klassifiziert. Eine andere Methode ist das Nassverfahren, bei dem die Kirschen in Wassertanks zum Quellen gebracht werden und das Fruchtfleisch maschinell entfernt wird. Der gewaschene Rohkaffee wird anschließend ebenfalls getrocknet.
Durch das Rösten wird der Kaffee veredelt. Um kein Aroma zu verlieren, findet das Rösten in den Importländern statt (in Deutschland vor allem in Hamburg und Bremen). Das Rösten wird von einem Röstmeister vollzogen, da jahrelange Erfahrung notwendig ist, um aus den ca. 800 Aromen, die in jeder Bohne stecken, das Optimale zu gewinnen. Durch Mischung der Sorten kann der Röstmeister geschmacklich hochwertige *Blends* erzielen. Die Prädikate Auslese und Premium kennzeichnen besonders hochqualitative und harmonische Blends.

Rimbach, Gerald; Möhring, Jennifer; Erbersdobler, Helmut F.: *Lebensmittel-Warenkunde für Einsteiger.* Springer, Berlin [u. a.], 2010

Das GLOBALE-WELT-HOTEL hat tatsächlich Räumlichkeiten für die Einrichtung einer Kaffeebar zur Verfügung gestellt. Zur „Internationalen Spezialitätenwoche" soll die neue Kaffeebar eingerichtet sein. Mesut Y. möchte dort aber nicht nur Kaffeespezialitäten aus aller Welt anbieten, sondern auch über das Thema Kaffee informieren.
Die Auszubildenden Mesut Y. und Daniel W. sind überzeugt, dass ihr Motto *Die kulturelle Vielfalt des Kaffeegenusses* wunderbar zur „Internationalen Spezialitätenwoche" passt. Denn Kaffee ist ein internationales Produkt, das in der ganzen Welt angebaut und konsumiert wird. Es gibt zahlreiche Zubereitungsformen und geradezu einen Kult um die „richtige" Zubereitungsart.

Zubereitung und Lagerung von Kaffee

In ihren Fachbüchern erfahren die Auszubildenden, dass viele Experten großen Wert darauf legen, einen Kaffee per Hand zu filtern. Die Brühzeit sollte zwischen vier und sechs Minuten betragen, um möglichst viel Aroma und wenig Säure entstehen zu lassen. Beim zu langsamen Brühen entstehen Bitterstoffe und ein geringes Aroma. Auch auf die richtige Temperatur des Wassers kommt es an, die zwischen 92 °C und 96 °C liegen sollte.
Ebenso ist das Kaffeegeschirr wichtig, da Kannen aus Glas oder Porzellan das Aroma besser aufbewahren als Kannen aus Metall oder Blech. Die Aufbewahrung von Kaffeemehl sollte unbedingt an einem trockenen, kühlen und geruchsfreien Ort geschehen, da Kaffee nicht nur Geruch abgibt, sondern selbst auch fremde Gerüche annimmt. Geeignet sind wiederverschließbare Dosen mit Dichtungsring, die auch im Kühlschrank aufbewahrt werden können.
Am besten schmeckt frisch gemahlener Kaffee – aber Vorsicht: Ist die Drehzahl zu hoch, so wird das Kaffeemehl zu warm und die Aromastoffe verflüchtigen sich. Auch die Qualität des Wassers ist wichtig. So sollte frisches und kaltes, aber auf keinen Fall abgestandenes Wasser verwendet werden, da ein hoher Sauerstoffgehalt sich positiv auf das Aroma des Kaffees auswirkt. Mineralwasser enthält zu viel Kalk, weshalb es zu Ablagerungen in der Kaffeemaschine führen kann.

Die Inhaltsstoffe des Kaffees

Bekannt ist die Wirkung des Koffeins als „Muntermacher". Aber wie kommt das? Ein Botenstoff des Nervensystems, das Adenosin, wirkt auf die Nervenzellen des Menschen stark beruhigend. Weil Koffein dem Adenosin chemisch sehr ähnlich ist, verdrängt es seinen „Gegenspieler" und nimmt dessen Platz in den Nervenzellen des Menschen ein.

Nun kann Adenosin nicht mehr wirken und wir bleiben wach. Es kommt nach 20 min. bis 60 min. zur Steigerung der Konzentration und Aufmerksamkeit, die ca. 4–6 Stunden anhält. Bei Säuglingen und Kleinkindern kann diese Wirkung bis zu 100 Stunden anwachsen. Auch die Ausdauer bei sportlichen Betätigungen kann so gesteigert werden, weshalb der Genuss von Kaffee in bestimmten Sportarten zum legalen Doping zählt.

Abb. 6: Inhaltsstoffe Kaffeebohne

Auch in Tee und Kakao ist die Grundsubstanz des Koffeins enthalten. Es sind Alkaloide, die beim Tee *Theophyllin* und beim Kakao *Theobromin* heißen. Das typische Aroma wird bei der Kaffeebohne aber erst nach dem Rösten freigesetzt. Insgesamt existieren über 800 Verbindungen, die das Aroma bestimmen. Diese machen den unterschiedlichen Geschmack von Kaffee aus, wobei zwischen der Arabica- und Robusta-Bohne auch grundsätzliche Unterschiede existieren. Die Arabica-Bohne besitzt ein eher süßliches, karamelliges Aroma, wogegen die Robusta-Bohne ein röstiges, erdiges, rauchiges und eher herbes und kräftiges Aroma aufweist.

Die Kaffeespezialisten

Mesut Y. und Daniel W. haben viel über Kaffee gelernt. Die Auszubildenden kennen nun auch verschiedene Kaffeespezialitäten, die sie zubereiten wollen, um auf der „Internationalen Spezialitätenwoche" ihr Können unter Beweis zu stellen. Doch so einfach ist das nicht, einen guten Cappuccino herzustellen.

ZEITUNGSARTIKEL

„Barista: die Kunst der Kaffeezubereitung"

Abb. 7: Kaffeekunst

Kaffeezubereitung kann eine Kunst sein. Diese Kunst pflegen die Barista – Kaffeekünstler, die Profis in der Zubereitung von Kaffeespezialitäten sind. Der Name Barista entstammt der italienischen Bezeichnung für Barkeeper (baristi/bariste). Man findet die Barista mittlerweile auf der ganzen Welt: in italienischen Kaffeebars, in amerikanischen Coffeeshops und in brasilianischen Kaffeetheken. Dem Barista wird vor allem die Kunst des Espressokochens abverlangt, wozu die kunstvolle Ausgestaltung von Cappuccino gehört. Bei der Zubereitung müssen neben der Qualität der Bohnen und dem Mahlgrad auch die Pulvermenge und die Durchlaufzeit sowie die Wasserqualität stimmen. Ein Barista mahlt z. B. das Kaffeemehl bei feuchtem Wetter etwas gröber als bei trockenem. Auch die Qualität des Milchschaumes zeichnet einen guten Cappuccino aus. Er muss feincremig wie halb geschlagene Sahne sein. Hinzu kommen eindrucksvolle Verzierungen auf der Schaumhaube. Es gibt sogar Kaffee-Weltmeisterschaften.

online http://worldbaristachampionship.com

AUFGABEN

1 **Recherchieren Sie in Fachbüchern und/oder im Internet nach den zehn größten Kaffeeproduzenten der Welt. Tragen Sie die Länder auf der Weltkarte von** **→Arbeitsblatt 6** **ein.**

2 **Versuchen Sie den Begriff *Blend* Ihrem Banknachbarn mit eigenen Worten zu erklären.**

3 **Erklären Sie den Unterschied zwischen Hochlandkaffee und Tieflandkaffee.**

4 **Was sollte man beim Aufbrühen von Kaffee per Hand beachten?**

5 **Beschreiben Sie die Wirkung von Koffein.**

6 **Erläutern Sie das Berufsbild des Barista.**

7 **Führen Sie eine experimentelle Projektstunde zum Thema Kaffee durch. Orientieren Sie sich hierbei am** **→Methodenblatt: Das Experiment****. Wählen Sie bis zu drei Experimente zur Durchführung aus.**

2 Die Kaffeebar wird zur Themenbar

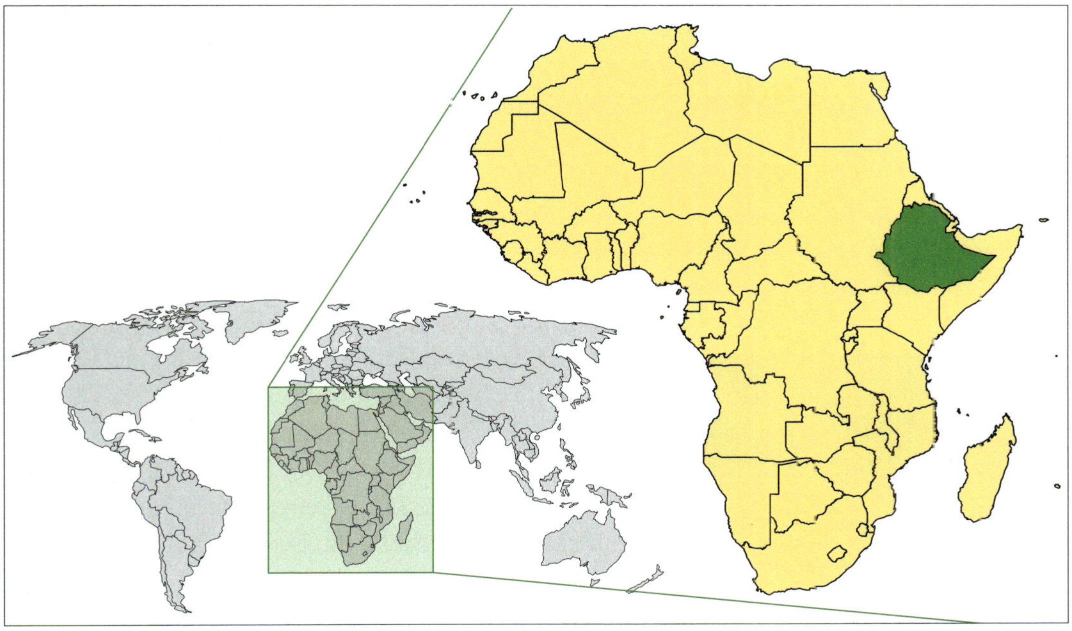

Abb. 8: Das Kaffeeland Äthiopien in Afrika

2.1 Das Ursprungsland der Kaffeebohne

Die „Internationale Spezialitätenwoche" rückt näher. Die Auszubildenden Mesut Y. und Daniel W. haben sich im GLOBALE-WELT-HOTEL zum Expertenteam *Kaffee* zusammengefunden und bereits eine zusätzliche Getränkekarte mit Kaffeespezialitäten aus der ganzen Welt erstellt. Nun geht es an die Dekoration der neuen Kaffeebar. Das Motto *Die kulturelle Vielfalt des Kaffeegenusses* soll Gestalt annehmen. Ihre Idee ist, die Kaffeebar zu einer Themenbar umzubauen, um die Gäste in einer angenehmen Atmosphäre über das Produkt Kaffee zu informieren. Nach einigen Recherchen im Internet finden die Auszubildenden heraus, dass die Kaffeepflanze ursprünglich aus Äthiopien stammt. Sie beschließen, die Gestaltung der Kaffeebar mit dem Thema *Kaffee aus Äthiopien* zu verbinden.

Kaffee aus Äthiopien

Die Heimat des Kaffeestrauches ist das alte Königreich „Kaffa" in Äthiopien. Das Gebiet liegt im Südwesten des abessinischen Hochlandes. Um 800 n. Chr. entdeckten die Bewohner die belebende Wirkung der roten Beeren. Sie zerstampften die Kerne und vermischten sie mit Tierfett, um auf ihren Wanderungen und Kriegszügen von der anregenden Wirkung zu profitieren. Allerdings stammt der Name nicht von der Region Kaffa ab, sondern vom arabischen Wort *Quawah*: „Wein, pflanzliches Getränk". Da Wein im Islam verboten ist, wurde der Kaffee zum *Wein des Islam*. Der Sklavenhandel brachte um 1000 n. Chr. die Bohnen von Afrika nach Arabien. Vermutlich im 14. Jahrhundert wurden die Kerne erstmals auf Steinplatten geröstet – das eigentliche Kaffeearoma entstand. Kaffee wurde oft in Gebetsstunden der Moscheen getrunken. Die erste Kaffeebar entstand in Mekka (15. Jahrhundert). Die Bohne aus Äthiopien begann damit ihren Siegeszug um die Welt. Noch heute ist Äthiopien eines der wichtigsten Kaffee-Erzeugerländer der Welt und in Afrika der Hauptexporteur von Arabica-Bohnen. Äthiopischer Kaffee wird sehr geschätzt und zählt zu den besten der Welt. Kaffee aus dem Gebiet *Harer*, einem der höchstgelegenen Anbaugebiete der Welt, wird in *Shortberry* und *Longberry* unterteilt. Der qualitativ hochwertige *Longberry Harer* ist weich, weinig, ausgesprochen würzig-kräftig mit feiner Säure – ein Kaffee von unvergleichlichem Aroma.

2.2 Kaffee aus Äthiopien

Die Idee einer Themenbar findet bei den Mitarbeitern des GLOBALE-WELT-HOTEL viel Zuspruch. Auch der Vorschlag der beiden Auszubildenden, die äthiopische Küche mit in die Themenbar einzubauen, findet ein positives Echo. Der Restaurantchef ist mit der Arbeit des Expertenteams sehr zufrieden. Nun sollen sich die beiden noch in das Thema „Kaffee aus Äthiopien" einarbeiten. Die Auszubildenden informieren sich in Fachbüchern und im Internet und stellen fest, dass Deutschland der Hauptabnehmer von äthiopischem Kaffee ist.

Abb. 9: Nationalflagge von Äthopien

Das Kaffeeland Äthiopien

Äthiopien ist mit knapp 300 000 Tonnen/Jahr Kaffee der fünftgrößte Kaffeeproduzent der Welt. Es ist das Ursprungsland des Kaffees, aber auch andere Lebensmittel, wie die Getreideart *Teff* und die Zierbanane, kommen aus Äthiopien. Über 20 verschiedene Kulturpflanzen stammen von hier.
Äthiopien ist ein Vielvölkerstaat mit mehr als 80 ethnischen Gruppen. Das Land ist dreimal so groß wie Deutschland und hat ungefähr gleich viele Einwohner (knapp 80 Millionen).

Ca. 15 Millionen Haushalte sind direkt oder indirekt von der Kaffeeproduktion abhängig. 60 % der Exporteinnahmen sind dem Geschäft mit dem Kaffee zuzurechnen und etwa 80 % der Arbeitsplätze sind mit dem Kaffeemarkt verbunden. Dies zeigt, dass Kaffee für die äthiopische Wirtschaft sehr wichtig ist. Getrunken wird Kaffee in ganz Äthiopien. Eine Besonderheit ist die bekannte äthiopische Kaffeezeremonie. Dabei handelt es sich um ein soziales Erlebnis, bei der die Kaffeebohnen frisch geröstet werden und das Getränk in einer besonderen Kanne, der *Jabana*, ausgeschenkt wird. Über die Hälfte der nationalen Kaffeeproduktion verbraucht das eigene Land.

Die Kaffeeproduktion verläuft in Äthiopien sehr unterschiedlich. So gibt es noch den Waldkaffee, bei dem es sich um wilde Kaffeesträucher hochwertiger Qualität handelt. Das Semi-Waldsystem mit einer teilweisen Rodung von Bäumen, das Gartensystem mit einem kultivierten Anbau und die großen Kaffeeplantagen mit oder ohne Schattenbäume sind weitere Anbaumethoden. Zum Großteil wird Coffea arabica (Hochlandkaffee) angepflanzt und zu 80 bis 90 % trocken weiterverarbeitet. Die Kirschen werden gepflückt oder vom Boden gesammelt und in dünnen Lagen in der Sonne getrocknet. Die Trockenaufbereitung ist einfach und preiswert, verlangt jedoch ausreichend lange Trockenperioden und Platz für die Trocknung. Die Nassverarbeitung ist qualitativ hochwertiger, weil nur reife Früchte verwendet werden und erzielt höhere Preise. Der Nachteil der Nassverarbeitung ist, dass die Kirschen nur über einen kurzen Zeitraum während der Ernte verkauft werden können.

Abb. 10: Zweig der Coffea-arabica-Pflanze

Der äthiopische Kaffee geht vor allem nach Deutschland, Japan, Saudi-Arabien, USA und Frankreich. Anders als in den Großplantagen Südamerikas werden 90 % der äthiopischen Kaffeeproduktion von Kleinbauern im Wald-, Semiwald- und Gartensystem erzeugt.
Die mit dem Kaffee erwirtschafteten Gelder dienen dem Einkauf von Kleidern sowie als Schulgeld für die Kinder, der medizinischen Versorgung, dem Zukauf wichtiger Haushaltsutensilien und ergänzender Nahrungsmittel. Ausgaben in diesen Bereichen verringern sich, wenn sich das Einkommen aus dem Kaffee verkleinert. Bei großen Einkommensausfällen werden andere Mittel, wie z. B. die eigenen Tiere, aufgebraucht.

Die äthiopische Küche

Wichtigstes Grundnahrungsmittel in Äthiopien ist ein spezielles Sauerteig-Fladenbrot namens *Injera*. Hergestellt wird es aus einheimischem äthiopischen Getreide, dem Teff. Das Fladenbrot wird auf heißen, 50 cm bis 1 m im Durchmesser großen Tonplatten dünn gebacken. Injera ist dünn, weich und hat eine schwammartige Struktur. Ein oder mehrere Injera-Fladen werden auf eine große Platte ausgebreitet. Darauf werden die Speisen drapiert. Wer es sich leisten kann, isst zum Fladenbrot Fleisch oder Fisch, z. B. Lammfleisch, Geflügelfleisch oder Kamelfleisch. Das Besondere bilden die verschiedene Saucen und Eintöpfe, *Wot* genannt, die es in unterschiedlichen Varianten gibt. Meist werden große Mengen roter gedünsteter Zwiebeln mit Zutaten wie Lamm, Geflügel oder Gemüse und zahlreichen Gewürzen vermengt. Hinzu kommt Niter Kibbeh, das ist geklärte Butter, vergleichbar dem indische Ghee, wobei noch Ingwer, Knoblauch und andere Gewürzen beigemengt werden. *Niter Kibbeh* ist sehr scharf. Entscheidend für die äthiopische Küche sind die Gewürzmischungen, die in dieser Region reichhaltig wachsen und daher ein großes Aroma besitzen. Gewürzgrundlage ist *Berbere*, ähnlich dem Curry (wird je nach Region und Haushalt anders gemischt). Hauptbestandteile sind: Zimt, Ingwer, Gewürznelken und Chili. Beliebt sind auch Piment und der Samen des Korianders, aber das wichtigste Gewürz ist Chilli. Auch zahlreiche Gemüsesorten wie Kürbis und Knollengewächse werden oft verwendet.

Die äthiopische Kaffeezeremonie

Kaffee gehört in Äthiopien zum Alltag und schließt das Mahl ab. In vielen Häusern sind spezielle Kaffeeecken eingerichtet, die mit besonderen Möbeln und Gerätschaften ausgestattet sind. Bei der äthiopischen Kaffeezeremonie werden nach dem Essen Kaffeebohnen frisch in einer Pfanne geröstet und anschließend gemahlen. Auf einem Tablett stehen die Tassen, *Sini* genannt, und zahlreiche Gewürze sowie Salz und Zucker.

Das Kaffeepulver wird in eine Kaffeekanne, die *Jabana*, gefüllt, zwei- bis dreimal aufgekocht und anschließend in die Tassen gefüllt. Es ist wichtig, dass die Tassen bis zum Rand gefüllt werden, da sonst der Eindruck von Geiz entstehen könnte. In einigen Regionen trinkt man Kaffee mit Salz.

Abb. 11: Äthiopische Frauen in traditioneller Kleidung bei einer Kaffeezeremonie

AUFGABEN

1 **Der Begriff Kaffee stammt aus dem Arabischen, heißt übersetzt „Wein" und wurde als Getränk später „Wein des Islam" genannt. Erklären Sie diese Bedeutung in eigenen Worten.**

2 **Kaffeeproduzenten werben oft mit dem Slogan: „Rohstoffe aus den besten Anbaugebieten der Welt". Aber aus welchen Ländern stammen die Rohstoffe tatsächlich?**

3 **Informieren Sie sich bei zwei Kaffeeanbietern nach den Herkunftsgebieten ihrer Kaffeesorten. Recherchieren Sie zusätzlich im Internet nach der wirtschaftlichen Situation dieser Länder und verwenden Sie zur Dokumentation das** **→Arbeitsblatt 7****.**
Zu welchem Ergebnis kommen Sie?

4 **Die Aufbereitung von Kaffee erfolgt nach dem Trocken- und Nassverfahren. Worin bestehen die Unterschiede? Verwenden Sie auch das** **→Material M3****.**

5 **Informieren Sie sich in Fachbüchern und/oder im Internet über Rezepte der äthiopischen Küche und kreieren Sie eine typische Speise.**

2.3 Fairer Kaffee aus Äthiopien

Die Auszubildenden Mesut Y. und Daniel W. stellen das Projekt *Die kulturelle Vielfalt des Kaffeegenusses aus Äthiopien* auf einem Vorbereitungstreffen vor. Ihre Idee findet weiterhin große Zustimmung. Ein anderer Mitarbeiter weist in der Besprechung darauf hin, dass die Themenbar sich einem Land zuwendet, welches zu den ärmsten der Welt gehört. Er habe in einer aktuellen Zeitungsmeldung gelesen, dass sinkende Kaffeepreise in den letzten Jahren die soziale Situation in Äthiopien dramatisch verschlechtert haben. Lässt sich das noch mit dem Leitbild des GLOBALE-WELT-HOTEL vereinbaren?

Armut in Äthiopien

Äthiopien ist eines der ärmsten Länder der Welt. Rund die Hälfte der Bevölkerung lebt in Armut und ist unterernährt. Ursachen des Hungers sind Ernteausfälle durch Dürre, Überschwemmungen, Erosionen durch Waldrodungen und vor allem auch die Abhängigkeit vom Kaffeepreis. So stammt etwa 60 % der Exporteinnahmen des Landes aus dem Kaffeeanbau, wobei rund 80 % aller Arbeitsplätze davon abhängen. Ein Verfall des Kaffeepreises auf dem Weltmarkt hat somit dramatische Auswirkungen auf die soziale Lage der Bevölkerung und führt zum Anstieg von Armut und Hunger. Nahrungsmittel, wie Getreide, müssen importiert werden, um dem Hungerproblem entgegenzuwirken. Da die Kaffeepreise zunehmend von wenigen internationalen Röstern und Händlern bestimmt werden, verfügen die äthiopischen Bauern kaum über Verhandlungsmacht. Die Preise werden weitgehend vorbestimmt, wobei die Konkurrenz südamerikanischer Kaffeeerzeuger hinzukommt. Die äthiopischen Kleinbauern erzeugen zu etwa 90 % Kaffee im Wald-, Semiwald- und Gartensystem und sind daher wenig organisiert und von den Großhändlern abhängig.

Die beiden Auszubildenden sind verunsichert. Die Idee, die Kaffeebar mit dem Land Äthiopien zu verbinden und damit möglicherweise die Armut und den Hunger in einem der ärmsten Länder der Welt zu fördern, erscheint ihnen fraglich. Das ist mit dem Leitbild des GLOBALE-WELT-HOTEL nicht vereinbar.

Die Auszubildenden erläutern ihr Problem dem Restaurantchef, der sie auf die Möglichkeit von fair gehandeltem Kaffee verweist.

Fairer Handel (engl. *Fair trade*)

FAIRTRADE

Abb. 12: Logo der Organisation Fairtrade (www.transfair.org)

Beim fairen Handel sind die Handelsbeziehungen einer strengen Kontrolle unterzogen. Die Erzeugerpreise, z. B. von Kaffee, werden dem Weltmarktpreis angepasst, um den Produzenten ein höheres und verlässlicheres Einkommen zu ermöglichen (langfristige Abnahmeverträge). Die Abhängigkeit vom Preiskampf des herkömmlichen Handels, der zunehmend von der Marktmacht der Großkonzerne bestimmt wird, entfällt. Der faire Handel unterstützt hauptsächlich Bauernfamilien in Entwicklungsländern.
Die festen Mindestpreise und eine Fairtrade-Prämie sollen eine Verbesserung der Lebens- und Arbeitsbedingungen garantieren. Zusätzlich werden internationale Umwelt- und Sozialstandards eingehalten. Produkte des fairen Handels erkennt man am Fairtrade-Siegel. Produzenten, die sich zertifiziert haben, sind verpflichtet, die Standards des fairen Handels einzuhalten. Die Produzenten sind meist Kleinbetriebe, die genossenschaftlich organisiert sind.
Ferner sind sie demokratisch und politisch unabhängig, setzen sich für nachhaltige Entwicklung, Ökologie, Bildung und Frauenförderung ein und entscheiden demokratisch über die Verwendung von Mehrerlösen. Kaffee war das erste Produkt im fairen Handel und besitzt die höchsten Absatzmengen.

online www.fairtrade-deutschland.de
[► Materialien ► Filme ► Fairtrade-Kaffee; Kurzfilm über eine Kooperative in Guatemala]

Die Marktanteile von Fairtrade-Kaffee am deutschen Röstkaffeemarkt lagen 2009 bei lediglich 1,32 Prozent. Der Anteil am Bio-Röstkaffeemarkt lag bei 42,51 Prozent.

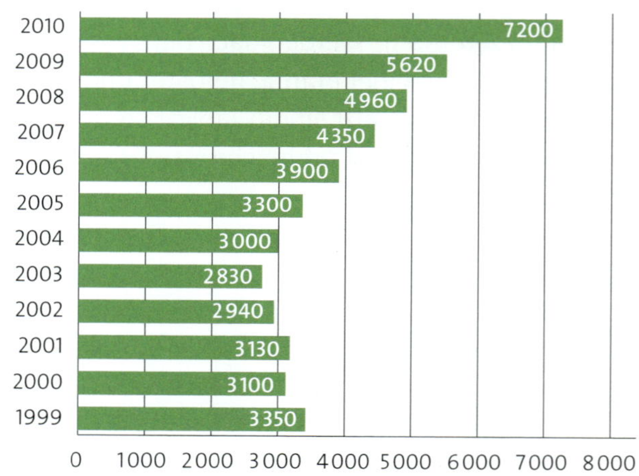

Abb. 13: Absatz Fairtrade-Kaffee in Deutschland (Tonnen/Jahr)
TransFair e. V. (k. A.): „Fairtrade-Kaffee" www.transfair.org/produkte/absatz-fairtrade-produkte.html [Stand: 26.12.2011]

ZEITUNGSARTIKEL

Die OCFCU auf dem Vormarsch

Die Oromia Coffee Farmers Cooperative Union (OCFCU) wurde im Jahr 1999 gegründet. In 35 Mitgliedskooperativen sind 23 691 Produzentengruppen zusammengeschlossen, die aus insgesamt 112 342 Familien bestehen.
Die Organisation wurde als Reaktion auf die anhaltende Kaffeekrise am Weltmarkt ins Leben gerufen, um den hochwertigen Kaffee gemeinsam besser vermarkten zu können und um sich als Zusammenschluss gemeinsam zertifizieren zu lassen. Die Ziele der OCFCU sind die Einkommenssteigerung der Kaffeebauern, die Erhaltung des Qualitätsstandards, die Verbesserung der Nachhaltigkeit der Kaffeeproduktion und die Regulierung und Stabilisierung des lokalen Marktes. Weiterhin hat die Organisation die Aufgabe, den Bauern und Kunden ein verlässlicher Vermittler zu sein.
Die Union bearbeitet eine Fläche von 35 000 ha und produziert jährlich 21 000 t Kaffee. (...) Der von EL PUENTE importierte Oromia-Kaffee ist bio-zertifiziert. Die OCFCU stellt die Zahlung fairer Preise an die Bauern sicher, leistet Hilfestellung bei der Umstellung auf Mischanbau und unterstützt bei den Planungen zur Erhöhung der Kaffeemenge, die über den fairen Handel abgesetzt werden kann.

EL PUENTE: Oromia Coffee Farmers Cooperative Union. www.kaffee-fair.de/lilac_cms/de/10C,9b1ca9c4b9f5a2860afdcbc58772691c,info,kaffeefair_AT/Unsere-Produzenten/Aethiopien.html [Stand 26.12.2011]

Mesut Y. und Daniel W. informieren sich, ob es auch fair gehandelten Kaffee aus Äthiopien gibt und stellen fest, dass zwar eine Reihe von Kaffeeanbietern äthiopischen Kaffee am Markt anpreisen dieser aber oft nicht mit dem Fairtrade-Siegel ausgezeichnet ist. Oft handelt es sich um sogenannte Länderkaffees, deren Rohstoffe ausschließlich aus einem bestimmten Land stammen und oft als Spitzenqualitätskaffees angepriesen werden. In einem Werbetext zur Sorte Sidamo heißt es:
„Äthiopische Kaffees zählen zu den Besten der Welt. Die hochwertigsten äthiopischen Arabica-Kaffees werden auf den Hochplateaus in den Regionen Yirgacheffe, Limu und Sidamo angebaut. Dieser feine Hochlandkaffee gedeiht in der Bergregion Sidamo im Süden des Landes. Kenner lieben ihn wegen seiner sehr dezenten Säure und des trotzdem ausgesprochen gehaltvollen und aromareichen Geschmackes. In traditioneller Mischkultur wird der Kaffee von zwei Kleinbauern-Kooperativen mit 1500 Mitgliedern in Höhen zwischen 1700 und 2000 m kultiviert. Der Sidamo Classic wird in einem süddeutschen Familienbetrieb schonend trommelgeröstet."

Tea4you Teehandelsges.mbH: „Sidamo – klassische Kaffeeröstung bio" www.tea4you.de/kaffee/klassische-kaffeeroestung/sidamo-bio.html [Stand: 26.12.2011]

Solino-Kaffee

Abb. 14 Solino-Kaffee wird in Äthiopien geerntet, geröstet und verpackt.

Solino ist der erste Kaffee der zu 100 % in Äthiopien hergestellt wird. Die Ernte, das Rösten und das Verpacken geschieht ausschließlich in Äthiopien. Normalerweise kaufen Kaffeehersteller grünen Rohkaffee in Entwicklungsländern und rösten dann in Europa. So dienen Länder wie Äthiopien nur als billige Rohstofflieferanten. Von der Wertschöpfung sind sie ausgeschlossen. Solino ist ein Hochland-arabica Kaffee aus den Gegenden Yirgacheffe, Harar und Sidamo. Er wird im traditionellen Trommelröster bei niedriger Temperatur über 22 Minuten lang geröstet. Durch die besonders langsame Röstung entwickelt sich das Aroma optimal, die Gerbsäure entweicht und der Kaffee ist außergewöhnlich säurearm.

LENOX GmbH & Co KG
http://solino-coffee.com [Stand: 26.12.2011]

Abb. 15: Beispiele für Kaffee aus Äthiopien mit Bio-Siegel (links) und Fairtrade-Siegel (rechts)

Die Auszubildenden Mesut Y. und Daniel W. können nun doch ihre äthiopische Kaffeebar zur „Internationalen Spezialitätenwoche" im GLOBALE-WELT-HOTEL realisieren. Ihre Idee ist, eine direkte Kooperation mit einem Kaffeeanbieter aus Äthiopien einzugehen und von dort den Rohkaffee für Spezialitäten zu beziehen. Dafür haben sie die Zustimmung des Restaurantchefs, der vom Einsatz der Auszubildenden begeistert ist. Mesut Y. und Daniel W. machen sich nun noch an die Arbeit, einen Flyer für die Kaffeebar zu erstellen, auf dem sie über das Kaffeeland Äthiopien und über den fairen Handel informieren.

AUFGABEN

1 **Erklären Sie den Zusammenhang zwischen Armut und Kaffeeanbau in Äthiopien.**

2 **Fairtrade steht für einen gerechten Handel zwischen den großen Industrieländern und den Entwicklungsländern. Führen Sie ein Rollenspiel durch und erklären sie einem Gast, warum Sie auf der Getränkekarte Fairtrade-Produkte anbieten. Verwenden Sie hierfür auch das →Material M4.**

3 **Vergleichen Sie Kaffeepreise. Beziehen Sie in Ihre Auswahl nur Produkte mit vergleichbaren Merkmalen ein (z. B. gleiches Herkunftsland und gleiche Bohnensorte) und differenzieren Sie nach:**
a) Kaffee ohne spezielle Kennzeichnung
b) Fairtrade-Kaffee
c) Bio-Kaffee

4 **Viele Organisationen vertreiben fairen Kaffee. Allen ist es wichtig, dass sich das Leben in den Entwicklungsländern verbessert. Aber was genau soll sich ändern? Nennen Sie die wichtigsten Ziele der Organisationen und beziehen Sie auch die Aussagen im →Material M4, M5 und M6 mit ein.**

5 **Berechnen Sie den anteiligen Kaffeepreis. Beziehen Sie die Angaben aus dem →Material M4 mit ein und verwenden Sie das →Arbeitsblatt 8.**

6 **Erstellen Sie einen Flyer mit Vorteilen von fair gehandeltem Kaffee.**

ALLES KLAR?

1 **Der Gast ist König! Erläutern Sie, wie Sie mit folgendem Gästeverhalten umgehen: Ein Stammgast möchte nicht von Ihnen bedient werden, sondern von Ihrer Kollegin. Diese ist heute aber nicht im Dienst.**

2 **Erläutern Sie, welche besondere Bedeutung Ihre Sprache und Ihr Ausdrucksvermögen im Service besitzen.**

3 **Nennen Sie fünf verschiedene Kaffeespezialitäten und erklären Sie deren Zubereitung.**

4 **Was versteht man unter einem Kaffeehaus?**

5 **Beschreiben Sie den Unterschied zwischen dem Trocken- und dem Nassverfahren bei der Herstellung von Kaffee.**

6 **Warum gilt bei bestimmten Sportarten, wie z. B. beim Rudern, Kaffee als legales Doping?**

7 **Erklären Sie die Kaffeeproduktionsarten Waldsystem, Semi-Waldsystem, Gartensystem und Kaffeeplantagensystem.**

8 **Warum wird die Kaffeetasse in Äthiopien in traditioneller Weise randvoll serviert?**

9 **Beschreiben Sie die Bedeutung des fairen Handels am Beispiel von Kaffee.**

Ob für Kaffee, Reis, Baumwolle, Bananen oder Kakao: Viele Menschen in Deutschland entscheiden sich ganz bewusst für fair gehandelte Waren. Sie wissen: Der Handel unter fairen Bedingungen schafft für die Erzeuger in den armen Ländern ein überlebenswichtiges Einkommen. Er stellt für die Kleinbauern und Arbeiter zugleich eine Chance dar, sich aus der Armut zu befreien. Auch die Bundesregierung unterstützt den fairen Handel – weil er auch Entwicklungspolitik ist.

Presse- und Informationsdienst der Bundesregierung (2010): Fair handeln – fair einkaufen http://www.bundesregierung.de/nn_774/Content/DE/Magazine/MagazinEntwicklungspolitik/089/s0-einleitung-zum-fairen-handel. [Stand: 26.12.2011]

Die Bundesregierung

3 Material

M1 Kaffeekonsum

Deutscher Kaffeeverband e. V.
www.kaffeeverband.de/presse/zahlen-daten-fakten/258-pro-kopf-verbrauch [Stand: 26.12.2011]

1. Luxemburg	27,4
2. Finnland	11,9
3. Norwegen	8,9
4. Schweiz	7,8
5. Schweden	7,4
5. Dänemark	7,4
7. Deutschland	6,4
8. Slowenien	5,9
9. Italien	5,8
10. Frankreich	5,5
10. Estland	5,5
(...)	
EU-Durchschnitt	4,8

Tab. 1: Pro-Kopf-Verbrauch in kg Rohkaffee (2009)

M2 Kaffeeaufbereitung

Kaffeepflanzen tragen nach drei bis vier Jahren ihre ersten Früchte. Nach sechs bis acht Jahren ist der Ertrag am größten. Nach 20 Jahren geht er wieder zurück.

Trockenverfahren: Kaffeekirschen werden in der Sonne auf Betonböden, Steinböden oder auch auf Matten gedörrt. In regelmäßigen Abständen werden sie durchmischt, um eine Gärung oder Fermentation zu verhindern. Zudem sind Abdeckungen mit Planen bei Regen oder sinkenden Temperaturen notwendig. Nach ca. drei bis fünf Wochen ist der Feuchtigkeitsgehalt der Kirschen auf etwa 12 % abgesunken. Die Schale ist bereits dunkelbraun und brüchig, weshalb beim Schütteln die Samenkerne entfallen. 80 bis 90 % der äthiopischen Kaffeeproduktion werden trocken verarbeitet. Die Lagerung der gedörrten Kirschen erfolgt in Silos, um die Feuchtigkeit weiter zu verringern.

Nassverfahren: Das Fruchtfleisch wird mit Wasser grob entfernt. Die Kaffeekirschen werden im *Fulper* gewaschen. Hier wird das Fruchtfleisch abgequetscht. Die umgebende Pergamenthauthülle (Schleimschicht) bleibt übrig. Das überflüssige Fruchtfleisch wird von den Bohnen getrennt. Der entpulpte Kaffee wird fermentiert. Die im Kaffee vorhandenen Enzyme bewirken die Fermentation. Die Pergamenthaut wird von dem Restschleim gelöst und abwaschbar gemacht. Sauberkeit ist wichtig, da eine überfermentierte Bohne eine ganze Kaffeepartie verdirbt. Nach der Fermentation wird der Kaffee gewaschen, um die Reste von der Pergamenthaut zu entfernen (Waschtanks). Anschließend werden die Bohnen getrocknet (ca. 10–15 Tage). Die gewaschenen und getrockneten Bohnen haben eine höhere Qualität, da mehr Aufwand und Sorgfalt notwendig ist als beim Trockenverfahren. Das Aroma der Bohnen wird stärker bewahrt, zudem sind weniger Schäden vorhanden. Der Wasserverbrauch beim Nassverfahren ist hoch. Um ein Kilogramm Rohkaffee zu erzeugen, benötigt man 150 Liter. Bohnen vom Nassverfahren können nur zeitnah verkauft werden. Trockenbohnen sind haltbarer und deshalb das ganze Jahr über erhältlich.

Rimbach, Gerald; Möhring, Jennifer; Erbersdobler, Helmut F.: *Lebensmittel-Warenkunde für Einsteiger.* Springer, Berlin [u.a.], 2010

M3 Fairtrade

Als unabhängige Siegelinitiative handelt TransFair nicht selbst mit Waren. Die Organisation vergibt an Importeure, Verarbeitungsbetriebe und Händler, die die Standards des fairen Handels erfüllen, das Recht, das so genannte Fairtrade-Siegel zu nutzen. Verbraucherschützer wie die Stiftung Warentest oder die Verbraucher Initiative e. V. stufen das blau-grüne Siegel als vertrauenswürdig und empfehlenswert ein. Es ist das am weitesten verbreitete Label für fair gehandelte Waren. Der größte Teil der Kaffeeproduktion in Äthiopien stammt von Kleinbetrieben. Hier ist der Kaffeeanbau und -verkauf oft die Haupteinnahmequelle. Sinkt der Kaffeepreis, so müssen Reserven aufgebraucht werden. Fairtrade will hier Abhilfe schaffen und zu deutlichen Mehreinnahmen beitragen, z.B. mit langfristigen Abnahmeverträgen, Mindestpreisen und Zusatzpreisen bei Ökokaffee. Wenn der Weltmarktpreis über den Fairtrade-Mindestpreis steigt, erhalten die Bauern mindestens 0,05 US$ mehr als der Weltmarktpreis. Kriterien sind:

- Verbot von illegaler Kinderarbeit und Zwangsarbeit
- menschenwürdige Arbeitsbedingungen
- garantierte Mindestpreise
- Fairtrade-Prämien für soziale Projekte
- zusätzlicher Aufschlag für kontrolliert biologischen Landbau
- Vorfinanzierung der Ernte
- langfristige und direkte Lieferbeziehungen
- nachhaltige und umweltschonende Wirtschaftsweise
- Ursprungsgarantie und kontrollierter Warenfluss nach Europa
- Einhaltung ökologischer Mindeststandards wie das Verbot gentechnischer Veränderungen

online www.fairtrade-deutschland.de
[Materialien ► Download ► „Fairer Handel am Beispiel Kaffee"]

online www.bundesregierung.de
[Suche: „Fairness im Handel"]

online www.fair-feels-good.de

online www.oeko-fair.de

M4 Kaffeepreise und Fairtrade

Kaffeepreise setzen sich aus mehreren Teilen zusammen: Steuern, Zölle und Frachtkosten zusammen haben einen Anteil von 44,9 % am Kaffeepreis. Der Einzelhandel ist mit 23,7 %, die Kaffeehändler und -röster sind mit 17,8 % beteiligt. Die Schlusslichter bilden die eigentlichen Kaffeeproduzenten und Plantagenbesitzer mit 8,5 %. Nur 5,1 % des Kaffeepreises entfallen auf die Löhne der Arbeiter. Um dieses Ungleichgewicht zu ändern, wurde 1992 die Initiative Fairtrade gestartet. Ziel ist, den Handel mit Rohstoffen für die Arbeiter und Bauern in den Ursprungsländern gerechter zu gestalten. Denn auf der Welt leben ca. 100 Mio. Menschen vom Kaffee. Sie sollen für ihre Arbeit faire Preise erhalten. Die Zwischenhändler sollen soweit möglich ausgeschaltet werden.

M5 Weitere faire Kaffeeorganisationen

Neben TransFair existieren noch weitere Organisationen, die sich um einen gerechten Handel bemühen. Dazu zählen z.B.

- Liberación e.V.
- GEPA
- Weltladen
- dwp

Diese Organisationen haben ebenfalls das Ziel, den Kaffeebauern gerechte Löhne zu zahlen und ihnen die Möglichkeit zur Selbstständigkeit zu geben. Oft werden direkte Kooperationsverträge geschlossen, die z.T. über die Kriterien des Fairtrade-Siegels hinausgehen. So kritisiert z.B. die Organisation Liberación e.V., dass das Fairtrade-Siegel den Verbrauchern lediglich ein gutes Gewissen vermittle. Demgegenüber versucht Liberación e.V., auch politisch Einfluss zu nehmen, um dadurch langfristig die Unabhängigkeit und Selbstständigkeit der Kaffeebauern zu fördern. Andere Organisationen haben darüber hinaus auch das Ziel der Beratung und Aufklärung bis hin zu umfangreichen Seminarangeboten für die Verbraucher, aber auch für Produzenten in den Herkunftsländern.

GEPA® THE FAIR TRADE COMPANY

dwp wir handeln fair

liberación e.V. Karlsruhe

Abb. 16: Logos weiterer Organisationen des fairen Handels

online www.gepa.de

online www.cafe-liberacion.de

online www.weltladen.de

online www.dwp-rv.de

METHODE

Das Experiment

Abb. 17: Kaffee-Experiment

Das Wort Experiment stammt aus dem Lateinischen („experiri") und bedeutet „versuchen, prüfen, erproben". Über den planmäßigen und kontrollierten Versuch soll eine Fragestellung überprüft werden oder ein unbekannter Sachverhalt aufgeklärt werden. Der Ablauf eines Experimentes kann sehr unterschiedlich sein.

Ablauf eines Experimentes

1. Fragestellung bzw. Hypothese entwickeln

Ein bestimmter Sachverhalt ist ungeklärt und man möchte eine Antwort auf die Frage finden, warum sich keine Lösung findet oder weshalb sich Lösungen verweigern.

2. Das Experiment wird festgelegt

Zur Auswahl eines Experiments sind auch Zeit, Umfang, verfügbare Mittel und Kosten zu bedenken.

3. Das Experiment durchführen

Schüler übernehmen die Rolle des Forschers und müssen die Ablaufregeln beachten. Dies sind:

- Verschriftlichung der Ausgangsbedingungen (z.B. Fragestellung)
- schriftliche Versuchsbeschreibung
- tabellarische Dokumentation
- Rollenverteilung
- schriftliche Auswertung

4. Auswertung des Experiments

Die eingangs gestellten Fragen, Hypothesen usw. werden auf den Versuchsverlauf bezogen, interpretiert und beurteilt. Es wird überlegt, ob weitere Versuche oder sogar andere Experimente notwendig sind, um zu einem sicheren Ergebnis zu kommen. Dies können z.B. Kontrollversuche unter anderen Bedingungen sein. Abschließend müssen die Ergebnisse zusammengefasst werden, um verallgemeinerbare Aussagen treffen zu können.

Der Kompetenzerwerb

Welche Fähigkeiten (Kompetenzen) mit der Durchführung eines Experimentes erworben werden, hängt vom Experiment ab. Dabei gilt die Faustregel: umso größer die Selbstständigkeit, desto höher der Kompetenzerwerb. Hier einige Stichworte:

Kompetenz zum vernetzten Denken

Im Experiment müssen oft verschiedene Dinge miteinander verglichen und zusammengebracht werden (z.B. muss das Versuchsmaterial mit der Versuchsdurchführung abgestimmt werden).

Kompetenz zur Verantwortung

Der Erfolg eines Experimentes hängt von den durchführenden Personen ab. Wer nicht in der Lage ist, verantwortlich zu arbeiten, dem gelingt auch ein einfaches Experiment nicht.

Kompetenz zur Kreativität

Fragestellungen, aber auch Auswertungen verlangen nach kreativen Antworten und dem Suchen nach neuen Wegen.

Soziale Kompetenzen

Versuche werden oft im Team durchgeführt, wobei jeder eine verantwortungsvolle Rolle wahrnimmt. Dabei kommt auf Absprachen und Vertrauen an, um zielführend zu arbeiten.

Fachliche Kompetenzen

Das Experiment gelingt nur, sofern exakt gearbeitet wird. Auch die Einordnung und Auswertung der Ergebnisse erfolgt nach fachlichen Gesichtspunkten, wobei weitere Sachkenntnisse gewonnen werden können (z.B. das Führen einer Tabelle).

Darüber hinaus lassen sich noch weitere Ziele erreichen (Neugier wecken, Konzentration üben, formulieren können usw.), die aber vom jeweiligen Experiment abhängen.

Methodenbeispiel: Experimente mit Kaffee

Abb. 18: Kaffeebohnen vor ihrer Mahlung

Kaffee-Experiment 1: Mahlgrade

Versuch:

Mahlen Sie Kaffeebohnen mit einer Kaffeemühle unterschiedlich fein; anschließend mit handelsüblicher Filtertüte aufbrühen. Wie verhalten sich die Kaffeetypen in der Filtertüte?

Kaffee-Experiment 2: Wasserqualität

Versuch:

Brühen Sie Kaffee mit unterschiedlichen Wassern auf. Hierzu können Sie Leitungswasser, gefiltertes Wasser, Mineralwässer unterschiedlicher Sorten verwenden. Beurteilen Sie den Geschmack.

Kaffee-Experiment 3: Temperatur und Geschirr

Versuch:

Brühen Sie Kaffee auf und füllen sie die Flüssigkeit in unterschiedliches Kaffeegeschirr, wie z. B. Becher (nicht vorgewärmt und vorgewärmt), Porzellantasse (nicht vorgewärmt und vorgewärmt), Glasstasse (nicht vorgewärmt und vorgewärmt). Messen Sie die Temperatur zu Beginn und anschließend alle 30 Sekunden. Beurteilen Sie den Verlauf der Temperatur je Geschirr.

Kaffee-Experiment 4: Kaffeeart

Versuch:

Geben Sie löslichen Kaffee und Instantkaffee in eine Tasse und geben Sie kaltes Wasser hinzu. Wie verhalten sich die verschiedenen Kaffeesorten? Beide Kaffeesorten werden in einer Blindverkostung getrunken und nach ihrem Geschmack beurteilt. Worin liegen die Hauptunterschiede?

Kaffee-Experiment 5: Temperatur und Milch

Versuch:

Brühen Sie Kaffee auf und füllen Sie ihn in eine Kaffeetasse. Messen Sie die Temperatur in regelmäßigen Abständen. Brühen Sie wiederum unter gleichen Versuchsbedingungen Kaffee auf und gießen Sie einmal kalte und einmal warme Milch hinzu. Messen Sie wiederum die Temperatur in regelmäßigen Abständen. Zu welchem Ergebnis kommen Sie?

Kaffee-Experiment 6: Geschmack

Versuch:

Vergleichen Sie den Kaffeegeschmack:
Kaffeebohnen werden frisch gemahlen und anschließend mit der Hand aufgebrüht. Welcher Unterschied besteht zum klassischen Filterkaffee?
Von einer Kaffeesorte werden fünf Packungen gekauft. Die Kaffeeverpackungen (Vakuum) werden in unterschiedlichen Abständen geöffnet:

- vier Wochen offen gelagerter Kaffee
- zwei Wochen offen gelagerter Kaffee
- eine Woche offen gelagerter Kaffee
- vier Tage offen gelagerter Kaffee
- frisch geöffneter Kaffee

Welche Geschmacksunterschiede lassen sich feststellen?

Kaffee-Experiment 7: Wassertemperatur

Versuch:

Brühen Sie Kaffee auf, aber verwenden Sie unterschiedliche Wassertemperaturen. Beurteilen Sie die Veränderungen des Geschmackes in Abhängigkeit von der Temperatur des Brühwassers.

Der Gast ist König

Arbeitsauftrag: Nennen Sie Beispiele für negative Erfahrungen, die Sie schon einmal mit Gästen gemacht haben und notieren Sie, was hätte besser laufen können.

Das war kein gutes Serviceverhalten:	So hätte es besser laufen können:

Arbeitsblatt 2

Gästetypen

Arbeitsauftrag: Beschreiben Sie zunächst in wenigen Sätzen Ihr eigenes Gastverhalten.

Notieren Sie dann in der Tabelle, ob sich das hier beschriebene Verhalten einem Gästetyp zuordnen lässt (mehrere Angaben sind möglich) und fügen Sie den fachlich richtigen Umgang hinzu. Diskutieren Sie abschließend die Frage, ob sich Gästeverhalten überhaupt typisieren lässt.

Wie würde ich mich selbst als Gast einschätzen?
Beschreiben Sie Ihr eigenes typisches Gastverhalten und was Sie i. d. R. vom Servicepersonal erwarten:

Gastverhalten	Versuch einer Gästetypisierung und fachgerechter Umgang
Ein Gast sitzt im Restaurant und wirkt ungeduldig. Ständig winkt er mit den Händen. Als Sie kommen, verhält er sich etwas unhöflich, bestellt hektisch und schaut Sie kaum an.	
Ein Gast fragt bei der Bestellung mehrfach nach. Immer wieder blättert er in der Karte und informiert sich bei Ihnen über das Speiseangebot.	
Ein Gast fragt gezielt nach den Spitzenerzeugnissen. Er erweckt den Eindruck, als spiele der Preis keine Rolle. Immer wieder mustert der Gast Sie und bittet um Auskunft zu ausgewählten teuren Angeboten.	
Immer wieder fragt ein Gast bei der Aufgabe der Bestellung nach: *Woher stammt eigentlich der Fisch? Passen die Beilagen zur Hauptspeise? Können Sie noch etwas anderes empfehlen?* Dennoch ist der Gast freundlich und lacht Sie an.	
Ein Gast schaut Sie skeptisch an und fragt misstrauisch nach. Er lässt sich bei der Aufgabe der Bestellung Zeit und prüft Ihre Argumente. Der Gast schaut Sie direkt an und wendet den Blick nur kurz von Ihnen ab.	

Kaffeespezialitäten

Arbeitsauftrag: Beschreiben Sie die Herstellung der Kaffeespezialitäten und notieren Sie das Herkunftsland. Recherchieren Sie hierzu im Internet oder schlagen in einem entsprechenden Fachbuch nach.

Einspänner

Melange

Pharisäer

Arabischer Mokka

Caffè Americano

Schweizer Kaffee

Café Brûlot

Irish Coffee

Café Frappé

Café de Olla

NACHSCHLAGEMÖGLICHKEITEN:

- Pehle, Tobias: *Das kleine Kaffee-Lexikon.* Dörfler, Eggolsheim, 2010

online www.kaffeeseiten.de

online www.kaffeedeluxe.de

Arbeitsblatt 4

Internationale Kaffeespezialitäten

Arbeitsauftrag: Notieren Sie auf der Weltkarte die Herkunftsländer der Kaffeespezialitäten von Arbeitsblatt 3 und ggf. weiterer Beispiele.

Internationale Desserts

Arbeitsauftrag: Notieren sie die Zubereitungsformen der folgenden Dessertspeisen. Kalkulieren Sie für jeweils vier Portionen.

Crème brûlée

Schokoladenauflauf (Soufflés)

Kaiserschmarrn

Tiramisu

Schokoladenmus (Mousse)

Palatschinken

Kaffeeproduktion und Kaffeesorten

Arbeitsauftrag: Recherchieren Sie in Fachbüchern und/oder im Internet nach den zehn größten Kaffeeproduzenten der Welt. Tragen Sie die Länder in die Karte ein.

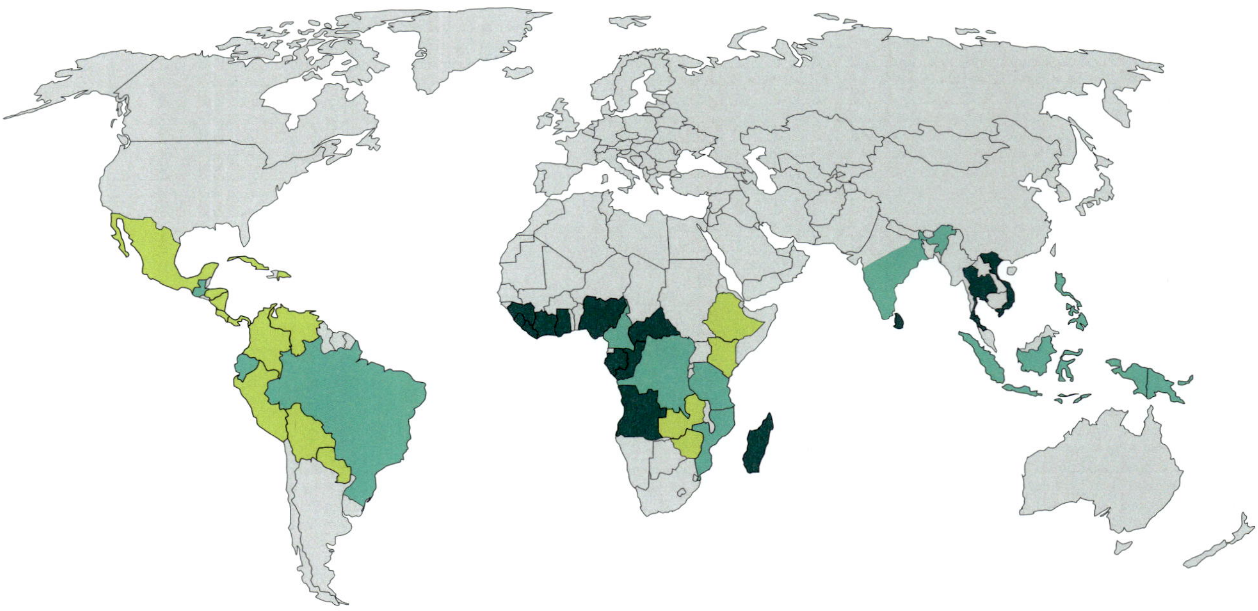

Herkunft von Rohkaffee

Arbeitsauftrag: Informieren Sie sich bei zwei Kaffeeanbietern, z. B. über das Internet oder mit einer persönlichen Anfrage, nach den Herkunftsgebieten des Kaffeesortiments. Fragen Sie nach, aus welchem Grund gerade aus diesen Ländern Rohkaffee importiert wird. Tragen Sie Ihre Ergebnisse in die Tabelle ein. Recherchieren Sie zusätzlich nach der wirtschaftlichen Situation der Herkunftsländer. Zu welchem Ergebnis kommen Sie?

Kaffeeanbieter	Kaffeemarke	Kaffeesorte	Herkunft	Preis/kg

Begründung laut Produzent

Wirtschaftliche Situation des Herkunftslandes / der Herkunftsländer

Kaffeeanbieter	Kaffeemarke	Kaffeesorte	Herkunft	Preis/kg

Begründung laut Produzent

Wirtschaftliche Situation des Herkunftslandes / der Herkunftsländer

Arbeitsblatt 8

Kaffeepreise

Arbeitsauftrag 1: Informieren Sie sich nach dem handelsüblichen Verkaufspreis für 500 g Rohkaffee und tragen sie diesen in die Tabelle 1 ein. Berechnen Sie mit Hilfe der Angaben in der Grafik den anteiligen Kaffeepreis. Diskutieren Sie die Zusammensetzung des Kaffeepreises.

Arbeitsauftrag 2: Berechnen Sie, wie viel eine Tasse Kaffee an Kaffeepulver kostet, wenn man ca. 7 g pro Tasse bemisst und 500 g im Großhandel 4,50 € kosten. Vergleichen Sie den Preis mit dem Verkaufspreis von einer Tasse Kaffee in Ihrem Betrieb. Zu welchem Ergebnis kommen Sie?

Kaffeepreis für 500 g

= ____________ €

1. Steuern, Zölle, Frachtkosten
   ________ €
2. Einzelhandel
   ________ €
3. Kaffeehändler, Röster
   ________ €
4. Kaffeeproduzenten, Plantagenbesitzer
   ________ €
5. Löhne der Arbeiter
   ________ €

Berechnung für eine Tasse Kaffee
7 g/Tasse

500 g = ________ €
7 g = ________ €

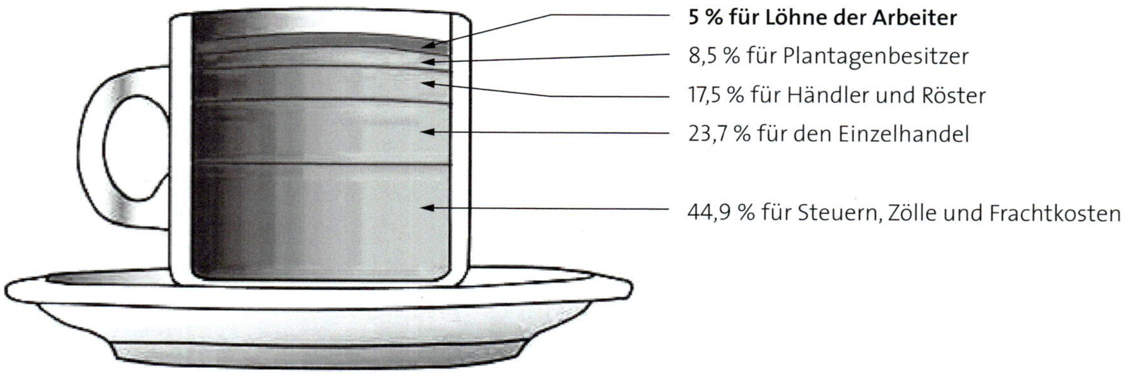

Abb. 19: Zusammensetzung des Kaffeepreises

Arbeiten im Magazin

Hygiene hat Vorrang

Nachhaltigkeitsperspektive: „Hygiene als integraler Bestandteil beruflicher Arbeit"

Das sind Ihre fachlichen Kompetenzen

Sie sind in der Lage,

- den Unterschied zwischen einer zielgerichteten (= effektiven) und wirtschaftlichen (= effizienten) Warenlagerung zu erklären
- die verschiedenen Lager und ihre spezifischen Eigenschaften, z. B. Temperatur, zu benennen
- das „First in – first out"-Prinzip zu erklären
- die Funktion eines Function-Sheet zu erläutern
- die Regeln eines Kaufvertrages und der Warenannahme zu benennen
- den Unterschied zwischen offenen und versteckten Mängeln zu erklären
- das HACCP-Konzept zu erklären
- Gefahrenquellen einer Übertragung von krankheitsauslösenden Keimen bei der Warenannahme und Wareneinlagerung zu benennen
- typische Frischemerkmale von Fisch zu erklären
- die Chancen und Risiken der Verordnung zur Hygiene-Ampel wiederzugeben

Das sind Ihre personalen Kompetenzen

Sie sind in der Lage,

- Hygiene als oberstes Handlungsprinzip Ihrer beruflichen Arbeit zu begreifen
- Gesundheitsrisiken im Umgang mit Lebensmitteln offen anzusprechen
- für die Einhaltung der Lebensmittelsicherheit einzutreten und diese umzusetzen

1 Magazinverwaltung im GLOBALE-WELT-HOTEL

Abb. 1: Bei der Lagerung von Waren kommt es auf die richtige Temperatur an (Messung hier in Fahrenheit)

1.1 Lagerung von Waren

Die Auszubildende Jennifer H. arbeitet seit knapp einem Jahr im GLOBALE-WELT-HOTEL. Zurzeit ist sie in der „Kalten Küche“ (Gardemanger) eingesetzt und soll nun mehr Verantw ortung übernehmen. Ihre Küchenchefin, Frau Ehrlicher, überträgt ihr daher die Aufgabe, bei der Magazinverwaltung mitzuwirken. Sie soll Kompetenzen in der Warenwirtschaft erwerben und daher ihre Kollegen beim Einkauf, bei der Lagerung, bei der Warenausgabe sowie bei der Bestandskontrolle unterstützen.

Jennifer H. begleitet in den folgenden Wochen ihren Ausbilder, wenn dieser für den Gardemanger Waren bestellt und diese im Kühlhaus einlagert. Sie erfährt, dass es sich hier um ein typisches Kühllagern handelt, das vorzugsweise für Obst und Gemüse verwendet wird. Daneben besitzt das GLOBALE-WELT-HOTEL aber noch zwei Tiefkühllager, zwei große Trockenlager und vier Nonfood-Lager, in denen keine Lebensmittel aufbewahrt werden.

Als Erstes wird die Auszubildende damit beauftragt, die Warenlagerung im Kühlhausmagazin des Gardemanger zu überprüfen. Dabei soll sie zunächst auf zwei Sachen achten: eine zielgerichtete *(effektive)* und wirtschaftliche *(effiziente)* Warenlagerung. Aber was heißt Effektivität und Effizienz? Jennifer H. fragt bei ihrem Ausbilder nach. Dieser erklärt ihr, dass eine *effektive* und *effiziente* Warenlagerung bei der Arbeit im Magazin von sehr großer Bedeutung sind.

Effektivität bedeutet, zielorientiert zu handeln, um eine sinnvolle Warenlagerung zu ermöglichen. So ist es das Ziel der Kühlung von Lebensmitteln, diese länger haltbar zu machen. Wenig effektiv wäre es, z. B. frisches Obst in den Fluren des Hotels abzustellen. Dort würde es nicht nur stören, sondern auch schneller verderben.

Effizienz bedeutet, alle Handlungsabläufe so zu optimieren, dass bei der Arbeit mit möglichst wenig Aufwand gehandelt werden kann. Auch hier nennt ihr Ausbilder ein Beispiel: Das Einlagern von Ware muss sehr systematisch erfolgen. Alles muss gut sortiert und schnell griffbereit sein. Das ermöglicht einen reibungslosen Ablauf ohne unnötige Verzögerungen. Wenig effizient ist hingegen ein unsortiertes Warenlager, da mit der Suche nach den gewünschten Produkten viel Zeit verschwendet wird. Gleiches gilt auch für den Warenbestand, der ständig kontrolliert werden muss, damit immer alle Waren in ausreichender Menge zur Verfügung stehen. Andererseits sollte der Bestand auch nicht zu hoch sein, da sich dies negativ auf die Haltbarkeit auswirkt. Dies wäre dann nicht mehr effektiv.

Eine zielgerichtete und wirtschaftliche Warenlagerung sind damit Teil des Nachhaltigkeitskonzeptes im GLOBALE-WELT-HOTEL. Denn so können Ressourcen geschont werden, indem z. B. keine Lebensmittel wegen unsachgemäßer Lagerung entsorgt werden müssen.

Lagertemperaturen

Normallagerung
- Temperatur: 10–15 °C
- trocken, dunkel, gut belüftet, keine Temperaturschwankungen (z. B. Kellerraum)

Kühllagerung (I)
- Temperatur: 0–2 °C
- Luftumwälzung, hohe Luftfeuchtigkeit, je nach Lagergut zwischen 85 % und 90 %

Kühllagerung (II)
- kälteempfindliches Obst und Gemüse (z. B. unreife Tomaten, Zitrusfrüchte, Bananen) ist zwischen 1–7 °C zu lagern.

Tiefgefrierlagerung
- Temperatur: –18 °C und darunter
- hohe Luftfeuchtigkeit zwischen 85 % und 90 %

Was ebenfalls unbedingt zur nachhaltigen Warenlagerung gehört, ist Hygiene. Denn Lebensmittel können nicht nur auf Grund ihrer begrenzten Haltbarkeit verderben, sondern auch auf Grund mangelnder Hygiene. Ursache dafür können schmutzige Hände sein, aber auch verdreckte Verpackungen und nicht sachgerecht gelagerte Waren.
Eine nachhaltige Warenwirtschaft betrifft aber auch das allgemeine umweltgerechte Verhalten. So sind z. B. alle Magazintüren stets geschlossen zu halten, das Licht in den Kühlhäusern ist abzuschalten und die richtigen Lagertemperaturen sind einzuhalten. Ansonsten würde viel Energie verschwendet, was der Umwelt schadet und dem Hotel unnötige Kosten verursacht.
Die Auszubildende wird noch auf eine Besonderheit der Arbeit im Magazin verwiesen. Da Lebensmittel oft schnell verderben, wird im GLOBALE-WELT-HOTEL nach dem Lagergrundsatz „First in – first out"-Prinzip (FiFo) sortiert. Damit ist gemeint, alle älteren Produkte weiter vorne zu lagern und die neu angelieferte Ware nach hinten zu stellen. Es soll verhindert werden, dass die ältere Ware übersehen wird, zu lange liegen bleibt und anschließend verdirbt.
Jennifer H. hat nun verstanden, was zur nachhaltigen Warenlagerung gehört. Schon am gleichen Vormittag wird es ernst. Eine Warenlieferung trifft ein und die Auszubildende soll ihr neues Wissen anwenden. Gemeinsam mit ihrem Ausbilder vom Gardemanger nimmt sie die angelieferte Ware an. Es handelt sich um drei Bio-Salatsorten: 12 Kopf Radicchio, sechs Kopf Eisbergsalat und drei Kopf Eichblattsalat. Die Auszubildende sortiert die Ware selbstständig in das Kühlhaus des Gardemanger mit einer Temperatur zwischen 0–2 °C ein. Sie beachtet den FiFo-Lagergrundsatz und legt den frisch gelieferten Eichblattsalat ganz nach hinten. Der Lagerbestand weist damit 22 Stück Kopfsalat, 16 Stück Radicchio, 20 Stück Eisbergsalat und drei Kopf Eichblattsalat auf.

AUFGABEN

1 **Hat Jennifer H. richtig gehandelt, indem sie die angelieferte Ware in das Kühlhaus mit der Lagertemperatur von 0–2 °C einsortiert hat? Begründen Sie Ihre Antwort.**

2 **Die Auszubildende sortiert nach dem FiFo-Prinzip. Damit macht Sie aber in diesem Fall einen Fehler. Begründen Sie und achten Sie auf die besonderen Lagereigenschaften von Salaten.**

3 **Damit die Salate nicht austrocknen, deckt Jennifer H. sie mit einem feuchten Handtuch ab. Beurteilen Sie diese Vorgehensweise.**

4 **Bearbeiten Sie →Arbeitsblatt 1 und →Arbeitsblatt 2 zur Warenlagerung.**

5 **Beschreiben Sie mit eigenen Worten die Bedeutung von Effizienz und Effektivität. Siehe hierzu auch das →Material M1.**

1.2 Warenbestellung

Jennifer H. hat sich zwischenzeitlich einen guten Überblick über die verschiedenen Lager im GLOBALE-WELT-HOTEL verschafft. Kurze Zeit darauf findet eine Sonderveranstaltung statt. Erwartet werden in drei Wochen 50 Gäste, die im Hotelgarten eine Veranstaltung planen. Die Küchenchefin erhält von der Bankettabteilung das *Function-Sheet*, welcher alle wichtigen Angaben enthält. Dem Function-Sheet kann auch Jennifer H. entnehmen, dass sich die Gäste für ein Fischmenü entschieden haben. Die Küche soll nun einen Vorschlag ausarbeiten, bei dem folgende Gesichtspunkte zutreffen: nachhaltiger Fisch und die Beilagen aus biologischer Produktion. Auch Jennifer H. wird in die Planung mit einbezogen.

Gemeinsam mit ihren Kollegen vom Fischposten (Poissonnier) schlagen sie folgendes Menü vor:

Regenbogenforelle Müllerinart.
Dazu Schwenkkartoffeln mit Eichblattsalat und Croûtons. Als Dessert ein Erdbeersorbet.

Abb. 2: Regenbogenforelle Müllerinart

Jennifer H. wird von ihrem Ausbilder angewiesen, eine komplette Warenanforderung für das Gartenfest zu erstellen.

Function-Sheet

Damit eine Veranstaltung sorgfältig geplant und nach dem Wunsch des Gastes durchgeführt werden kann, muss ein schriftlicher Veranstaltungsauftrag mit allen wichtigen Informationen angefertigt werden. Dieser ist das Ergebnis des Verkaufsgespräches zwischen dem Gast und z. B. der Bankettabteilung, bei dem der Veranstaltungswunsch und die gastronomischen Möglichkeiten aufeinander abgestimmt werden. Alle Vereinbarungen werden im Veranstaltungsauftrag, dem Function-Sheet, schriftlich festgehalten.

Nachdem die Auszubildende die Warenanforderung geschrieben hat, wird sie beauftragt, eine kleine Bestellung selbstständig aufzugeben. Jennifer H. erhält die Anweisung, für 50 Personen ausreichend Eichblattsalat beim Gemüsehändler zu bestellen. Da der Salat Beilage und Dekoration ist, wird folgende Bestellmenge angegeben: ca. ein Kopf Eichblattsalat für fünf Personen. Die Bestellung erfolgt telefonisch. Folgendes Gespräch findet statt:

Auszubildende Jennifer H.
Guten Tag, Jennifer H. vom GLOBALE-WELT-HOTEL. Ich würde gerne bei Ihnen Eichblattsalat bestellen. Haben Sie welchen?
Gemüsehändler
Einen schönen guten Tag. Eichblattsalat haben wir vorrätig.

Wir brauchen vor allem sehr frische Ware von hochwertiger Qualität. Geht das?
Natürlich. Eichblattsalat hat momentan Saison, daher ist er sehr frisch. Wir können Ihnen ausgewählte Ware von Spitzenqualität anbieten, ohne welke Blätter und vorgereinigt. Wie viele Kisten soll ich liefern?

Es kommen 50 Gäste, daher brauchen wir insgesamt 12 Kopf Eichblattsalat. Das müsste doch reichen, oder?
Auf jeden Fall, aber sicher gehen Sie, wenn Sie vier Köpfe mehr nehmen. Wann brauchen Sie denn die Ware?

Die Veranstaltung findet in drei Wochen statt. Es wäre schön, wenn die Salate möglichst früh hier wären, dann kann nichts schiefgehen.
Das geht in Ordnung. Dann liefern wir gleich morgen. Adresse ist uns ja bekannt, GLOBALE-WELT-HOTEL, nicht wahr?

Ja, das stimmt.

Die Ware wird zwei Tage nach dem Telefonat geliefert. Aber hat die Auszubildende Jennifer H. damit auch richtig gehandelt?

AUFGABEN

1 **Die Gäste der Sonderveranstaltung erwarten nachhaltigen Fisch. Überprüfen Sie den Menüvorschlag, indem Sie in Fachbüchern und/oder dem Internet nach gefährdeten Fischarten recherchieren. Erarbeiten Sie zwei weitere Menüvorschläge und präsentieren diese der Klasse.**

2 **Erstellen Sie eine komplette Warenanforderung zur Sonderveranstaltung. Verwenden Sie das →Arbeitsblatt 3.**

3 **Jennifer H. führt eine Bestellung telefonisch durch. Überprüfen Sie, ob die Auszubildende alle Kriterien der Warenbestellung erfüllt hat und die georderte Ware den Anforderungen der Veranstaltungsplanung genügt. Benennen Sie mögliche Versäumnisse. Verwenden Sie auch das →Material M2.**

4 **Es ist ein Kaufvertrag geschlossen worden. Informieren Sie sich in einem Fachbuch und/oder im Internet, um welche Art des Kaufvertrages es sich dabei handelt.**

1.3 Warenannahme

Eine Woche später werden einige Lebensmittel für die Sonderveranstaltung geliefert. Jennifer H. hilft bei der Warenannahme und wird von ihrem Ausbilder beauftragt, die Menge zu überprüfen und nach offenen und versteckten Mängeln zu suchen. Besonders wichtig ist die Qualität der gelieferten Ware. So müssen alle Waren für das GLOBALE-WELT-HOTEL frisch, von ausgezeichneter Beschaffenheit sowie vorzugsweise aus biologischer und regionaler Produktion sein. Aus diesem Grund muss jede gelieferte Ware auf ihre Qualität überprüft und mit der Warenbestellung abgeglichen werden. Die Auszubildende erhält alle Lieferscheine und überprüft die Angaben. Folgende Mängel stellt Jennifer H. fest:

- Einige Erdbeeren haben grüne Stellen.
- Zwei Butterkartons sind beschädigt.
- Statt 200 kg werden 160 kg Kartoffeln geliefert.

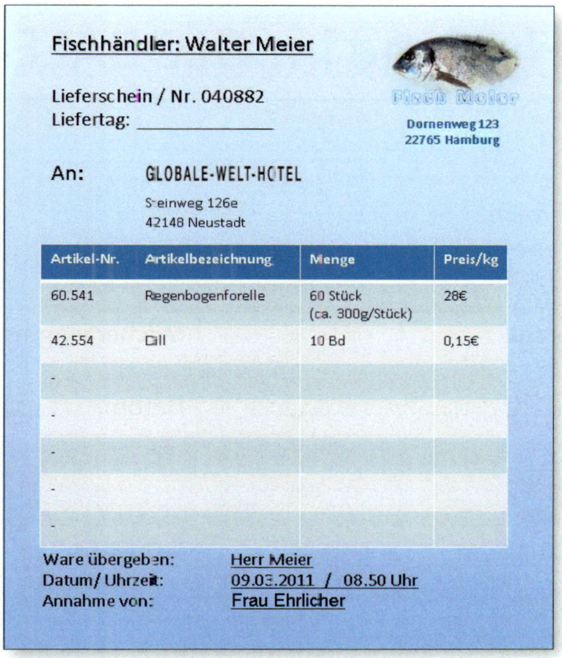

Fischhändler: Walter Meier

Fisch Meier
Dornenweg 123
22765 Hamburg

Lieferschein / Nr. 040882
Liefertag: ____________

An: GLOBALE-WELT-HOTEL
Steinweg 126e
42148 Neustadt

Artikel-Nr.	Artikelbezeichnung	Menge	Preis/kg
60.541	Regenbogenforelle	60 Stück (ca. 300g/Stück)	28€
42.554	Dill	10 Bd	0,15€
-			
-			
-			
-			
-			

Ware übergeben: Herr Meier
Datum/ Uhrzeit: 09.03.2011 / 08.50 Uhr
Annahme von: Frau Ehrlicher

Abb. 3: Lieferschein vom Fischhändler Meier

Regeln für die Warenannahme

Bei der Annahme von Waren im gastronomischen Bereich sind besondere Regeln zu beachten:
- Lieferschein muss vorgelegt und überprüft werden.
- Kontrolle der Warenbegleitscheine
- Kontrolle der Ware (einschließlich der Temperaturen, Einhaltung der Kühl- und Gefrierkette, Haltbarkeit, Qualität)
- Mängel müssen auf dem Lieferschein bestätigt werden.
- Ware muss unverzüglich eingelagert werden (Einhaltung der Kühl- und Gefrierkette)
- Buchung der Zugänge (Abgleich mit der Bestandsmenge)
- Prüfung der Rechnung

Abgesehen von der abweichenden Mengenangabe der Kartoffeln stimmen die Angaben auf den Lieferscheinen mit der gelieferten Ware überein und Jennifer H. ist auch mit der Qualität der Ware zufrieden. Bei den Forellen hat sie allerdings Probleme, die Qualität der Ware zu überprüfen. Die Augen sind klar und glänzend und beim Drücken der Haut bleiben keine Druckstellen. Bei den Kartoffeln stellt die Auszubildende fest, dass auf der Verpackung der Vermerk „Integrierter Anbau aus der Region" steht.

Jennifer H. berichtet ihrem Ausbilder von den Mängeln. Dieser bedankt sich bei der Auszubildenden und notiert die Mängel auf dem Wareneingangsprotokoll.

AUFGABEN

1 **Beschreiben Sie die Mängel, die bei der Warenannahme zum Vorschein kommen. Welches Vorgehen ist hier anzuraten? Nutzen Sie hierzu auch das →Material M2.**

2 **Die Kartoffeln tragen die Bezeichnung „Integrierter Anbau aus der Region". Handelt es sich dabei um Bio-Ware? Begründen Sie Ihre Antwort.**

3 **Jennifer H. überprüft die Warenlieferung der Forellen. Hat sie alle Frischemerkmale erkannt? Ergänzen Sie ggf. weitere Prüfmerkmale.**

4 **Führen Sie eine Wareneingangsprüfung durch und verwenden Sie hierzu →Arbeitsblatt 4.**

5 **Sprechen Sie in der Klasse über Ihren Ausbildungsbetrieb. Wie werden die Waren angenommen und wer ist für die Warenannahme verantwortlich? Notieren Sie Ihre Ergebnisse und vergleichen Sie.**

2 Hygiene im GLOBALE-WELT-HOTEL

Prüfbogen
Hygiene

GWH
GLOBALE-WELT-HOTEL

Lieferant: .... **Milcherzeugnisse und Eier:** .... **(Produkt)**

Datum: .... **Annahme:** .... **Unterschrift:** ....

Gefahren	Kritischer Grenzwert	Prüfung	Zeitraum	Korrekturen	Prüfergebnis
MHD	abgelaufenes MHD	Sichtkontrolle	bei Anlieferung / 1 x wöchentlich	Nichtannahme/ Zurückweisung	
Bombagen	Dosenform	Sichtkontrolle	bei Anlieferung	Nichtannahme/ Rücksendung	
Temperatur	5 °C bis 8 °C	Temperaturmessung	bei Anlieferung	Nichtannahme/ Rücksendung	
Verpackung/ Zustand	Verschmutzung/ Beschädigung	Sichtkontrolle	bei Anlieferung	Inhalt prüfen / evtl. Rücksendung	
Fahrzeug unsauber	Verschmutzung/ Lagerung	Sichtkontrolle	bei Anlieferung	Mitteilung an Lieferant	
Kleidung verschmutzt	Verschmutzung	Sichtkontrolle	bei Anlieferung	Mitteilung an Lieferant	

Abb. 4: Prüfbogen des GLOBALE-WELT-HOTEL bei Warenanlieferung

2.1 Kontrollen bei der Warenlieferung

Einige Zeit später werden auch die Eier für die Sonderveranstaltung geliefert. Die Auszubildende Jennifer H. wird beauftragt, die zahlreichen Eierpaletten entgegenzunehmen, zu prüfen und anschließend einzulagern. Ihr Ausbilder erklärt ihr, dass man bei der Arbeit im Magazin große Verantwortung trägt. Denn bei der Einlagerung von Waren kann es zum unbedachten Kontakt von Lebensmitteln kommen. Wird Hackfleisch ins falsche Kühllager eingelagert und kommt z.B. mit Rohwaren, wie Äpfel, in Berührung, dann können gefährliche Keime aus dem Fleisch übertragen werden. Solche Fehler dürfen auf keinen Fall passieren, da sie die Gesundheit der Gäste gefährden.

Aus diesem Grund hat das GLOBALE-WELT-HOTEL an verschiedenen Punkten umfangreiche Kontrollen eingerichtet. Bereits bei der Anlieferung der Waren muss ein Prüfbogen ausgefüllt werden, um alle Gefahren auszuschließen. Das GLOBALE-WELT-HOTEL arbeitet mit einer Reihe von Prüfbögen, die Teil eines Verfahrens zur Überprüfung hygienischer Mängel sind. Dieses Konzept nennt sich **H**azard **A**nalysis and **C**ritical **C**ontrol **P**oints (HACCP) und ist ein Verfahren zur Erkennung, Beurteilung und Verhinderung von Risiken und Gefahren im Umgang mit Lebensmitteln.

Die Auszubildende erhält den für die Anlieferung der Eier vorgesehenen Prüfbogen und wird beauftragt, diesen sorgfältig auszufüllen.

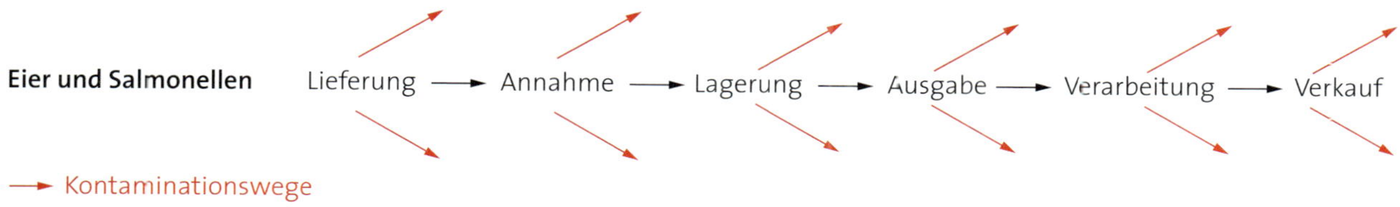

Abb. 5: Mögliche Gefahrenpunkte bei der Übertragung von Salmonellen

HACCP (Hazard Analysis and Critical Control Points = Gefahrenanalyse kritischer Kontrollpunkte)

Bei dem HACCP-Konzept handelt es sich um ein System zur Identifizierung gesundheitlicher Gefährdungen durch den Verzehr von Lebensmitteln. Es werden alle hygienischen Risiken analysiert, die von der Lieferung der Lebensmittel bis zur Ausgabe der fertigen Speisen auftreten können. Diese Risiken werden als kritische Kontrollpunkte festgehalten, um auf diese Weise alle möglichen Gefährdungen auszuschließen. Es ist eine Risikokontrolle, welche die Lebensmittelhygiene-Verordnung (LMHV) vorgibt und die von lebensmittelverarbeitenden Betrieben durchzuführen ist.

Jennifer H. hat nach eingehender Prüfung die Ware angenommen. Bei der Einlagerung der Hühnereier gibt es allerdings Probleme. Als Jennifer H. die vielen Paletten in das Kühlhaus für die Milchprodukte einlagern möchte, reicht dort der Platz nicht mehr aus. Daher stellt sie zwei Paletten in das Kühlhaus des Gardemanger. Zur Sicherheit deckt sie die Eier mit einer leeren Eierpalette ab, um die empfindliche Ware zu schützen. Dann stellt sie die Eier auf den Fußboden, um sie möglichst getrennt von den anderen Lebensmitteln aufzubewahren.
Als dies ihr Ausbilder sieht, muss sie die Eier wieder aus dem Kühlhaus des Gardemanger entfernen. Auf keinen Fall, so ihr Ausbilder, dürfen Hühnereier hier lagern. Das hat nicht nur hygienische Gründe, sondern auch geschmackliche. Gerade beim Umgang mit rohen Eiern sind äußerste Hygieneregeln einzuhalten, weshalb Jennifer H. beauftragt wird, sämtliche Gefahrenquellen zu analysieren, die bei der Lieferung bis zum Verkauf im Umgang mit rohen Eiern auftreten können.

Ei und Hygiene

Eier können auf der Schale und im Inneren mit gesundheitsgefährdenden Bakterien verunreinigt sein. Dazu zählen insbesondere Salmonellen, die im äußersten Fall auch zum Tode führen können. Hier gelten besondere Vorsichtsmaßnahmen, um eine Übertragung der Bakterien auf andere Lebensmittel (Kontamination) zu verhindern. Dies geschieht z. B. über die Hände und Arbeitsgeräte, aber auch über einen nicht fachgerecht gereinigten Arbeitsplatz. Bereits ein kontaminiertes Ei reicht aus, um eine Speise mit Salmonellen zu belasten und die Gesundheit vieler Menschen zu gefährden. Vor allem bei Rohprodukten wird daher der Einsatz von pasteurisiertem Ei empfohlen

AUFGABEN

1 Fassen Sie in eigene Worte, was unter dem HACCP-Konzept zu verstehen ist. Informieren Sie sich in Ihrem Betrieb, inwieweit hier nach dem HACCP-Konzept gearbeitet wird. Verwenden Sie auch das →Material M3.

2 Das GLOBALE-WELT-HOTEL arbeitet mit Prüfbögen bei der Warenannahme. Das Beispiel für Milchprodukte ist abgebildet. Bilden Sie Kleingruppen und erstellen Sie selbstständig einen solchen Prüfbogen für Fleisch und Frischobst. Verwenden Sie das →Arbeitsblatt 5.

3 Die Auszubildende soll mögliche Gefahrenquellen analysieren, die im Hotel von der Lieferung bis zum Verzehr von Eiern auftreten können. Helfen Sie ihr und verwenden Sie die →Materialen M4, M5 und das →Arbeitsblatt 6.

4 Nennen Sie, bezüglich der Rohstoffauswahl, eine Möglichkeit, wie bei der Herstellung von nicht erhitzten Eierspeisen die Gefahr einer Salmonelleninfektion vermieden werden könnte.

5 Jennifer H. darf die Eier nicht im Kühlhaus des Gardemanger lagern. Begründen Sie. Inwiefern spielen hier auch geschmackliche Gründe eine Rolle?
Verwenden Sie auch das →Material M5.

2.2 Hygiene hat oberste Priorität

Die Auszubildende Jennifer H. arbeitet nun seit mehreren Monaten auf dem Gardemanger und erfüllt zusätzlich Aufgaben der Magazinverwaltung. Sie hat verstanden, dass ihre Tätigkeit im Magazin viel mit dem Leitbild im GLOBALE-WELT-HOTEL zu tun hat. Denn nachhaltiges Handeln bedeutet auch, ökonomische, gesundheitliche und ökologische Aspekte zu beachten. Effizientes und effektives Handeln in der Warenwirtschaft ist ebenso wichtig wie die Vermeidung von Energieverschwendung und die Beachtung hygienischer Grundregeln zum Wohle der Gesundheit aller. Die Arbeit im Magazin ist daher mit sehr viel Verantwortung verbunden. Aus diesem Grund müssen die Auszubildenden im GLOBALE-WELT-HOTEL alle Einflussfaktoren auf die Sicherheit von Produkten kennen.

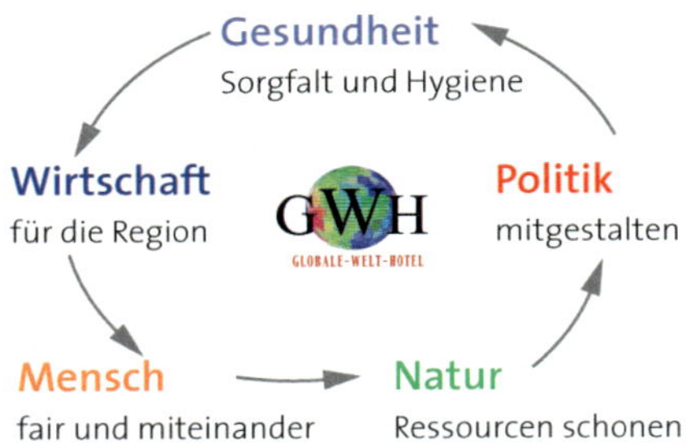

Abb. 6 Leitbild des GLOBALE-WELT-HOTEL

Während der Vorbereitungen für die Sonderveranstaltung geschieht etwas Unerwartetes. Eine Woche vor Beginn der Veranstaltung erscheint in der Lokalpresse folgender Artikel:

REGIONALER NACHRICHTENSPIEGEL

34 Menschen an einer Salmonellenvergiftung erkrankt – Wird in unseren Bio-Restaurants nicht mehr auf Hygiene geachtet?

Nach einem gelungenen Abendessen einer Reisegruppe aus dem Sauerland sind 34 der 42 Gäste an einer Salmonellenvergiftung erkrankt. Im Verdacht steht der Salat, der mit Hähnchenfilets und gekochten Eiern zubereitet wurde. Geflügel und Eier sind oft mit den gefährlichen Salmonellenbakterien belastet. Schon häufig kam es zu Erkrankungen, doch nur selten in diesem hohen Ausmaß. Bei dem Betrieb handelt es sich um ein ausgewiesenes Bio-Restaurant, das ausschließlich Lebensmittel aus ökologischer Produktion verwendet. Dabei ist doch bekannt, dass Bio-Eier mehr Salmonellen enthalten als Eier aus konventioneller Hühnerhaltung. Aber dies scheint das Bio-Restaurant wohl vergessen zu haben. Und mit der Hygiene scheint man es dort wohl auch nicht zu ernst zu nehmen. Schließlich weiß doch jeder, dass die Übertragung der Krankheitserreger vor allem wegen unsauberen Arbeitens erfolgt. Nimmt es etwa die Bio-Branche hier nicht so genau mit der Hygiene? Die Untersuchungen der Gesundheitsbehörde laufen. Wir können nur abwarten und den Gästen schnelle Erholung wünschen. Zudem: mehr Hygienekontrollen und mehr Selbstverpflichtungen in Sachen Sauberkeit!

Die Auszubildende ist entsetzt. Denn auch im GLOBALE-WELT-HOTEL werden überwiegend Bio-Produkte verwendet. Jennifer H. fragt bei ihrer Küchenchefin nach, ob es denn stimme, dass gerade Bio-Eier mehr Salmonellen enthielten als Eier konventioneller Herkunft. Frau Ehrlicher erklärt der Auszubildenden, dass Eier aus ökologischer Haltung nicht unbedingt mehr Keime enthalten müssen. Denn dies ist ebenfalls eine Frage der Hygiene.

Weil die Bio-Hühner nicht auf Stangen in Käfigen gehalten werden, kommt es vor, dass sie im Freien mit dem eigenen Kot in Kontakt kommen. Und da dieser oft mit Bakterien wie Salmonellen belastet ist, ist eine Verunreinigung nicht auszuschließen. Aber dies trifft für alle Haltungsformen zu, bei denen die Tiere den Boden berühren. Der Unterschied ist nur, dass bei der Bio-Haltung keine Antibiotika eingesetzt werden, um die Hühner gegen Keime resistent zu machen.

Salmonellose

Häufigste Ursache für eine Erkrankung an Salmonellose sind durch mangelnde Hygiene oder falsche Zubereitung (z. B. nicht ausreichende Erhitzung) verunreinigte Lebensmittel. Betroffen sind hauptsächlich eiweißreiche Lebensmittel, wie z. B. Fleisch (Geflügel, Kalbfleisch, Schweinefleisch, hier vor allem Hackfleisch), Milch und Eier.
Durch mangelhafte Hygiene vermehren sich die Keime, die außerdem noch mehrere Monate überlebensfähig sind und sich auch nicht durch Einfrieren abtöten lassen. Ebenso sind Kreuzübertragungen möglich, indem Lebensmittel, die ursprünglich keine Salmonellen enthielten, mit infizierten Menschen, verseuchten Oberflächen der Arbeitsplätze (auch im Magazin) oder Lebensmitteln in Kontakt kommen.

Fleisch	Anzahl untersuchter Proben	Salmonella-positive Proben	
		Anzahl (=n)	in %
Hähnchenfleisch, gesamt	651	49	7,5
Putenfleisch, gesamt	623	35	5,6
Kalbfleisch, gesamt	438	2	0,5
Schweinefleisch, gesamt	954	24	2,5
Hackfleisch	300	15	5,0

Tab. 1: Salmonellen in untersuchten Fleischproben (Einzelhandel 2009)
Bundesinstitut für Risikobewertung (3.3. 2011): „Erreger von Zoonosen in Deutschland im Jahr 2009"
www.bfr.bund.de/cm/350/erreger_von_zoonosen_in_deutschland_im_jahr_2009.pdf [Stand: 26.12.2011]

Die Auszubildende merkt ihrer Küchenchefin an, dass sie über den Artikel in der Zeitung sehr empört ist. „*So eine Art der Berichterstattung*", so Frau Ehrlicher, „*kann auch uns sehr schaden, obwohl wir gar nichts mit dem anderen Betrieb zu tun haben. Die Gäste könnten denken, dass nun alle Bio-Betriebe keinen Wert auf Hygiene legen, obwohl wir seit langem streng nach HACCP arbeiten. Das ist unverantwortlich von der Zeitung. Die Bio-Branche wird hier pauschal in den Schmutz gezogen.*"

Jennifer H. fragt nach, was denn passieren könne, wenn im GLOBALE-WELT-HOTEL eine Salmonellenvergiftung auftritt. Ihre Küchenchefin erklärt ihr, dass das von unterschiedlichen Faktoren abhängt:

Das Gesundheitsamt prüft zunächst, woher die Salmonellen kommen und wie sie in das Essen gelangt sind. Steht außer Frage, dass einer der Mitarbeiter die Salmonellenvergiftung durch unhygienisches Verhalten herbeigeführt hat, so können empfindliche Strafen verhängt werden. Das können Geldstrafen oder sogar Gefängnisstrafen sein.

Die besondere Schwere der Strafe erklärt sich dadurch, dass bestimmte Salmonellenerreger auch zum Tode führen können und daher die Gefahr von gesundheitlichen Schäden durch unhygienisches Arbeiten nicht zu unterschätzen ist.

AUFGABEN

1 **Nennen Sie Beispiele für die einzelnen Einflussfaktoren auf die Sicherheit von Produkten und verwenden Sie das ➔Arbeitsblatt 7.**

2 **Sind Bio-Eier tatsächlich öfter von Salmonellen betroffen? Recherchieren Sie hierzu in Fachbüchern oder dem Internet und verwenden sie auch das ➔Material M6. Beantworten Sie zusätzlich die Frage, was Frau Ehrlicher damit meint, dass es eine Frage der Hygiene sei und nicht der Hühnerhaltung.**

3 **Welche Botschaft vermittelt der Zeitungsartikel? Diskutieren Sie die möglichen Folgen einer derartigen Berichterstattung.**

4 **Nennen Sie mindestens fünf Speisen, bei denen oft rohe Eier verwendet werden.**

5 **Lebensmittelskandale haben in den letzten Jahrzehnten erheblich zugenommen. Diskutieren Sie mögliche Ursachen und verwenden Sie als Beispiele die ➔Materialien M7, M8 und M9.**

3 Transparenz im GLOBALE-WELT-HOTEL

3.1 Die Hygiene-Ampel als Lösung?

Nachdem in der Lokalpresse die Meldung über die Salmonellenerkrankung von 34 Gästen eines Bio-Restaurants erschienen ist, ruft im GLOBALE-WELT-HOTEL ein besorgter Gast an. Er möchte wissen, ob für die Sonderveranstaltung Speisen eingeplant sind, die rohe Eier enthalten. Frau Ehrlicher beruhigt den Gast und versichert, dass im GLOBALE-WELT-HOTEL strenge Hygienegrundsätze herrschen. So werde nach dem HACCP-Konzept gearbeitet und bei vielen Speisen auf pasteurisierte Bio-Eier zurückgegriffen.

Frau Ehrlicher fühlt sich bestätigt. Die Pressemeldung hat zur Beunruhigung vieler Gäste beigetragen, die nun sehr genau auf die Hygiene achten. Dies ist auch kein Wunder, so die Küchenchefin, da es in den letzten Jahren zu immer mehr Lebensmittelskandalen gekommen ist. Sie nimmt dies zum Anlass, mit allen Mitarbeitern über zusätzliche Maßnahmen zu sprechen. Dabei kommt es zu einer intensiven Diskussion über einen Vorschlag, den Jennifer H. einbringt: „*Wir könnten ja im* GLOBALE-WELT-HOTEL *die Hygiene-Ampel einführen oder freiwillig nach dem in Dänemark verwendeten Smiley-System arbeiten*".

Die Hygiene-Ampel

Abb. 7: Modell einer Hygiene-Ampel

Hygienekontrollen in Restaurants sind seit Jahren Bestandteil der Prüfungen durch die zuständigen Ämter (z. B. das Gesundheitsamt). Jeder Gastronom kennt die z. T. unangemeldeten Prüfungen und fürchtet bei groben Verstößen sogar um seine Lizenz. Dieser normale Vorgang wird transparenter gestaltet, indem die Ergebnisse der Kontrollen in eine Skala eingetragen werden, welche die Farben einer Ampel hat.

Die Kontrollen des Gesundheitsamtes betreffen z. B. die Sauberkeit der Küche und die Lagerung der Lebensmittel im Magazin. Für jeden Mangel, den die Kontrolleure finden, gibt es Risikopunkte. Umso mehr Risikopunkte die Kontrollen ergeben, desto schlechter die Bewertung in der Farbskala. Die Restaurant- bzw. Hygiene-Ampel wird öffentlich gemacht, sodass die Gäste bereits beim Betreten des Restaurants über den hygienischen Zustand aufgeklärt werden.

Die Risikobewertung erfolgt nach einer Skala von 0 bis 80. Bei bis zu 40 Punkten sind keine oder geringfügige Mängel festgestellt (grün), bei 41 bis 60 Punkten sind die Anforderungen nur teilweise erfüllt (gelb) und bei 61 bis 80 Punkten sind schwerwiegende Mängel festgestellt worden (rot).

Die Auszubildende stößt mit ihrem Vorschlag auf geteilte Meinungen. Einerseits liegen die Vorteile doch auf der Hand, so Jennifer H. Denn mit der Veröffentlichung unserer eigenen Hygieneergebnisse schaffen wir Vertrauen bei unseren Gästen. Jeder sieht, dass unsere letzten Hygienekontrollen durch das Gesundheitsamt sehr gut ausgefallen sind und wir uns nicht zu verstecken brauchen. Dagegen spricht aber, so ihr Kollege Daniel W., dass es immer mal zu Fehlern bei der Hygiene kommen kann. Und dann hat man kaum noch eine Chance, das Vertrauen der Gäste wiederzuerlangen. Wenn die Presse davon Wind bekommt, dann können wir sogar pleitegehen. Dann heißt es wieder „diese schmutzigen Biohotels".

Dann darf es dazu eben nicht kommen, so die Auszubildende Jennifer H. Schließlich müssen immer und zu jedem Zeitpunkt die höchsten hygienischen Standards gelten. Oder möchtest Du in ein Restaurant gehen, wo das mal der Fall ist und mal nicht? Daniel W. ist dennoch nicht einverstanden. Er argumentiert, dass das Gesundheitsamt ja sowieso Kontrollen durchführt und sich die Gäste bisher auch darauf verlassen konnten. So eine Ampel kann einen Betrieb völlig ruinieren.

Die Hygiene-Smileys in Dänemark

In dänischen Restaurants, Lebensmittelgeschäften und Imbissen, aber auch in Kantinen, Schulen und Altenheimen müssen die Inhaber darüber informieren, wie sie bei der letzten Lebensmittelkontrolle abgeschnitten haben. Diese Regelung gilt seit dem 01. Oktober 2001. Entsprechend müssen die Berichte an einer gut sichtbaren Stelle ausgehängt werden, um die Gäste zu informieren.

Das Smiley-Symbol ist nach dem Prinzip von vier Abstufungen aufgebaut und informiert knapp über das Bewertungsergebnis. Der ausführliche Prüfbericht zu den Ergebnissen der Kontrolle, Anmerkungen des Kontrolleurs sowie die Daten der letzten Kontrollbesuche sind im Internet veröffentlicht. Bei einer schlechten Bewertung hat jeder Betrieb die Möglichkeit auf eine erneute Überprüfung. Diese kann innerhalb der nächsten sechs Monate stattfinden. Für eine schnellere Neubewertung muss der Betrieb dann aber die Kosten übernehmen.

Jeder Betrieb wird in Dänemark mehrmals pro Jahr ohne vorherige Ankündigung kontrolliert. Eine Neuerung kam 2008 mit dem „Elite-Smiley“. Alle Verkaufsstätten, die bei den letzten vier Prüfungen mit dem besten Smiley bewertet wurden, erhalten dieses Zusatzprädikat.

 ELITE	Elite. Viermal ohne Beanstandung.
	Kontrolle hat keine Beanstandung ergeben.
	Bestimmte Regeln müssen besser beachtet werden.
	An das Unternehmen wurde durch die Kontrollbehörde eine Verfügung oder ein Verbot ausgesprochen.
	Das Unternehmen hat eine Strafverfügung erhalten, wurde an die Polizei gemeldet oder die Geschäftszulassung wurde entzogen.

Abb. 8: Die Smiley-Symbole in Dänemark

Die Auseinandersetzung über die Chancen und Risiken der Hygiene-Ampel ist noch nicht abgeschlossen. Im GLOBALE-WELT-HOTEL werden die Argumente weiter ausgetauscht.

PRESSEARTIKEL

Hygiene besitzt oberste Priorität, aber Ampel muss gestoppt werden

Der Deutsche Hotel- und Gaststättenverband (DEHOGA Bundesverband) spricht sich gegen die Einführung einer solchen Restaurant-Ampel aus, über die am Donnerstag die Verbraucherminister der Länder in Bremen entscheiden.

„Der DEHOGA bekennt sich zur konsequenten Einhaltung der strengen gesetzlichen Lebensmittelhygieneregelungen und zum Verbraucherschutz. Jeder Gastwirt, der hygienische Missstände zu verantworten hat, schädigt nicht nur sein Geschäft, sondern das Image der gesamten Branche“, erklärt Verbandspräsident Ernst Fischer in Berlin.

„Die bestehenden Gesetze und Sanktionsmöglichkeiten bis hin zur Betriebsschließung sind völlig ausreichend im Sinne des Verbraucherschutzes.“ Die geplante Restaurant-Ampel lehnt der DEHOGA ab. „Dieses System ist geeignet, Existenzen zu gefährden“, sagt Fischer. Das Kontrollergebnis sei immer eine Momentaufnahme. „Es ist bedenklich, dass beim geplanten Ampel-Konzept der Gastronom keinen Anspruch auf eine zeitnahe Regelkontrolle oder eine Nachkontrolle hat. So kann es nicht sein, dass nach Beseitigung aller festgestellten Mängel eine Negativbewertung im Eingangsbereich den Betrieb jahrelang als schlecht geführt deklariert, auch wenn er inzwischen hygienisch einwandfrei ist. Das ist unverhältnismäßig und setzt die Existenz des Unternehmens aufs Spiel“, führt Fischer aus.

Aufgrund der personellen Ausstattung der amtlichen Lebensmittelüberwachung stehe zu befürchten, dass weder eine flächendeckende noch zeitnahe Nachkontrolle sichergestellt werden könne. „Die Ängste zahlreicher Gastronomen sind groß, durch ein weniger gutes Ergebnis Gäste und Umsätze zu verlieren.“

Vor diesem Hintergrund lehnt der DEHOGA auch die geplante Veröffentlichung der Kontrollergebnisse im Internet ab. „Das Internet vergisst nichts. Es ist bekannt, dass eine negative Bewertung, wenn sie sich erst einmal im Netz verbreitet hat, kaum mehr entfernt werden kann.“ Ebenso sei es nicht hinnehmbar, dass mit dem Gastgewerbe „quasi als Versuchskaninchen“ gestartet werde. „Es gibt keinen erkennbaren Grund, dieses System zeitlich versetzt einzuführen, da eine gute Hygienepraxis in allen lebensmittelverarbeitenden Betrieben ein Muss ist. Diese Ungleichbehandlung und die damit verbundene Wettbewerbsverzerrung ist inakzeptabel“, so Fischer.

Deutsche Hotel- und Gaststättenverband – DEHOGA Bundesverband (18.05.2011): „Hygiene besitzt oberste Priorität, aber Ampel muss gestoppt werden“ www.dehoga-bundesverband.de/fileadmin/Inhaltsbilder/Presse/Pressemitteilungen/2011/PM_11_11_Hygiene_hat_oberste_Prioritaet__aber_Ampel_muss_gestoppt_werden.pdf [Stand: 26.12.2011]

Letztlich spricht sich die Küchenchefin Frau Ehrlicher für die Einführung der Hygiene-Ampel aus. Wichtig sei vor allem Transparenz, da dies bei den Gästen Vertrauen schafft und bei den Mitarbeitern für positive Anreize sorgt. Und nicht umsonst verweist das Leitbild der Nachhaltigkeit auf den Gesichtspunkt der Gesundheit. Frau Ehrlicher fügt hinzu: *„Dies sollte gerade in der gesamten Hotel- und Gaststättenbranche oberstes Prinzip sein und daher hat Hygiene immer Vorrang!“*

AUFGABEN

1 Diskutieren Sie über die Chancen und Risiken eines Bewertungssystems wie es die Hygiene-Ampel darstellt. Soll das GLOBALE-WELT-HOTEL die Aktion der Hygiene-Ampel unterstützen? Wie würden Sie entscheiden? Werten Sie auch das →Material M10 aus und notieren sie die Chancen und Risiken. Zu welchem Ergebnis kommen Sie?

ALLES KLAR?

1 Benennen Sie die verschiedenen Lagerarten und ihre typischen Eigenschaften.

2 Fassen Sie knapp zusammen, was im GLOBALE-WELT-HOTEL unter einer zielgerichteten und wirtschaftlichen Warenlagerung verstanden wird.

3 Was versteht man unter FiFo?

4 Nennen Sie mindestens vier Regeln, die bei einer Warenannahme im gastronomischen Bereich zu beachten sind.

5 Erklären Sie, was man unter HACCP versteht.

6 Nennen Sie je drei Beispiele für personelle und betriebliche Hygiene.

7 Welche gesundheitlichen Folgen kann eine Salmonelleninfektion haben?

8 Erklären Sie den Sinn von Gesundheitskontrollen in gastronomischen Betrieben.

Tipps

- Viele Lebensmittel, z. B. Fleisch, Fisch und Eier, können mit Bakterien (z. B. Salmonellen) behaftet sein, die Krankheiten auslösen können. Waschen Sie diese Lebensmittel möglichst unter fließendem Wasser und tupfen Sie sie vor der Weiterverarbeitung mit Einwegtüchern ab und garen Sie sie gut durch!
- Achten Sie beim Aufwärmen von Speisen darauf, dass diese überall für mindestens zwei Minuten gut durcherhitzt werden!
- Reinigen Sie den Kühlschrank regelmäßig mit Wasser und Spülmittel!

Mehr Infos:
Bundesministerium für Ernährung, Landwirtschaft und Verbraucherschutz | Dienstsitz Berlin | 11055 Berlin
www.bmelv.de www.bfr.bund.de
www.rki.bund.de www.bvl.bund.de
www.aid.de www.landeslabor.berlin-brandenburg.de
Stand: März 2011

4 Material

M1 Lagerverhalten von Obst und Gemüse

Bei der Lagerung von Obst ist der Reifegrad der Frucht zu überprüfen. Dabei gilt: Je reifer die Frucht, desto schneller verdirbt sie. Wichtig zu wissen ist, dass nicht alle Früchte nachreifen (z. B. Ananas, Wassermelone, Brombeere, Erdbeere, Himbeere, Kirsche, Tafeltraube). Andere wiederum werden absichtlich in einem noch nicht ausgereiften Zustand geerntet, da sie noch nachreifen und dabei Aromen zur Geschmacksbildung entwickeln, z. B. Avocados, Äpfel, Bananen, Tomaten. Es gibt aber große Unterschiede. Eine unreife Erdbeere färbt nach der Ernte noch nach, allerdings reift sie nicht mehr weiter. Dagegen werden feste Tomaten durch Nachreifung zu einer reifen Frucht, deren Beschaffenheit auch weicher wird.

Auch bei Gemüse muss unterschieden werden. Zwar lässt es sich einige Zeit nach der Ernte ohne große Nährstoffverluste genießen, aber es muss kalt und dunkel sowie feucht gelagert werden. Bei den meisten Gemüsesorten liegt die optimale Lagertemperatur zwischen 0 und 2 °C. Eine hohe Luftfeuchtigkeit ist vorteilhaft. Sie kann durch lockere Verpackung in Folie erreicht werden. Zu feucht darf es jedoch auch nicht sein, denn dann steigt die Gefahr der Schimmelbildung. Eine dunkle Lagerung ist wichtig, um die Abbauprozesse bei Gemüse zu verringern. Kann man Obst und Gemüse zusammen aufbewahren? Das geht nicht in jedem Fall, weil verschiedene Früchte das Gas Ethylen ausscheiden (s. Tabelle S. 83–84), welches schon in geringen Konzentrationen den Reifungsprozess beschleunigt. Daher sollten ethylenempfindliche Obst- und Gemüsearten nicht zusammen mit Ethylen abgebenden Früchten aufbewahrt werden, da sie ansonsten schneller verderben. Wenn die Möglichkeit einer Trennung nicht besteht, sollten die Früchte einzeln in Folie verpackt werden.

Obst	optimale Lagertemperatur in °C	nachreifend	Ethylenabgabe	Ethylenempfindlichkeit
Äpfel	0–5	ja	4	3
Aprikosen	0–1	ja	4	3
Birnen	0–5	ja	3	3
Brombeeren	0–2	nein	1	1
Erdbeeren	2–3	nein	1	1
Heidelbeeren	0	ja	1	1
Himbeeren	0–1	nein	1	1
Johannisbeeren	0–1	nein	1	1
Kirschen	0–1	nein	(1)	1
Kiwi	0–0,5	ja	3	3
Melonen, unreif	7–10	ja		
Melonen, reif	2–3	nein		
Pfirsiche	-1–0	ja	4	3
Pflaumen	0,5–2	ja	2	3
Stachelbeeren	0	nein	1	1
Tafeltrauben	1–4	nein	(1)	1

Tab. 2 (Teil1): Lagertemperaturen, Reifeverhalten und Grad der Ethylenabgabe bei Obst und Gemüse (Fettdruck: kälteempfindlich) (1) = sehr gering, 1 = gering, 2 = mittel, 3 = stark, 4 = sehr stark

Gemüse	optimale Lagertemperatur in °C	nachreifend	Ethylenabgabe	Ethylenempfindlichkeit
Auberginen	8–10	ja	1	3
Blumenkohl	0–1	nein	(1)	3
Champignon (Kultur)	0–1	nein	(1)	2
Chicorée	0–1	nein	(1)	3
Eissalat	0–1	nein	1	3
Gemüsepaprika	8–10	nein	1	1
Grüne Bohnen	7–8	nein	1	2
Gurken	12	nein	1	3
Kartoffeln	4–8	nein	2	
Knollensellerie	0	nein	(1)	1
Kohlrabi	0	nein	(1)	1
Kopfkohl	0	nein	(1)	3
Kopfsalat	0–1	nein	(1)	3
Lauch	0–1	nein	(1)	2
Möhren	0–1	nein	(1)	2
Radieschen	0	nein	(1)	2
Rettich	0	nein	(1)	1
Rosenkohl	-1–0	nein	(1)	3
Rote Bete	0–3	nein	(1)	1
Spargel	0,5–1	nein	(1)	2
Spinat	0–1	nein	(1)	3
Tomaten	12–15	ja	2	3
Zucchini	8–10	nein	1	1

Tab. 2 (Teil2): Lagertemperaturen, Reifeverhalten und Grad der Ethylenabgabe bei Obst und Gemüse (Fettdruck: kälteempfindlich) (1) = sehr gering, 1 = gering, 2 = mittel, 3 = stark, 4 = sehr stark

M2 Kriterien bei Bestellungen

Bestellungen können schriftlich oder mündlich aufgegeben werden. Der Vorteil einer schriftlichen Bestellung ist die Kontrollmöglichkeit, weil hier Fehler nachgewiesen werden können. Bei allen Bestellungen ist der Meldebestand zu beachten, damit nicht zu viel oder zu wenig eingekauft wird. Prinzipiell müssen bei einer Bestellung folgende Punkte geklärt werden:

1. Daten von Käufer und Verkäufer (Lieferadresse, Telefonnummer, ggf. Faxnummer und E-Mail-Adresse)
2. Qualität, Art und Menge der Ware
3. Preis
4. Zahlungs- und Lieferbedingungen
4. Sonderwünsche (z. B. Bio-Ware)
5. Weitere Konditionen (z. B. Rabatte)

Offener Mangel

Bei der Annahme von Waren können Mängel auftreten. Mit einem offenen Mangel wird bezeichnet: Bei der gelieferten Ware lassen sich Mängel sensorisch, d. h. sehend, riechend, schmeckend, wahrnehmen.

Ein offener Mangel muss dem Lieferanten sofort angezeigt werden. Beispiel: Das Mindeshaltbarkeitsdatum ist überschritten oder statt roter Servietten wurden gelbe geliefert.

Versteckter Mangel
Erst bei der Nutzung der Ware werden Mängel erkannt bzw. sichtbar. Ein versteckter Mangel kann bis zu sechs Monate später gerügt werden. Beispiele: Einige Kaffeefilter haben grobe Risse; der Wein schmeckt nach Korken.

M3 Hazard Analysis and Critical Control Points (HACCP)

Die Erstellung eines HACCP-Konzept umfasst mehrere Schritte:

1. **Geltungsbereich festlegen**
   Was ist Gegenstand des HACCP-Konzeptes?
2. **HACCP-Team**
   Festlegung der Mitarbeiter, die für die Erstellung des Konzeptes zuständig sind
3. **Durchführung einer Gefahrenanalyse**
   Von der Rohstoffanlieferung bis zur Ausgabe der fertigen Speisen werden alle möglichen hygienischen Risiken festgehalten.
4. **„Critical Control Points" bestimmen**
   Die Punkte, an denen hygienische Risiken auftreten können, werden ermittelt und als CCP-Punkte festgeschrieben.
5. **Grenz- und Warnwerte festlegen**
   Sollangaben werden bestimmt (z. B. der Lagerungstemperatur).
6. **Überwachungsverfahren**
   Regelungen zur ständigen Überprüfung der Sollwerte festlegen
7. **Korrekturmaßnahmen**
   Falls die festgelegten Regelungen nicht eingehalten werden können, wird festgelegt, welche weiteren Schritte (Korrekturen) einzuleiten sind.
8. **Dokumentation I**
   Regelmäßige Überprüfung, ob das Überwachungsverfahren funktioniert; die durchgeführten Maßnahmen werden schriftlich festgehalten.
9. **Dokumentation II (Revision)**
   Das erstellte System wird regelmäßig kontrolliert und gegebenenfalls neu geregelt.

Die Kontrolle ist zwar Teil des HACCP-Konzeptes, doch steht eigentlich der (gesamte) Prozess im Vordergrund. Daher werden die kritischen Kontrollpunkte auch Lenkungspunkte genannt.
Der Ursprung des HACCP-Konzeptes stammt übrigens aus den USA. Die NASA hat ein Sicherheitssystem für die sichere Verpflegung von Astronauten entwickelt. Eine Lebensmittelvergiftung im All sollte mit Hilfe eines Null-Fehler-Konzeptes ausgeschlossen werden.

M4 Infektionswege von Salmonellen

Vor allem beim unsauberen und unvorsichtigen Arbeiten kommt es in der Küche zu einer Übertragung von Salmonellen auf andere Lebensmittel. Oft werden Produkte infiziert, die roh verzehrt werden (Salate, Obst usw.), da hier keine Abtötung der Salmonellenkeime durch Hitze erfolgt. Die Übertragungswege sind zahlreich. So können Arbeitsgeräte, wie Messer oder Arbeitsbrett, bereits belastet sein, weshalb deren Reinigung sehr sorgfältig erfolgen muss. Es genügt dabei aber nicht, mit einem feuchten Tuch das Arbeitsbrett abzuwischen. Alle benutzten Utensilien, wie Messer und Schüsseln, sind mit heißem Wasser und mit Reinigungsmitten zu reinigen und erforderlichenfalls auch zu desinfizieren. Oft sind es auch die Hände, an denen die Bakterien haften. Hier gilt, nachdem z. B. rohe Eier angefasst und verarbeitet worden sind, besonders auf gute Reinigung und Desinfektion zu achten.
Weitere Übertragungsmöglichkeiten entstehen bei der nicht fachgerechten Lagerung von Lebensmitteln. Auch das unhygienische Auftauen stellt eine Gefahrenquelle dar, weil das Tauwasser Bakterien enthält.

M5 Lagerung von Lebensmitteln

1. **Trennung**
   Rohe Lebensmittel sind von zubereiteten Speisen getrennt zu lagern.
2. **Fußboden**
   Keine Lebensmittel, verpackt oder unverpackt, dürfen auf dem Boden stehen.
3. **Einflüsse**
   Viele Lebensmittel beeinflussen sich gegenseitig durch:
   - Gerüche, z. B. nimmt eine poröse Eierschale den Geruch von Zwiebeln auf
   - Verschmutzungen, z. B. bei erdbehafteten Lebensmitteln
   - mikrobiologische und enzymatische Faktoren, Abgabe von Ethylen, z. B. bei Äpfeln.
4. **Verpackungen**
   Verpackungen, wie z. B. Eierkartons, können verunreinigt sein und dürfen nicht mit unverpackten Lebensmitteln in Kontakt kommen.
5. **Lagerplatz**
   Fehlt Lagerkapazität, dann sind bei Zwischenlagerung sämtliche Lebensmittel ausreichend zu umhüllen bzw. zu verpacken.
6. **Schädlinge**
   Lagerräume sind grundsätzlich gegen den Befall von Schädlingen zu sichern.

M6 Hygiene und Salmonellen

Nach Studien der Technischen Universität München sind Bio-Eier nicht stärker mit Keimen infiziert als konventionelle Eier. Oft wird angenommen, dass durch den Kontakt mit dem eigenen Kot Bio-Eier stärker mit Krankheitskeimen belastet sind als Eier aus konventioneller Haltung. Studien haben jedoch ergeben, dass zwischen Öko- und Normalbetrieben kein Unterschied besteht, was die Zahl der Keime anbelangt. Die Forscher haben je zehn Proben aus ökologischen und konventionellen Betrieben auf ihre Keimbelastung untersucht. Dabei wurde festgestellt, dass kein einziges Ei im Inneren mit Salmonellen verseucht war. Es stellte sich heraus, dass Bio-Eier sogar einen entscheiden Vorteil gegenüber konventionellen Eiern haben. Denn bei den Bio-Legehennen finden sich weniger Keime, die gegen Antibiotika resistent sind, als bei Tieren aus konventionellen Betrieben. Insofern ist die biologische Tierhaltung nicht nur artgerechter, sondern trägt auch zur Sicherung der Wirksamkeit von Antibiotika bei. Dies ist ein starker Pluspunkt für die artgerechte Tierhaltung, da es für den Menschen unentbehrlich ist, dass Antibiotika ihre Wirksamkeit behalten.

online www.wzw.tum.de
[Suche: Langzeitstreit bei Legehennenhaltung]

M7 Salmonellen: Tipps zum Schutz vor Salmonelleninfektionen

Rapp, Heike (18.06.2003): „Salmonellen: Tipps zum Schutz vor Salmonelleninfektionen“
www.aid.de/presse/presseinfo_archiv.php?mode=beitrag&id=1195 [Stand: 26.12.2011]

„Etwa die Hälfte aller lebensmittelbedingten Erkrankungen wird durch Salmonellen ausgelöst. Belastet können vor allem Geflügel, Eier, Fleisch, Hackfleisch und Fisch sein. Aber auch auf Sprossen ließen sich Salmonellenerkrankungen zurückführen und auf Proben von Trockenpilzen wurden Salmonellen gefunden. Bei Säuglingen, Kleinkindern, älteren oder kranken Menschen können bereits geringe Dosen von unter 100 Keimen eine Infektion auslösen. Bei Erwachsenen sind hierzu meist 10 000 bis 1 000 000 Keime nötig. Nach 5 bis 72 Stunden kann die Krankheit, die Salmonellose, mit Durchfall, Erbrechen, Bauchschmerzen, Schüttelfrost und Fieber ausbrechen. Sie dauert ein bis zwei Tage an und kann je nach aufgenommener Menge der Keime unterschiedlich schwer verlaufen. Auf jeden Fall sollte bei diesen Symptomen ein Arzt hinzugezogen werden, denn unbehandelt kann diese Krankheit sogar zum Tode führen. Der aid infodienst (Bonn) gibt folgende Tipps, wie man sich im Haushalt vor einer Salmonelleninfektion schützen kann. Salmonellen gedeihen am besten bei Temperaturen zwischen 10 und 47 °C. Lagern Sie wasser- und eiweißreiche Lebensmittel wie rohe Fleisch- und Wurstwaren, Geflügel, Fisch, Eier und Produkte mit rohen Eiern, wie z. B. selbst hergestellte Mayonnaise, im Kühlschrank bei höchstens 6 °C. Salmonellen werden durch Einfrieren nicht abgetötet und können sich beim Auftauen wieder vermehren. Tauen Sie gefährdete Lebensmittel daher nur abgedeckt im Kühlschrank auf. Die Auftauflüssigkeit sollten Sie getrennt auffangen, indem Sie einen Siebeinsatz verwenden und die Flüssigkeit anschließend sofort wegschütten. Salmonellen überstehen keine Temperaturen über 70 °C. Diese Temperatur muss im Lebensmittel zehn Minuten lang gehalten werden, um Salmonellen sicher abzutöten. Bei Fleisch sollten Sie die Kerntemperatur mit einem Bratenthermometer überprüfen. Bereiten Sie Speisen, die Sie nicht erhitzen – wie Cremes oder Mayonnaisen – nur mit frischen Eiern zu (Mindesthaltbarkeitsdatum beachten). Lagern Sie Eier grundsätzlich nur im Kühlschrank und verbrauchen Sie diese zügig. Halten Sie Speisen nicht längere Zeit warm, sondern kühlen Sie Reste rasch ab. Vor dem Verzehr müssen die Speisen wieder gründlich auf mindestens 70 °C erhitzt werden, nicht nur kurz aufgewärmt werden. Lebensmittel, die mit Salmonellen belastet sein könnten, müssen Sie getrennt von anderen Lebensmitteln zubereiten. Hände und benutzte Küchengeräte anschließend gründlich reinigen. Hackfleisch muss am Tag der Herstellung verbraucht oder gründlich durcherhitzt werden. Während der Arbeit sollten Sie die Hände oft waschen und Geschirr- und Küchentücher häufig wechseln.“

M8 Lebensmittelskandale

Die Anzahl der Lebensmittelskandale ist in den letzten Jahrzehnten massiv angestiegen – auch weil die globale Vernetzung stetig zugenommen hat. Hierzu einige Beispiele:

- Frostschutzmittel in Wein (Österreich 1985)
- Gammelei in Nudeln (Deutschland 1985)
- Wurmbefall in Seefischen (1987)
- BSE-Fleisch (Großbritannien 1987)
- Dioxine in Futtermitteln (Belgien 1999; Deutschland 2011)
- Nitrofen in Bio-Getreide (Deutschland 2002)
- Geflügelabfälle als Frischfleisch (Deutschland 2005)
- Gammelfleisch (Deutschland 2005, 2006, 2007)
- Mäusekot in Mozzarella (Italien 2008)
- EHEC auf Sprossen (Deutschland 2011)

Die Folgen können gravierend sein und haben schon zu vielen Todesopfern geführt. Auch Folgekrankheiten sind gefährlich.
Eine nicht artgerechte Tierhaltung und Tierernährung können weitere Krankheiten verursachen, wie z. B. die Vogelgrippe und die Schweinegrippe. Zudem werden Verbraucher getäuscht, wenn z. B. der Pizzakäse kein Käse ist, sondern ein Kunst- bzw. „Analogkäse".

M9 Fleischskandal: Ekeldöner

Spiegel online (13.05.2011)
„Angeklagte legen Geständnis zu Ekeldöner ab"
www.spiegel.de/wirtschaft/service/0,1513,762507,00.html
[Stand 26.12.11]

Die Vorwürfe sind unappetitlich, die ersten Beichten kamen schnell: Zum Auftakt eines Prozesses um den Ekelfleischskandal im bayerischen Wertingen haben zwei Angeklagte Geständnisse abgelegt. Sie sollen zusammen mit dem Hauptangeklagten rund 150 Tonnen nicht für den menschlichen Verzehr geeignetes Fleisch umetikettiert und weiterverkauft haben. Der Großteil ging offenbar an Dönerproduzenten in Berlin. Die Männer können nach ihrem Geständnis mit Bewährungsstrafen rechnen. Der Hauptangeklagte, ein Fleischfabrikant aus Wertingen, soll sich erst am kommenden Mittwoch äußern. Er hat laut Anklage zwischen 2006 und 2007 in 22 Fällen tiefgefrorenes Fleisch der Kategorie 3, das nicht mehr für den menschlichen Verzehr geeignet war, umetikettiert und weiterverkauft. Außerdem habe er in 13 Fällen Fleisch von kranken Tieren erworben und ebenfalls als genießbare Ware verkauft.
Laut Anklage entfernte der 60-Jährige stets direkt nach dem Eintreffen der Lieferungen die sogenannten Warenbegleitpapiere und ersetzte sie durch eigene Dokumente. Ein Lastwagenfahrer hatte den Skandal im Sommer 2007 aufgedeckt, als er rund elf Tonnen Fleisch in die Fabrik brachte und beobachtete, wie es heimlich umetikettiert wurde.
Ein 54 Jahre alter Mitangeklagter, der bei einem norddeutschen Betrieb arbeitete, soll dem Wertinger das Kategorie-3-Fleisch verkauft haben. „Das Fleisch war aber absolut genießbar", betonte der Verteidiger des Produktmanagers nach dem Deal. „Der einzige Makel war die Lagerung in einem Kühlhaus, das nicht die richtige Zulassung hatte." Die Kühlkette sei nicht unterbrochen worden.
Der dritte Angeklagte vermittelte laut Anklage mehrfach zwischen den beiden Männern. Sein Anwalt hob hervor, dass der 70-Jährige sich als Helfer und nicht als Mittäter sehe. Der Hauptangeklagte soll Medienberichten zufolge weiter Geschäfte gemacht haben, obwohl ihm das verboten war. Ein erneutes Vergehen des Mannes könnte unmittelbare Auswirkungen auf das Strafmaß im Ekelfleischprozess haben. Vor diesem Hintergrund will die Verteidigung die neue Ausgangslage zunächst prüfen. Anwalt Florian Ufer sagte: „Grundsätzlich bleibt die Bereitschaft zum Geständnis bestehen."

M10 Transparenz in Sachen Hygiene

(I) Dänen haben auf Lebensmittelskandale reagiert

Spiegel online (15.09.2010) „Vorsicht, die Smileys kommen!"
www.spiegel.de/wirtschaft/service/0,1518,717568,00.html
[Stand 26.12.11]

„Der Däne Poul Ottosen hält die Veröffentlichung von Hygienekontrollen für unverzichtbar. Als Staatssekretär im Verbraucherschutzministerium war er 2001 einer der Urheber des dänischen Systems. Zahlreiche Lebensmittelskandale hätten in Dänemark dazu geführt, dass die Menschen mehr darüber wissen wollten, was sie essen. Der Staat habe daher die Verantwortung für die Kontrollen von den Kommunen übernommen – und ein System mit vier Smileys eingeführt: Ein ganz lachendes Gesicht bedeutet „keine Beanstandung", ein dünneres Lächeln steht für „Ermahnung", ein neutraler Smiley für „Verfügung oder Verbot" und ein trauriger bedeutet „Strafverfügung". Wer viermal hintereinander top abschneidet, bekommt einen „Elite-Smiley".
Das System habe zwar nicht dazu geführt, dass es keine schwarzen Schafe mehr gebe, sagt Ottosen. Aber die Erfahrung sei, dass die Kontrollen insgesamt positiver ausfielen. So würden sich Unternehmen, die ohnehin in der oberen Liga spielen, noch mehr anstrengen, um die beste Bewertung zu bekommen. Der Kampf um die Einhaltung der Hygienevorschriften sei seitdem in den Führungsetagen der Firmen angekommen: „Sie tun alles, um einen lachenden Smiley zu bekommen."

(II) Erfolgsgeschichte Dänemark

Verbraucherzentrale Bundesverband e.V. (18.05.2011):
„‚Restaurant-Ampel' zügig umsetzen"
www.vzbv.de/5194.htm [Stand 26.12.11]

„Die Lebensmittelüberwachung verzeichnet in Deutschland seit Jahren auf gleich bleibend hohem Niveau Verstöße gegen die Betriebshygiene. Mit diesem Problem kämpfte auch Dänemark und führte vor zehn Jahren den Hygiene-Smiley ein, um die Transparenz für Verbraucher zu erhöhen und den Wettbewerb unter den Unternehmen anzukurbeln. Anfänglich gab es große Bedenken, insbesondere seitens der Betriebe.

Mittlerweile befürworten 86 % der dänischen Unternehmer das System, unabhängig vom Bewertungsergebnis. Die Qualität des Angebots hat sich nachweisbar verbessert: 2002 wurden 70 % der Betriebe mit dem fröhlichsten Smiley ausgezeichnet, 2008 waren es bereits 83 % und 2009 sogar 86 %. Zusätzlich wurde ein „Elite-Smiley" für Betriebe eingeführt, die vier Mal hintereinander das bestmögliche Kontrollergebnis erzielt haben."

(III) Hygiene-Ampel ist Irreführung der Verbraucher

Zentralverband des Deutschen Handwerks e.V. (08.06.2011): „Hygiene-Ampel ist Irreführung der Verbraucher" www.zdh.de/presse/pressemeldungen/archiv-pressemeldungen/hygiene-ampel-ist-irrefuehrung-der-verbraucher.html [Stand 26.12.11]

„Zur angekündigten Hygiene-Ampel", erklären Peter Becker, Präsident des Zentralverbandes des Deutschen Bäckerhandwerks, für die Verbände des Lebensmittelhandwerks und Otto Kentzler, Präsident des Zentralverbandes des Deutschen Handwerks (ZDH):
„Eine „Hygiene-Ampel" ist der falsche Weg zur Aufklärung des Verbrauchers. Ein solches Kennzeichnungssystem zeigt nicht die aktuelle Bewertung an, sondern eine in der Vergangenheit vorgenommene Bewertung, die bis zu drei Jahre zurückliegen kann. Damit hat die Kennzeichnung keine Bedeutung für den Verbraucher – er kann weder einer grünen noch einer roten Kennzeichnung vertrauen.
Ein „roter" oder „gelber", also warnender Kontrollaushang ist jedoch für die betroffenen Unternehmen im Zweifelsfall existenzgefährdend. Dies gilt insbesondere für den Fall, dass sie zusätzlich im Internet an den Pranger gestellt werden. Das ist faktisch nicht mehr rückholbar – auch wenn das Kontrollergebnis nach schneller Mängelbeseitigung später korrigiert wird.
Bei ernsten Hygienemängeln ist der betreffende Betrieb nach geltendem Recht stillzulegen. Es ist nicht verbraucherfreundlich, ihn künftig zwar mit einem „rot" in der Hygiene-Ampel zu versehen, ihn gleichwohl weiter arbeiten zu lassen.
Das Lebensmittelhandwerk muss etwaige Kontrollen nicht fürchten. Garanten für Qualität und Hygiene der Produkte sind die anspruchsvolle Gesellen- und Meisterausbildung wie auch die kontinuierliche Schulung und Weiterbildung aller Beschäftigten zu lebensmittelhygienischen Vorschriften und Erfordernissen. Das gilt für alle Unternehmen der Lebensmittelhandwerke – Bäcker, Fleischer, Konditoren, Müller, Private Brauereien und Speiseeishersteller."

(IV) Sicher essen in Berlin

Senatsverwaltung für Gesundheit, Umwelt und Verbraucherschutz (08/2011): „Sicher essen in Berlin" www.berlin.de/sen/verbraucherschutz/lebensmittel-ernaehrung/kontrollergebnisse/index.de.html [Stand 26.12.2011]

„Liebe Verbraucherinnen und Verbraucher, alles sauber, also rein – so sollten alle Gaststätten für sich werben können. Ob das auch der Fall ist, können Sie hier erfahren. Sie können nun besser entscheiden, welche Berliner Speisegaststätten und Schankwirtschaften Sie besuchen wollen. Hier werden demnächst Ergebnisse der aktuellen Hygienekontrollen in einer Datenbank veröffentlicht.
So können Sie sich ein Bild darüber machen, inwieweit der Betrieb den Anforderungen an die Lebensmittelhygiene entspricht. Sie haben als Verbraucherinnen und Verbraucher nach dem Verbraucherinformationsgesetz (VIG) einen Rechtsanspruch auf Information. Das VIG regelt Ihren Anspruch auf freien Zugang zu allen Daten der amtlichen Lebensmittelüberwachung und gestattet den Behörden, diese Daten zu veröffentlichen. Weitere Rechtsgrundlagen sind das EU-Hygienerecht und bundeseinheitliche Vorschriften zur amtlichen Lebensmittelüberwachung. Die Untersuchung von Gaststätten und Schankwirtschaften ist ein erster Schritt. Perspektivisch sollen Bürgerinnen und Bürger auch die Kontrollergebnisse weiterer Lebensmittelbetriebe einsehen können."

(V) Konditor steht vor Gericht

Ein 74-jähriger Konditor steht im August 2011 in Hamburg wegen Verstoßes gegen das Lebensmittelgesetz vor Gericht. Er muss sich verantworten, weil in seinem Backbetrieb die hygienischen Verhältnisse von der Lebensmittelkontrolle beanstandet wurden: Schimmel in nahezu allen Räumen, in einigen Ecken Spinnenweben und in den Brotkörben Ungeziefer. Auch verdorbene Eier wurden gefunden. Schon einmal ist der Betreiber vor wenigen Monaten verurteilt worden, damals zu einer Geldstrafe von 4800 €. Nach Angaben des Beklagten sei er bemüht gewesen, die beanstandeten Punkte nach und nach zu beheben, aber er sei schlicht überfordert gewesen. Zu den neuen Vorwürfen schweigt der Angeklagte. In den kommenden Monaten werden die Kontrolleure vom Gericht vernommen.
In diesem Fall ein Erfolg der Lebensmittelkontrolle!

METHODE

Pro-Kontra-Debatte

Abb. 9: Pro oder Kontra?

Ziel

Bei der Pro-Kontra-Debatte geht es um eine gezielte Auseinandersetzung über ein konkretes Problem bzw. über einen Antrag und um einen darauf bezogenen Abstimmungsprozess. Zur Debatte stehen meist konkrete Dinge, wie z. B. die Neuregelung von Arbeitszeiten, aber auch die Neugestaltung einer Speisekarte, die Einigung auf einen gemeinsamen Arbeitsplan oder die Berücksichtigung eines neuen Speiseangebotes. Im Mittelpunkt der Debatte steht der Einigungsprozess, welcher über eine intensive Auseinandersetzung entlang der Vor- und Nachteile hervorgerufen werden soll.

Zweck

Zweck einer Pro-Kontra-Debatte ist erstens die Wertschätzung anderer Sichtweisen und zweitens die Einigung.

A) Wertschätzung

Eine Debatte macht die grundsätzlichen Meinungen als Argumente kenntlich. Die jeweiligen Chancen und Risiken zu einem konkreten Thema werden sichtbar und begründbar. Auf diese Weise werden unterschiedliche Ziele verfolgt:

1. Die eigene Haltung muss begründet werden, was zu einer argumentativen Stärkung führt.
2. Die eigene Haltung wird gleichzeitig überprüft, inwieweit die Argumente schlüssig und nachvollziehbar sind. Dies setzt voraus, die eigene Haltung verändern zu können.
3. Die Motive von fremden Positionen werden erkannt und andere Meinungen können damit akzeptiert werden (Bildung von Anerkennung und Respekt).
4. Die Besonderheit der Debatte zeigt sich darin, für ein bestimmtes Interesse zu streiten. Dafür sind Bündnispartner wichtig, weshalb das eigene Argumentationsverhalten wichtig ist. Durch zu große Aggressivität könnten Mitstreiter verloren gehen. Daher schult die Debatte auch das eigene Streitverhalten.

B) Einigung

Eine Debatte verfolgt immer das Ziel, sich über einen konkreten Antrag allseits zu verständigen – und in der Regel einen Kompromiss hervorzurufen. Daher liegen im Einigungsprozess weitere Zwecke:

1. Sofern die eigenen und fremden Argumente bekannt sind, kann eine Kompromissbildung gelingen.
2. Um sich auf einen Kompromiss zu einigen, ist es notwendig, die eigenen Argumente nach ihrer Stärke zu gewichten. Was ist mir besonders wichtig, worauf kann ich verzichten?
3. Mit der konkreten Einigung werden auch deren Folgen sichtbar. Was geschieht, wenn wir uns so entscheiden?

Ablauf

Eine Pro-Kontra-Debatte kann auf verschiedene Weisen durchgeführt werden. Dies hängt z. B. von der Gruppengröße, aber auch vom gewählten Fallbeispiel ab. Grundsätzlich bezieht sich eine Debatte auf einen eingebrachten Antrag bzw. Anlass, um den sich die Diskussion dreht. Dabei ist darauf zu achten, dass der Antrag sehr konkret formuliert ist und unterschiedliche Handlungsmöglichkeiten bereithält. Ein möglicher Ablauf weist folgende Phasen auf:

Vorbereitungsphase

- Vorstellung des Falles (z. B. liegt ein Antrag liegt zur Abstimmung vor), Festlegung des Gesamtablaufes und Zielsetzung; die verschiedenen Rollen (Pro-Kontra-Gruppe, Moderation und Beobachtergruppe) werden festgelegt und ihre Teilnehmer benannt (siehe unten).

Erarbeitungsphase

- Sammeln und Gewichten der Argumente

Debatte

- Einführung durch die Moderation, indem z. B. der Abstimmungsantrag vorgelesen wird
- Kurzvorträge der Gruppen (jeweils drei zentrale Argumente)
- Eröffnung der offenen Debatte durch die Moderation mit anschließendem Schlagabtausch
- Abschlussargumente der Gruppen

Kompromiss – Abstimmung

- Die Aufgabe der Moderation ist, eine Lösung herbeizuführen – in Form einer Einigung oder eines Kompromisses.
- Für die Abstimmung ist ein Verfahren zu wählen, z. B. geheime oder offene Abstimmung. Die Gruppe der Beobachter ist mit einzubeziehen.

Auswertungsphase

- Rollenauswertung: Entlassung aus der Rolle und Befragung nach der Zufriedenheit des eigenen Vorgehens
- Feedback: Beobachter teilen ihre Eindrücke zunächst unkommentiert mit.

Evaluationsphase

- Gesamtdebatte einschließlich der Beobachterergebnisse wird diskutiert.
- Ausblick: Besonders wichtig ist, dass die Folgen einer Abstimmung diskutiert werden, z. B. was bedeutet das Abstimmungsergebnis für bestimmte Gruppen o. Ä.

Rollenverteilung

Die Verteilung der Rollen kann nach unterschiedlichen Prinzipien erfolgen. Zum Beispiel können die Rollen nach Interesse besetzt werden oder nach gegensätzlicher Position. So können andere Meinungen besser verstanden werden. Festzulegen sind folgende Rollen:

Pro-Kontra-Gruppe

- Erarbeitung von Argumenten und Festlegung der Vortragenden

Moderation

- Erarbeitung von Schlüsselfragen und des formalen Ablaufes, wie z. B. Zeitmanagement

Beobachtergruppe

- Erarbeitung von Beobachtungsaufgaben, wie z. B. Gewichtung der Argumente, soziales Verhalten bei der Debatte usw.

Erweiterung der Debatte

Die Debatte kann z. B. um folgende Punkte ergänzt werden:

- Befragung des Publikums als Zwischenfeedback
- Befragung eines Experten (muss zuvor als eigenständige Rolle benannt werden)
- Moderation übernimmt eine aktivere Rolle und verweist auf Zeitungsartikel oder integriert einen Kurzfilm (z. B. aus dem Internet)

Warenlagerung (1)

Arbeitsauftrag: Die Auszubildende Jennifer H. soll die folgenden Lebensmittel richtig einlagern. Helfen Sie ihr und ergänzen Sie in der Tabelle die richtige Lagerungsform sowie die erforderliche Lagertemperatur.

Art	Lager	Lagertemperatur
1 Karton Bananen		
4 Bund frische Kräuter		
20 Schalen Erdbeeren		
20 Stück Kohlrabi		
2 Heilbutt		
6 Pckg. à 20 l Vollmilch		
2 Kisten Orangen		
10 Aktenordner		
6 Stück Kopfsalat		
1 Kiste Zitronen		
2 Kisten Äpfel		
1 Pk. Schreibpapier		
4 Pk. Pommes frites (tiefgefroren)		
2 Kisten frische Schollen		
2 Ananas		
4 Pckg. à 5 l Sahne		
12 Stangen Lauch		
20 Schalen Heidelbeeren		
10 Pk. Butter		
4 Sack Kartoffeln		
3 Schalen eingelegter Weichkäse		
2 Kisten Sekt		
3 Strang Kotelett		
1 Sack frische Austern		
12 Tomaten		
5 Paletten Eier		

Arbeitsblatt 2

Warenlagerung (2)

Arbeitsauftrag: Sortieren Sie die Lebensmittel in die verschiedenen Fächer eines Kühlregals und begründen Sie Ihr Vorgehen.

4 Bund frische Kräuter	1 Sack Zwiebeln	10 Schalen Johannisbeeren	2 Melonen, unreif	15 Bund Möhren
20 Schalen Erdbeeren	2 Kisten Kiwi	1 Kiste Pflaumen	12 Stück Kopfsalat	2 kg Hackfleisch
6 Stück Kohlrabi	1 Karton Kirschen, süß	1 Kiste Rettich	20 Schalen Heidelbeeren	2 Kisten Äpfel

Temperatur: 2 °C

Fach 3	Fach 6
Fach 2	Fach 5
Fach 1	Fach 4
Abstellfläche	Abstellfläche

Nicht in das Kühllager gehören:

1. ______________ Begründung: ______________
2. ______________ Begründung: ______________
3. ______________ Begründung: ______________
4. ______________ Begründung: ______________

Weitere allgemeine Prinzipien der nachhaltigen Warenlagerung:

____

____

____

Warenanforderung

Arbeitsauftrag: Erstellen Sie mit Hilfe Ihres Fachbuches eine Warenanforderung für d e Sonderveranstaltung mit 50 Gästen des GLOBALE-WELT-HOTEL.

Materialanforderung

Formular Nr.: ___________

lfd. Nr.	Menge	Ware	Bemerkung

Arbeitsblatt 4

Wareneingangsprüfung

Arbeitsauftrag: Führen Sie eine Wareneingangsprüfung am Beispiel von Hühnereiern durch. Gehen Sie wie folgt vor: Bilden Sie mehrere Gruppen und erstellen Sie in jeder Gruppe eine Warenanforderung mit ausgewiesenen Merkmalen (z. B. Eigewicht, Bio-Ware, lange Haltbarkeit, 6er-Kartons). Gehen Sie im nächstgelegenen Geschäft Eier kaufen (Art der Ware spielt keine Rolle) und erstellen Sie anschließend eine Wareneingangsprüfung anhand der gekauften Eier.

Wareneingangsprüfung
GLOBALE-WELT-HOTEL

GWH

Art der Ware: ....

Datum/Uhrzeit: ....

Lieferant: ....

Prüfung durch: ....

Qualität der Ware

Merkmal	**okay**	**Mängel**
1. Menge		
2. Haltbarkeit		
3. Gewicht		
4. Farbe, Aussehen		
5. Geruch		
6. Haltungsform: (z. B. Käfig, Freiland, Bio)		

Hygiene der Ware/Lieferung

Merkmal	**okay**	**Mängel**
1. Verpackung		
2. Verschmutzungen		
3. Liefertemperatur		

Temperaturmerkmale der Ware

Merkmal	**okay**	**Mängel**
1. Innereien = max. +3 °C	°C	
2. Frischfleisch = max. +7 °C	°C	
3. TK-Produkte max. −18 °C	°C	
4. Molkereiprodukte max. +6 bis 10 °C	°C	
5. Geflügel, Wild, Hack max. +4 °C	°C	
6. Obst, Gemüse max. +7 °C	°C	
7. Fisch (frisch auf Eis) max. +2 °C	°C	

Sonstiges

Warenprüfung (HACCP)

Arbeitsauftrag: Im GLOBALE-WELT-HOTEL werden verschiedene Prüfbögen verwendet, die bei der Warenlieferung zu Kontrollzwecken im Sinne des HACCP-Konzeptes eingesetzt werden. Bilden Sie Kleingruppen und erarbeiten Sie selbstständig mögliche Gefahrenpunkte, die bei der Annahme zu beachten sind. Tragen Sie diese in die vorbereiteten Tabellen ein.

Prüfbogen Hygiene GWH

Lieferant: .... **Fleisch:** .... (Produkt)

Datum: .... **Annahme:** .... **Unterschrift:** ....

Gefahren	kritischer Grenzwert	Prüfung	Zeitraum	Korrekturen	Prüfergebnis
			bei Anlieferung		
			bei Anlieferung		
			bei Anlieferung		
			bei Anlieferung		
			bei Anlieferung		
			bei Anlieferung		

Prüfbogen Hygiene GWH

Lieferant: .... **Frischobst:** .... (Produkt)

Datum: .... **Annahme:** .... **Unterschrift:** ....

Gefahren	kritischer Grenzwert	Prüfung	Zeitraum	Korrekturen	Prüfergebnis
			bei Anlieferung		
			bei Anlieferung		
			bei Anlieferung		
			bei Anlieferung		
			bei Anlieferung		
			bei Anlieferung		

Arbeitsblatt 6

Gefahrenquellen

Arbeitsauftrag: Im GLOBALE-WELT-HOTEL werden frische Eier geliefert. Die Auszubildende soll entlang der Liefer- und Verarbeitungskette mögliche Gefahrenquellen analysieren, die zur Keimübertragung oder zum Verderb der Lebensmittel führen könnten. Helfen Sie ihr und notieren Sie mögliche Kontaminationsquellen.

Liefer- und Verarbeitungskette	mögliche Kontaminationsquellen
Lieferung	
Annahme	
Lagerung	
Entnahme	
Vor- und Zubereitung	
Ausgabe	

Einflussfaktoren auf die Sicherheit von Produkten

Arbeitsauftrag: Jennifer H. muss alle Einflussfaktoren auf die Sicherheit von Produkten kennen. Nennen Sie mindestens drei Beispiele je Einflussfaktor.

Form	**Beispiele**
Personalhygiene	
Lebensmittelhygiene	
Betriebshygiene	
Arbeitsabläufe	
baulicher Zustand	

Planen und Zubereiten einer Gemüseplatte
Regionalität im GLOBALE-WELT-HOTEL

Nachhaltigkeitsperspektive:
„Einen Begriff von Regionalität entwickeln“

Das sind Ihre fachlichen Kompetenzen	Das sind Ihre personalen Kompetenzen
Sie sind in der Lage, • Gemüsesorten zu benennen und deren Verwendung zu beschreiben • Arbeitsschritte bei der Herstellung einer Gemüseplatte zu benennen • das regionale Angebot an Gemüse zu nennen • die Vor- und Nachteile des Einsatzes von Convenience-Produkten aufzuzeigen • die Vorteile regionaler Produkte zu beschreiben • die umweltbezogenen Folgen von Treibhausware zu nennen • eine Auswahl „vergessener“ Gemüsesorten zu nennen	Sie sind in der Lage, • Arbeitsschritte selbstständig zu planen und zu bewerten • Kommunikationsregeln einzuhalten • Verständnis für andere Meinungen aufzubringen und Toleranz zu üben

1 Herstellen einfacher Speisen

Abb. 1: Brokkoli, Blumenkohl und Romanesco als Gemüsebeilage

1.1 Planen einer Gemüseplatte

Die Bankettabteilung des GLOBALE-WELT-HOTEL hat für den 16. Juni eine Hochzeitsfeier mit 120 Gästen angenommen. Als Hauptgang wird *Rinderschmorbraten vom Bio-Angusrind mit Rotweinsauce und Kartoffelkrapfen (Pommes dauphine)* serviert. Dazu soll es eine Gemüseplatte mit fünf Gemüsen geben.
Die Auszubildenden Jan B. und Laura S. sind zurzeit auf dem Beilagen- und Gemüseposten (Entremetier) eingesetzt. Die Arbeit auf diesem Posten ist recht anspruchsvoll, da die Zubereitung von Sättigungsbeilagen und Teigwaren, wie z. B. Kartoffeln, Reis, Grieß, eine genaue Abstimmung mit der Arbeit der anderen Posten verlangt. So müssen die Auszubildenden zeitnah die richtigen Beilagen zu einem Stück Fleisch vom Saucier bereitstellen, wobei zusätzlich die verschiedenen Garpunkte der Gemüse zu berücksichtigen sind. Dies verlangt eine hohe Konzentrationsfähigkeit und fachliche Kompetenz hinsichtlich der unterschiedlichen Zubereitungsformen sowie eine gute und zeitlich perfekte Abstimmung mit den anderen Posten.
Für die geplante Hochzeitsfeier erhalten die Auszubildenden den Auftrag, einen Vorschlag für die Gemüseplatte zu erstellen. Dabei müssen Jan B. und Laura S. neben den fachlichen Aspekten auch das Leitbild des GLOBALE-WELT-HOTEL beachten. Dies betrifft vor allem die Umweltverträglichkeit möglichst aller Produkte. Laura S. fällt ein, dass sie in der letzte Woche vom Postenchef die Karte für das À-la-carte-Geschäft (→M2) erhalten hat, damit sie die Beilagen zu den Hauptgängen lernen kann.
Die À-la-carte-Karte wechselt im GLOBALE-WELT-HOTEL wöchentlich. Alle Speisen werden frisch zubereitet. Tiefkühlprodukte, Convenience-Erzeugnisse und Zusatzstoffe, wie Geschmacksverstärker, werden nicht eingesetzt.

AUFGABEN

1 **Erstellen Sie mit Hilfe der Abc-Methode eine Sammlung aller Gemüse, die Ihnen bekannt sind. →Methodenblatt 1, →Arbeitsblatt 1.**

2 **Was müssen Sie wissen und können, um die Gemüseplatte zusammenzustellen? Planen Sie Ihr Vorgehen mit Hilfe einer To-do-Liste. →Methodenblatt 2, →Arbeitsblatt 2.**

3 **Informieren Sie sich über die Tätigkeiten auf dem Posten des Entremetier. Schlagen Sie hierfür in Ihren Fachbüchern nach und tauschen Sie sich über Ihre Erfahrungen in Ihren Ausbildungsbetrieben aus.**

1.2 Fachliche Gesichtspunkte für das Zusammenstellen einer Gemüseplatte

Abb. 2: Frische Zubereitung im GLOBALE-WELT-HOTEL

Die Koch-Auszubildenden Jan B. und Laura S. müssen für die Auswahl der Gemüse noch einige wichtige Punkte beachten. So wird im GLOBALE-WELT-HOTEL großer Wert auf Qualität gelegt, weshalb alle Rohstoffe sorgfältig ausgewählt und zubereitet werden müssen. Dies gilt auch für Gemüse.
Den beiden Auszubildenden wird von der Küchenleitung erklärt, dass die Grundprodukte für ein Gericht so zusammengestellt werden, dass sie geschmacklich miteinander harmonieren.
Beim Anrichten müssen sich die Bestandteile eines Gerichtes zu einem ansprechenden Gesamtbild ergänzen. Die Auswahl der Gemüse zu einem Hauptgang erfolgt dabei aus fachlicher Sicht nach den folgenden Gesichtspunkten:

Geschmack

Die Gemüsebeilage ergänzt die Hauptkomponente des Gerichtes im Geschmack. Sie darf diese geschmacklich nicht überdecken, daher werden milde Gemüse zu mild schmeckenden Fleischarten und kräftig schmeckende Gemüse zu kräftigen Fleischarten gereicht.

Qualität

Die Qualität der Gemüse, die sich vor allem durch die Feinheit der Struktur (Anteil an Faserstoffen) ausdrückt, entspricht der Qualität der Hauptkomponente des Gerichtes. Es gilt der Grundsatz, dass feine Gemüse zu feinen Fleischteilen und Fischarten sowie einfache Gemüse zu einfachen Fleischteilen und Fischarten gereicht werden.

Aussehen/Farbspiel

Die Komponenten eines Gerichtes müssen sich auf dem Teller zu einem harmonischen und abwechslungsreichen Gesamtbild ergänzen.

	mild	**kräftig**
fein	Champignons	(Prinzess-)Bohnen
	Fingermöhren	Rosenkohl
	Spargel	Wirsingkohl
	Zuckerschoten	Brokkoli
	Spinat	
einfach	Erbsen	Blumenkohl
	Kohlrabi	Grünkohl
	Pastinaken	Lauch
	Steckrüben	Rotkohl
	Schwarzwurzeln	Tomaten

Tab. 1: Beispiele für die Einteilung von Gemüse nach Struktur und Geschmack

Abb. 3: Gegrillter Zander mit Gemüse und Limette angerichtet.

AUFGABEN

1 **Überprüfen Sie die Zuordnung der Gemüsebeilagen auf der Speisekarte des GLOBALE-WELT-HOTEL.(→Material M1) nach den Gesichtspunkten Geschmack und Qualität. Wo stimmen Sie der Auswahl zu? Wo würden Sie Änderungen vornehmen?**

2 **Bei der Zusammenstellung einer Gemüseauswahl wird die farbliche Zusammenstellung besonders berücksichtigt. Köche sprechen auch von „Ampelgemüse": grün, gelb (weiß), rot (orange). Erstellen Sie eine Übersicht der Gemüse, die nach dem Angebotszeitraum und der Farbe sortiert ist. Verwenden Sie das →Material M2 und das →Arbeitsblatt 3.**

1.3 Fachliche Aspekte der Gemüsezubereitung

Um die vom Gast erwünschte Vielfalt zu erreichen, kann bei der Gemüsezubereitung in verschiedenen Bereichen für Abwechslung gesorgt werden. Dies betrifft

- das Garverfahren,
- die Schnittform und
- die Anrichteweise.

Garverfahren für Gemüse

Als besonders geeignet hat sich das Dünsten erwiesen, da es ein schonendes Verfahren ist und die Inhaltsstoffe und der Geschmack der Gemüse besonders gut erhalten bleiben. Grüne Gemüse, wie Bohnen und Brokkoli, werden vor dem Garen blanchiert, damit ihre kräftig-grüne Farbe erhalten bleibt und zur Geltung kommt.

Schnittformen für Gemüse als Beilage

In der Spitzengastronomie werden Gemüse als Beilage mit großem Aufwand kunstvoll geformt (*tournieren*). Neben dem ansprechenden Aussehen wird dadurch auch ein gleichmäßiges Garen erreicht. Der gleiche Effekt wird erzielt, wenn Gemüse in Stäbe (*Bâtonnets de légumes*) geschnitten wird. Für Zubereitungen aus der bürgerlichen Küche, z. B. Vichy-Karotten, bieten sich auch Scheiben (*Rondelles*) als Schnittform an.

Abb. 4: Glacierte Karottenstäbe

Anrichteweise

Die klassische Gastronomie kennt zahlreiche Vollendungsmöglichkeiten (Anrichteweisen), wie z. B. das Überziehen mit Sauce oder Butter für Gemüsespeisen (*Nappieren*). Der Eigengeschmack des Gemüses kommt am besten zur Geltung, wenn das sorgfältig geschnittene Gemüse gedünstet und anschließend glaciert wird. Diese Zubereitungsform wird im →Material M4 am Beispiel von Karottenstäben ausführlich beschrieben.

Gemüse wird heute so zubereitet, dass es nicht weich gekocht, aber dennoch vollständig gar ist. Allerdings gehen die Meinungen unter Köchen darüber, was der „richtige" Garpunkt ist, weit auseinander. So wird z. B. ein Koch der Spitzengastronomie im Vergleich zum Koch einer Schulküche jeweils unterschiedlich die Garpunkte bei der Gemüsezubereitung ansetzen. Bei der Arbeit mit Convenience-Gemüseprodukten zeigt sich, dass der richtige Garpunkt nur schwer zu bestimmen ist. Das liegt daran, dass diese Erzeugnisse bereits vorgegart sind. Das Gemüse wirkt zubereitet meist roh oder übergart.

Grundsätze für die Zubereitung frischen Gemüses

- Es ist ein schonendes Garverfahren zu wählen.
- Die Garflüssigkeit wird bei vielen Gemüsearten weiterverwendet oder ist auf ein Mindestmaß zu beschränken.
- Warmhaltezeiten sind bei Gemüse möglichst zu vermeiden, da durch das Aufbewahren bereits gegarter Speisen der Vitamingehalt erheblich gemindert und die Konsistenz beeinträchtigt wird.

Convenience vs. frisches Gemüse

Der Verzehr von Gemüse wird auf Grund des hohen Gehaltes an Vitaminen, Mineralstoffen und Ballaststoffen sowie des geringen Fettgehaltes von Ernährungswissenschaftlern allgemein empfohlen. Der Energiegehalt von Gemüse ist relativ gering, da Wasser mit 75 bis 90 % des essbaren Anteils den Hauptbestandteil bildet.

Der Gesundheitswert von Gemüse kann sich durch die Verarbeitung stark verändern. Dieses trifft auch auf klassische Zubereitungsformen wie das Überziehen mit sehr fetthaltigen Saucen (Sauce hollandaise) oder das Verkochen in Sahne (à la creme) zu.

Beim Endverbraucher und auch in der Gemeinschaftsverpflegung sind Convenience-Produkte wie Pfannen- und Buttergemüse besonders beliebt. Diese oft als Tiefkühlgemüse angebotenen Produkte enthalten häufig größere Mengen Geschmacksverstärker, Bindemittel, Fett und Salz.

Convenience

Der Begriff Convenience-Erzeugnisse ist weit gefasst. Hierunter fallen Fertigprodukte, die nur noch in der Mikrowelle regeneriert (erwärmt) werden müssen genauso wie geschälte Kartoffeln und vorgeputztes Gemüse.
Auch hochwertige traditionell zubereitete Saucen, Suppen und Desserts werden heute von einigen Betrieben zugekauft. Sie werden in Großküchen, die meistens in Gewerbegebieten liegen, nach standardisierten Verfahren produziert. Auf diese Weise wird eine gleich bleibende Qualität erreicht.

Gewisse Vorteile von Convenience-Erzeugnisse lassen sich aber nicht verneinen. So kann der Herstellungsaufwand bei bestimmten Speisen reduziert werden. Hinzu kommen andere Aspekte wie die Vermeidung hygienischer Risiken (z.B. keine Verwendung von Rohei), die Reduzierung von Personalkosten, die Vermeidung von Abfällen und eine vereinfachte Kalkulation. Was fehlt, ist die Frische und Originalität sowie der individuelle Geschmack. Zudem geht mit dem (dauerhaften) Einsatz von Convenience-Erzeugnissen das handwerkliche Fachwissen verloren.

Voll-Convenience-Erzeugnisse	Halb-Convenience-Erzeugnisse
vorgeschnittene und portionierte Salate	Saucenfonds, Brühwürfel
Fertigcremes	vorbehandeltes Gemüse (z.B. küchenfertig geschnittene Möhren, geschälte Kartoffeln)
Suppenkonserven	portionierte Fleischstücke und Fischfilets

Tab. 2 Beispiele für Convenience-Produkte

Laura S. und Jan B. ist klar, dass gerade in der Spitzengastronomie Bio-Gemüse aus saisonalem und regionalem Anbau bevorzugt wird. Dennoch bleibt für Laura S. immer noch ungeklärt, ob nicht bei Bankettveranstaltungen mit großen Personenzahlen auf Convenience-Erzeugnisse zurückgegriffen werden muss. Sie zeigt ihrem Kollegen Jan B. einen Artikel, den sie erst vor kurzer Zeit in einer Fachzeitung entdeckt hat (➔Material M8).

Auf Nachfrage bei ihrer Küchenchefin, Frau Ehrlicher, erhalten die beiden Auszubildenden folgende Antwort:
„Unsere Gäste erwarten frische Ware aus der Region. Den Arbeitsaufwand bei der Zubereitung versuchen wir durch geschickte Auswahl der Gemüse zu verringern. Moderne Maschinen ersetzen einen Teil der Handarbeit. So erhalten wir z.B. Spargel bereits geschält vom Spargelhof. Das Schälen geschieht durch über Sensoren gesteuerte Schälmaschinen unmittelbar vor der Lieferung. In der Verarbeitung von frischem Gemüse sehe ich auch ein Stück Qualitätssicherung der Ausbildung“, so die Küchenchefin.

AUFGABEN

1 **Bereiten Sie zu Hause oder in der Lehrküche entsprechend der glacierten Karottenstäbe von ➔Material M4 glacierte Pastinaken zu. Achten Sie auf Besonderheiten, die Sie ggf. bei der Verarbeitung des Gemüses feststellen.**

2 **Vervollständigen Sie Ihr Wissen über Anrichteweisen für Gemüse. Schlagen Sie hierzu in Ihrem Fachbuch nach. Fertigen Sie eine Tabelle nach dem folgenden Beispiel an:**

Anrichteweise	Erläuterung	Gemüse

3 **Nennen Sie Vor- und Nachteile des Einsatzes von Convenience-Erzeugnissen in der Gastronomie. Welche Erfahrungen haben Sie in Ihrem Ausbildungsbetrieb gemacht? Wie sollte sich das GLOBALE-WELT-HOTEL hier verhalten? Berücksichtigen Sie bei der Antwort die ➔Materialien M6, M7 und M8.**

2 Qualitätsmerkmal: Herkunft

2.1 Aspekte der Nachhaltigkeit für das Zusammenstellen einer Gemüseplatte

Laura S. und Jan B. haben nun eine Vorstellung davon, nach welchen fachlichen Gesichtspunkten die Gemüse den Hauptspeisen zugeordnet werden. Doch zu der Hochzeitsfeier im Juni soll es gleich fünf Gemüse zum Rinderschmorbraten vom Bio-Angusrind geben. Und dann wären da auch noch die besonderen Anforderungen, die das GLOBALE-WELT-HOTEL an die Rohstoffe stellt. Allerdings haben die Auszubildenden Glück, weil es Sommer ist und überall in ihrer Region frisches Gemüse wächst.
So können sie auf ein reichhaltiges Angebot zurückgreifen und müssen nicht Ware aus fernen Ländern bestellen. Ihre Gemüseplatte soll aber etwas ganz besonders sein. Sie erinnern sich daran, dass das Gemüse im GLOBALE-WELT-HOTEL nicht nur Bio-Qualität besitzt, sondern oft aus alten und vergessenen Sorten besteht. Ihre Küchenchefin, Frau Ehrlicher, hat sogar eine neue Variante des Ratatouille erfunden, auf die sie besonders stolz ist. Die lokale Presse berichtet darüber:

REGIONALE WOCHENZEITUNG

GLOBALE-WELT-HOTEL ausgezeichnet

Frische Produkte aus der eigenen Region – so lautet das Motto von Küchenchefin Sabine Ehrlicher im GLOBALE-WELT-HOTEL. Sie kauft Lebensmittel am liebsten direkt beim Bio-Bauern um die Ecke. Denn dort findet sie nicht nur eine große Auswahl an heimischem Obst und Gemüse, sondern sie kann sich noch selbst vor Ort von den Anbaumethoden überzeugen.
„Unsere Gäste schätzen es eben, wenn sie frische Produkte erhalten. Denn das schmeckt man einfach. Unreife Tomaten aus Südspanien haben kein Aroma", so Frau Ehrlicher. „Und auf den Geschmack kommt es doch an", meint die Küchenchefin.
Nun wurde das GLOBALE-WELT-HOTEL für seine große Auswahl an fast vergessenen Gemüse- und Obstsorten ausgezeichnet. So schaut Küchenchefin Sabine Ehrlicher auf den heimischen Wochenmärkten oft selbst nach unbekannten Gemüsesorten, die es schon zu Großmutters Zeiten gab. Denn wer weiß noch, was Portulak und Topinambur sind? Diese Gemüsesorten haben viel Aroma und viele Vitamine und eignen sich hervorragend für eine gesunde und schmackhafte Küche. „Wir haben eine neue Variante des Ratatouille kreiert, die wir nur aus heimischer Freilandware kochen", so die Küchenchefin.
Um sicherzustellen, dass stets gleich bleibende Qualität die Küche des GLOBALE-WELT-HOTEL verlässt, ist man erst im vergangenen Monat ein Kooperationsvertrag mit der lokalen Bio-Gemüse GmbH Großenhof eingegangen. Dieses Gemüse wird nach den Richtlinien des ökologischen Landbaus produziert und kann auch Verbrauchern als „Gemüsekiste" nach Hause geliefert werden.
Und im Winter? Da steht ebenfalls heimisches Gemüse auf der Restaurantkarte; schließlich stehen dann z. B. Rosenkohl, Grünkohl und Pastinaken zur Verfügung. So ist das eben im GLOBALE-WELT-HOTEL – frische Produkte aus der eigenen Region. Und noch etwas: Durch den Kauf von Lebensmitteln vor Ort wird die Umwelt geschont, weil keine langen Transportwege anfallen.

Doch die Auszubildenden sind unsicher. Sie fragen sich, ob sie überhaupt genügend alte und vergessene Gemüsesorten für die Hochzeitsfeier finden:

Laura S.: *„Jan, wir müssen immerhin für 120 Gäste Gemüse zubereiten. Schaffen wir das oder müssen wir doch auf Convenience-Produkte zurückgreifen?"*

Jan B.: *„Die Gäste im* GLOBALE-WELT-HOTEL *erwarten auf jeden Fall frisches Gemüse. Das dürfen wir bei der Auswahl nicht vergessen! Aber Du hast Recht. Gibt es überhaupt ein so großes Angebot an alten und vergessenen Gemüsesorten?"*

AUFGABEN

1 **In der Pressemitteilung wird die Küche des GLOBALE-WELT-HOTEL insbesondere für ihre Rohstoffauswahl gelobt. Nennen Sie die vier Kriterien, die von der Küchenleiterin erwähnt werden.**

2 **Verschaffen Sie sich einen Überblick über das Angebot in der Gemüseabteilung des nächstgelegenen (Bio-)Supermarktes. Teilen Sie sich hierzu in der Klasse in Gruppen auf. Machen Sie sich Notizen zu folgenden Punkten der Warenkennzeichnung:**
– Angaben über die Herkunftsregion bzw. das Herkunftsland einzelner Gemüse
– besondere Hinweise, die über die Herkunftsregion bzw. das Herkunftsland informieren, wie z. B. Werbehinweise, Verpackungsangaben oder beigelegte Flyer

AUFGABEN

3 **Erstellen Sie anhand ihrer Ergebnisse von Aufgabe 2 eine Übersicht über die Herkunft der Gemüse auf einer Weltkarte ➔Arbeitsblatt 4. Welche Gemüse können auch aus dem Inland bezogen werden und welche Gemüse sind nur aus dem Ausland zu beschaffen? Diskutieren Sie die Frage, inwieweit es notwendig ist, bestimmte Gemüse aus weit entfernten Ländern zu importieren.**

4 **Die Bevorzugung regionaler und saisonaler Produkte wird auch von der wissenschaftlichen Forschungsrichtung der „Ernährungsökologie" gefordert. Erstellen Sie mit Hilfe von ➔Material M3 eine Gästeinformation in Form eines Tischaufstellers, die begründet, warum das GLOBALE-WELT-HOTEL überwiegend auf Gemüse aus regionalem Anbau zurückgreift.**

5 **Im Zeitungsartikel spricht die Küchenchefin davon, dass im GLOBALE-WELT-HOTEL ein Ratatouille ohne Auberginen und Paprika hergestellt wird. Warum verzichtet das GLOBALE-WELT-HOTEL gerade auf Auberginen und Paprika?**

6 **Entwickeln Sie ein eigenes Ratatouille-Rezept. Verwenden Sie nur (saisonales) Gemüse aus Ihrer Region. Die klassische Rezeptur für Ratatouille finden Sie als ➔Material M5.**

2.2 Fast vergessene Gemüsesorten neu angerichtet

Die Ausdehnung des Welthandels hat das Angebot an Gemüse erweitert. Mit Zucchini, Auberginen, Artischocken und Paprika sind die ursprünglich aus den Mittelmeerländern stammenden Gemüsesorten heute das ganze Jahr über erhältlich.
Im gleichen Zeitraum verschwanden viele klassische einheimische Arten von unseren Märkten. Meist deshalb, weil Anbau, Ernte oder Lagerung der industrialisierten Landwirtschaft nicht mehr lohnend erschienen. Diese alten Gemüsesorten finden jedoch die besten Wachstumsbedingungen im heimischen Anbau.

Der ökologischen Landwirtschaft ist es zu verdanken, dass sich heute zunehmend fast vergessene Gemüsearten wieder im Angebot befinden. Einige Sorten, wie z. B. Mangold und Speisekürbis, gehören heute selbst im konventionellen Handel wieder wie selbstverständlich zum Angebot. Dem Nachhaltigkeitsleitbild verpflichtet, setzt auch das GLOBALE-WELT-HOTEL auf alte, fast vergessene Gemüsesorten. Beispiele für alte Gemüsesorten:

Fast vergessene Gemüse

Abb. 5: Alte Gemüsesorten neu entdeckt

AUFGABE

1 **Erstellen Sie in Partnerarbeit einen Steckbrief für eine der „fast vergessenen Gemüsesorten". Nutzen Sie auch Fachbücher, das Internet sowie das Arbeitsblatt 5.**

2.3 Warum das GLOBALE-WELT-HOTEL bei Importware genau hinschaut

Rund zwei Drittel des in Deutschland konsumierten Gemüses wird eingeführt. Der absolute Favorit der Deutschen ist die Tomate. Von den 63 Kilogramm Frischgemüse, die jeder Privathaushalt 2008 einkaufte, fielen 10 Kilogramm auf Tomaten.
Auch in gewerblichen Küchen werden Tomaten das ganze Jahr über verarbeitet. Als Tomatenfleischstücke (*Tomates concassées*) gehören sie beispielsweise zum Mise en place in der „Kalten Küche" und dem Beilagen- und Gemüseposten. Sie werden z. B. zur Aufwertung von Gemüsebeilagen oder als Suppeneinlage verwendet. Die Herstellung von Tomates concassées

zählt zur Grundausbildung in der Küche. Hier wird mit besonderer Sorgfalt gearbeitet und Grundtechniken, wie das Blanchieren und das exakte Schneiden, eingeübt.

Die Auszubildenden Jan B. und Laura S. möchten für die Zubereitung der Gemüseplatte auch Tomaten verwenden. Gerade jetzt im Sommer schmecken sie besonders gut. Auf Nachfrage beim Gemüselieferanten des GLOBALE-WELT-HOTEL, der *Bio-Gemüse GmbH Großenhof*, erfahren sie, dass zu dieser Jahreszeit Tomaten reif sind und ohne lange Lagerungszeiten in den Handel kommen. Direkt vom Strauch schmecken sie am besten, weil sich die Geschmacksaromen vollständig entwickeln konnten.
Den Auszubildenden wird weiter erklärt: Wenn man allerdings die Tomaten zu früh pflückt, dann entwickeln sie weniger Aromen und haben so auch weniger Geschmack. Dies könne man am besten bei Tomaten aus Gewächshäusern feststellen, die oft viel zu früh geerntet und zu lange gelagert werden. Im Winter bieten daher die *Bio-Gemüse GmbH Großenhof* keine Tomaten an.

Abb. 6: Tomaten als Bestandteil eines Rohkostsalates

Die Auszubildenden sind überrascht, da sie doch auch im Winter von einem reichhaltigen Angebot an Tomaten in den Supermärkten wissen. Sie wollen der Sache auf den Grund gehen und fragen ihre Küchenchefin: *„Wo kommen eigentlich die ganzen Tomaten her, die in den Supermärkten das ganze Jahr über angeboten werden?"*
Die Küchenchefin sagt, dass sie beim nächsten Azubi-Meeting einen Ausschnitt aus dem Dokumentarfilm „We Feed The World" zeigen will. Dieser Film stellt die industrielle Lebensmittelproduktion am Beispiel des Anbaus von Tomaten in Almería (Spanien) dar.

Abb. 7: Gewächshäuser in Andalusien, Spanien

Nachdem die Auszubildenden Jan B. und Laura S. gemeinsam mit den anderen Auszubildenden den Film angeschaut haben, wissen sie nun, dass hauptsächlich Treibhaustomaten in den deutschen Supermärkten angeboten werden. Für das GLOBALE-WELT-HOTEL kommt allerdings Treibhausware aus Spanien nicht in Frage. Und das hat nicht nur ökologische Gründe:

PRESSEARTIKEL

Sind Treibhaustomaten schlechter als Freilandtomaten?

„Treibhausgemüse soll im Vergleich zu Freilandgemüse arm an wichtigen Nährstoffen sein. Die Nährstoffgehalte von Gemüsen sind aber nicht vom Anbausystem abhängig, sondern von Erntezeitpunkt, Klimafaktoren (besonders Licht), Pflanzenstand und Sorten. Tomaten, die außerhalb der im Freiland üblichen Erntezeiten in Gewächshäusern gezogen und geerntet werden, weisen aufgrund der geringeren Lichteinstrahlung einen geringeren Gehalt an Vitamin C und Lykopin (sekundärer Pflanzenstoff) auf. Andererseits wird durch Gewächshauskulturen erst ein ganzjähriges Angebot an frischen Gemüsen möglich. Der Verzehr einer Tomate mit einem niedrigeren Gehalt an Vitamin C und Lykopin erscheint immer noch besser als der monatelange Verzicht darauf."

aid infodienst (08.09.2010): „Worauf ist beim Einkauf frischer Tomaten zu achten?" www.was-wir-essen.de/abisz/tomaten_einkauf_handelsklassen.php [Stand: 26.12.2011]

Laura S. und Jan B. haben den Eindruck, dass sie nun einen Vorschlag für die Gemüseplatte für die Bankettveranstaltung mit 120 Personen im Juni erarbeiten können. Weitere Informationen über die Zubereitung, wie z. B. die Garzeiten und geeignete Anrichteweisen für die jeweiligen Gemüse, wollen sie sich aus ihrem Fachbuch besorgen.

AUFGABEN

1 Die Auszubildenden Jan B. und Laura S. erkennen die Nachteile der Treibhaustomaten. Dennoch erkennen sie auch Vorteile. Listen Sie alle genannten Vor- und Nachteile auf und diskutieren Sie abschließend über die Frage: Ließe sich (in der Gastronomie) grundsätzlich auf Treibhausgemüse verzichten? Verwenden Sie hierzu ergänzend die →Materialien M9 und 10.

2 Schauen Sie sich gemeinsam aus dem Dokumentarfilm „We Feed The World" die Abschnitte über die Tomaten aus Almeriá und die Auberginen aus Rumänien an. Welche Probleme entstehen durch die im Film dargestellten Produktionsmethoden? Nutzen Sie für die Auswertung das →Methodenblatt: Rundgespräch.

3 Erstellen Sie einen Vorschlag für die Gemüseauswahl im GLOBALE-WELT-HOTEL. Begründen Sie ausführlich Ihre Auswahl der Gemüse. Geben Sie auch jeweils die Schnittform, das Garverfahren und die Anrichteweise an. Stellen Sie Ihr Ergebnis in einer Tabelle dar.

ALLES KLAR?

1 Erklären Sie dem Gast, warum im GLOBALE-WELT-HOTEL in den Wintermonaten keine frischen Tomaten auf der Speisekarte stehen.

2 Erläutern Sie die Grundsätze, die im GLOBALE-WELT-HOTEL für den Einkauf und die Zubereitung von Gemüse gelten.

3 Diskutieren Sie folgende Positionen:
A „Bei großen Bankettveranstaltungen ist es unvermeidbar, auf Tiefkühlprodukte oder andere Convenience-Erzeugnisse zurückzugreifen. Alles andere ist nicht zu bezahlen."
B „Der Gast erwartet von einem Betrieb ein klares Konzept. Wenn bei Bankettveranstaltung anders gekocht wird als im À-la-carte-Geschäft werden die Gäste verärgert."
C „Eine sorgfältige Auswahl der Gemüse und Zubereitungsarten ermöglicht es auch bei großen Bankettveranstaltungen frisches Gemüse anzubieten."
D „Die Gäste möchten lieber nur zwei frisch zubereitete, saisonale und regionale Gemüse als eine Auswahl von fünf Sorten Tiefkühlgemüse."

4 Wie können die fachlichen Gesichtspunkte zum Zusammenstellen einer Gemüseauswahl/-platte im GLOBALE-WELT-HOTEL umgesetzt werden? Welche Schwierigkeiten sehen Sie? Ziehen Sie Ihre Arbeitsergebnisse (Vorschläge für die Gemüseauswahl) heran und diskutieren Sie die Ergebnisse.

„Bio" bedeutet Qualität!

Bio nach EG-Öko-Verordnung

Der Ökolandbau garantiert nach der EU-Verordnung 834/2007

1. keine Gentechnik
2. wenig Zusatzstoffe (nur 47 von über 300 sind erlaubt)
3. verzichtet auf chemische Pflanzenschutzmittel
4. verzichtet auf mineralischen Stickstoffdünger
5. artgerechte Tierhaltung
6. Schutz von Boden, Wasser und Luft
7. Erhalt von Artenvielfalt
8. Verminderung des Energieverbrauches
9. Kreislaufwirtschaft in der Produktion
10. Sicherheit durch Richtlinien und Kontrollen
11. Transparenz bei der Erzeugung und Herstellung von Lebensmitteln

3 Materialien

M1 Saisonkalender

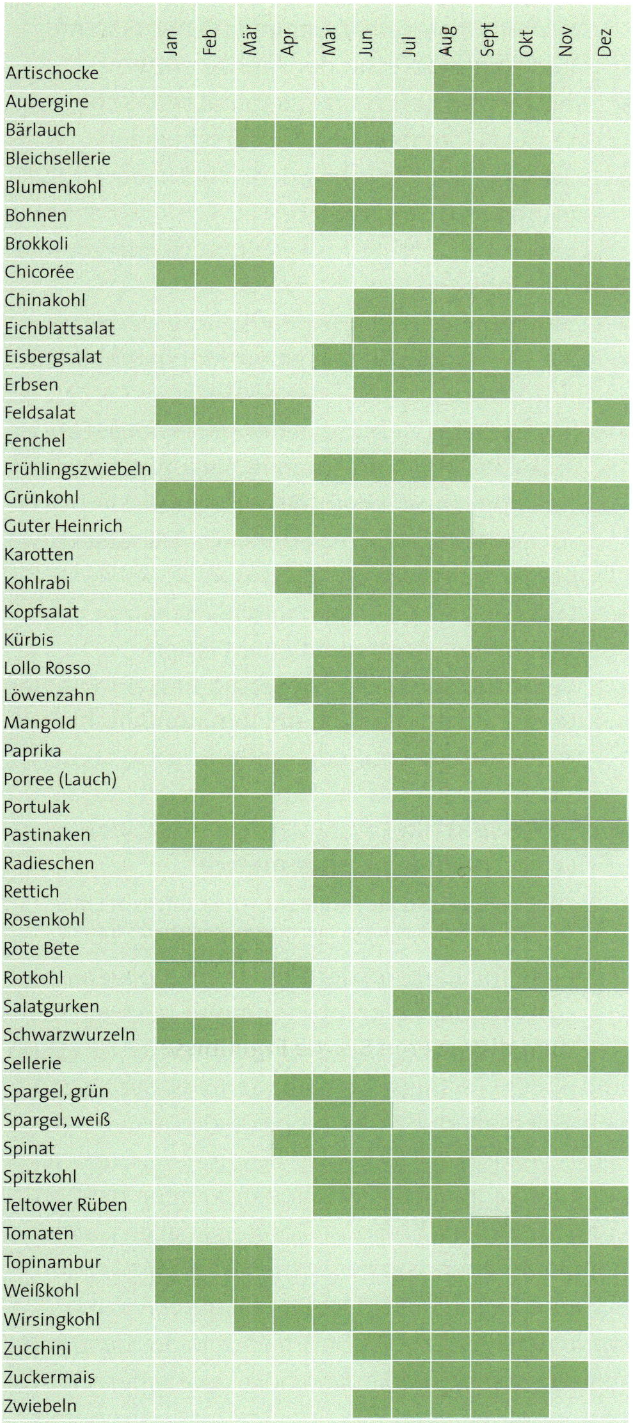

Abb. 8: Saisonkalender Gemüse

M2 Speisekartenausschnitt

Speisekarte im Juni

GWH
GLOBALE-WELT-HOTEL

Vorspeisen
Löwenzahn-Mangold-Salat 7,50€
Grün-Weißes Spargelragoutin der Blätterteigpastete 9,00€
Quiche aus Gutem Heinrich und Sesamsamen 9,00€
Erbsen-Lachs-Terrine im Mangoldmantel 12,00
Geräuchertes Forellenfilet mit Kräuter-Concassé 12,00€

Suppen
Bärlauchcremesuppe mit Croûtons 5,00€
Fenchelcremesuppe mit Kräuteromelettestreifen 6,50€

Hauptgrichte
Krustenbraten vom Anglersattelschwein mit Altbiersauce, Blumenkohl und Semmelklößen 14,00€
Schweinemedaillons mit Burgundersauce, Kohlrabi und Kartoffelgratin 15,00€
Gebratene Brust vom Landhuhn mit Sauce hollandaise, Spargel und Bamberger Hömchen 18,00€

Hauptgerichte
Rücken vom Deichweisenlamm mit Rosmarinjus, Rahmwirsing und Savoyard-Kartoffeln 19,00€
Filetsteak vom Bio-Angusrind mit Béamer Sauce, Bohnen und Schlosskartoffeln 24,00€
Forelle Müllerinart mit zerlassener Butter, Sahnemeerrettich, Salzkartoffeln und Kopfsalat mit Zitronendressing 14,00€
Gebratenes Zanderfilet aus Mecklenburger Teichwirtschaft mit Bärlauchbutter, Brokkoli und Nusskartoffeln 18,00€
Gedünstetes Filet vom norwegischen Bio-Lachs mit Wildkräutersauce, Blattspinat und Champignonrisotto 18,00€

Dessert
Quarkcreme mit Löwenzahnhonig 6,00€
Erdbeeren an Rhabarber-Vinaigrette mit Vanilleeis 7,00€
Grießklößchen mit Beerenkompott 7,00€

Abb. 9: Speisekarte des GLOBALE-WELT-HOTEL

M3 Regionale und saisonale Produkte

Koerber, Karl von (2004): *Grundsätze für eine nachhaltige Ernährung*
www.bfeoe.de/wasist/index.shtml#regiosaiso
[Stand: 25.12.2011]

„Lebensmittel, die heute in Supermärkten angeboten werden, stammen großenteils nicht mehr aus der umliegenden Region. Am Angebot von Gemüse und Obst ist kaum noch zu erkennen, welche Jahreszeit gerade ist. Zur Versorgung der Bevölkerung mit Nahrung erfolgen heute umfangreiche Transporte. Die insgesamt pro Person verbrauchte Lebensmittelmenge zeigte in den letzten Jahren kaum Veränderungen, während sich das Transportaufkommen, d. h. die Menge der insgesamt transportierten Lebensmittel, in den vergangenen zwei Jahrzehnten verdoppelt hat. Der Einkauf von „saisonalen Produkten" bedeutet, bei frischem Gemüse und Obst solche Arten auszuwählen, die in unserer Klimazone während der gerade aktuellen Saison ausreifen können. Selbstverständlich bezieht sich die Empfehlung zur Berücksichtigung der Saisonzeiten auf den Anbau im Freiland. So sollten im Winter beispielsweise kein grüner Salat und keine Tomaten gekauft werden, die im beheizten Treibhaus oder Folientunnel angebaut wurden, weil für das Heizen ein sehr hoher Energieeinsatz erforderlich ist. Die Direktvermarktung innerhalb einer Region (Ab-Hof-Verkauf, Bauernmärkte, Abokisten, Lieferdienste, Kooperationen mit Gastronomie und anderen Großverbrauchern) trägt zur Existenzsicherung heimischer kleiner und mittlerer Landwirtschaftsbetriebe bei. Entsprechendes gilt für die heimischen Verarbeiter und Händler von regionalen Lebensmitteln."

M4 Zubereitung glacierte Karottenstäbe

Zutaten:
Karotten, Butter, Gemüsefond, Salz, Zucker

Arbeitsgeräte:
Schneidebrett, Sparschäler, Kochmesser, drei Schüsseln, Schwenkkasserolle (Sauteuse) mit Deckel
Gardauer: ca. 15 Min.

Vorbereitung:
- gleichmäßig mitteldicke Karotten waschen und schälen
- Karotten in gleichmäßige Stücke und dann in Quaderform schneiden
- Karotten in Stäbe (Bâtonnets de légumes) schneiden

Zubereitung:
- wenig Butter in einer Sauteuse zerlassen, Karotten darin schwenken
- mit wenig Gemüsefond angießen, leicht salzen
- mit Deckel abdecken und bei reduzierter Temperatur dünsten
- wenn die Karotten noch deutlich Biss haben, Deckel entfernen und Dünstfond einkochen lassen
- Karotten im sirupartig eingekochtem Dünstfond schwenken (glacieren); der Vorgang kann durch Zugabe von Zucker unterstützt werden

M5 Ratatouille

10 Personen
1 kg Zucchini
250 g Auberginen
350 g grüne Paprika
900 g Tomaten
350 g feine Zwiebelstreifen
0,1 l Olivenöl
80 g Tomatenmark
3 geschälte Knoblauchzehen
1 TL grob gehackte, frische Basilikumblätter
1 Kräuterbündel (Petersilienstiele, Thymianzweig, Lorbeerblatt)
1 EL gehackte Petersilie.
Gardauer: 20–30 Min.

Vorbereitung:
- Zucchini und Auberginen putzen und in Würfel oder Rauten schneiden (die Schale wird mitverwendet)
- Paprikaschoten waschen, vierteln, vom Kerngehäuse befreien und ebenfalls in Würfel oder Rauten schneiden (In der gehobenen Gastronomie wird die Haut der Paprika entfernt)
- Tomaten abziehen und zu Tomatenfleischwürfeln (Tomates concassees) schneiden
- Zwiebeln blattrig schneiden, etwa in der Größe der anderen Gemüse

Zubereitung:
- Zwiebeln in heißem Olivenöl glasig schwitzen
- Tomatenmark und fein gewürfelten Knoblauch hinzufugen
- vorbereitetes Gemüse in der Reihenfolge Paprika, Auberginen und Zucchini hinzufügen, dabei die unterschiedlichen Garzeiten berücksichtigen, um ein Übergaren zu verhindern (Die Gemüse werden gedünstet.)
- Kräuterbündel einlegen und leicht salzen und pfeffern (weißer gemahlener Pfeffer)
- wenn die Gemüse fertig gegart sind, die frischen gehackten Kräuter und die Tomatenfleischwürfel hinzufügen; nur noch vorsichtig erhitzen

M6 Presseartikel „Frische und/oder Convenience"

Auf der Gastronomie-Fachmesse wurde offen über die täglichen Problemstellungen in Profiküchen diskutiert.

Vor allem für Gäste ist der Einsatz von Convenience-Produkten in der Gastronomie immer noch ein heißes Thema. Weil zu Hause immer öfter Tiefkühlpizza und andere Fertiggerichte auf dem Speiseplan stehen, will man in der Gastronomie alles frisch und selbst gekocht auf den Teller bekommen. Doch abseits von scheinheiligen Glaubenskriegen hat Convenience in verschiedenen Formen in allen Gastronomiebetrieben, von der Betriebskantine bis zum 5-Sterne-Hotel, längst Einzug gehalten. Wo und wann der Einsatz von Convenience in der Gastronomie sinnvoll ist, haben zwei hochkarätig besetzte Expertenrunden auf der Fachmesse für Gastronomie diskutiert. Wir befragten anschließend kurz zwei der Teilnehmer:

Reporter: Herr B., Sie vertreten eine Firma, die „Frische-Convenience-Produkte" anbietet. Was versteht man eigentlich darunter?

B.: Gerade bei Frischgemüse und Obst stellt sich für den Gastronom oft die Frage der Qualität und vor al-

lem der Qualitätssicherung. Wir arbeiten im Handel ja intensiv daran, die Wege vom Feld ins Regal so kurz wie nur irgendwie möglich zu halten. Wenn die Frischware dann aber nach dem Verkauf leidet oder im Lokal länger gelagert werden muss, bis sie verarbeitet wird, schwinden natürlich der Nährwert und die Qualität. Hier kann Frische-Convenience sehr hilfreich sein. Und da haben wir noch gar nicht vom kalkulatorischen Aspekt gesprochen. Schließlich würde es für sehr viele Betriebe Sinn machen, Arbeiten wie etwa das Kartoffel- oder Spargelschälen auszulagern und bereits vorgefertigte Produkte zu kaufen.
Reporter: Herr W., Sie betreiben ein Restaurant und ein Cateringunternehmen und sind gelernter Koch. Sie sind aber gleichzeitig auch Produzent von Frische-Convenience. Wie kamen Sie dazu?
W.: Gerade beim Catering stellt sich ja immer die Frage, wie ich Gerichte so weit vorbereite, dass ich gleichzeitig eine Vielzahl von Personen bedienen kann. Ob das jetzt zwanzig oder mehr als tausend Gäste sind, ist eigentlich egal. Man benötigt da viel Know-how und die richtigen Geräte. Wenn man das jedoch hat, kann man auch für andere Betriebe produzieren. Wir haben uns als Hersteller von frischem Obstsalat einen Namen gemacht und zählen heute auch Luxushotels zu unseren Kunden. Unseren Kunden geht es nicht in erster Linie darum, Geld zu sparen, sondern ein Frischeprodukt zur Verfügung zu haben, das sie in dieser Qualität selbst nicht herstellen können. Wir verarbeiten je nach Saison bis zu 3 500 Kilo frisches Obst pro Woche. Kurzum, der Trend zu vermehrtem Einsatz von Convenience entsteht vor allem aus Qualitätsüberlegungen heraus und nicht nur wegen finanziellen Erwägungen.

M7 Tiefkühlgemüse kann nur eingeschränkt empfohlen werden

von Koerber, Karl von; Männle, Thomas; Leitzmann, Claus: Vollwert-Ernährung: *Konzeption einer zeitgemäßen Ernährungsweise.* Haug, Heidelberg, 2006[10], S. 232

„Obwohl die Tiefkühlung aus ernährungsphysiologischer Sicht eine recht günstige Konservierungsmethode ist, wird die Empfehlung für Tiefkühlkost zurückhaltend gegeben. Dieses beruht primär auf dem hohen Energieeinsatz bei der Herstellung der Ware und bei der weiteren Tiefkühlkette. Es erscheint daher sinnvoll, Tiefkühlgemüse und -obst aus dem Lebensmittelhandel nur gelegentlich zu verwenden. [...] In der Gemeinschaftsverpflegung sind tiefgekühlte Lebensmittel wegen deutlich geringerer Personalkosten bei der Zubereitung heute billiger als Frischware."

M8 „Denn das Gute liegt so nah"

Bundesanstalt für Landwirtschaft und Ernährung (15.04.2008): „Denn das Gute liegt so nah" www.bio-spitzenkoeche.de/top-thema/alle-top-themen/uebersicht/denn-das-gute-liegt-so-nah/ [26.12.2011]

„Außergewöhnliche Gaumenfreuden und gute Weine – für viele Menschen zählen Restaurantbesuche zu den großen Genüssen des Lebens. Um den hohen Erwartungen ihrer Besucher gerecht zu werden, legen immer mehr Köche bei der Zusammenstellung ihrer Speisekarte Wert auf regionale und saisonale Bio-Lebensmittel. Einer von Ihnen ist Jürgen Andruschkewitsch.
Seit mehr als 20 Jahren serviert der Bio-Spitzenkoch im Vellberger Restaurant Rose – idyllisch gelegen im württembergischen Bühlertal – gemeinsam mit seiner Frau Adelheid verführerische Bio-Köstlichkeiten. Bei der Zubereitung setzen die Andruschkewitschs überwiegend auf Zutaten, die aus dem heimischem Ökolandbau stammen. „Regionale Bio-Produkte besitzen eine erstklassige Qualität, sind herrlich frisch, schmecken aromatisch und lassen sich wunderbar zubereiten", begründet der Bio-Spitzenkoch die Wahl seiner Lebensmittel. Die Kundschaft dankt es Jürgen Andruschkewitsch. „Viele meiner Besucher sind Stammkunden – und ebenso wie ich von Geschmack und Güte regionaler Bio-Produkte überzeugt." Ob Löwenzahnsuppe, in Weinteig ausgebackener Spargel oder Ziegenkitz in Morchelrahm: Mit ihrem wöchentlich wechselnden Spezialitätenangebot verwöhnen die Andruschkewitschs ihre Stammkundschaft immer wieder aufs Neue.
„Wir folgen dem Rhythmus der Natur – schließlich bietet uns die heimische Kräuter-, Gemüse-, Früchte- und Fleischvielfalt ein großes Reservoir leckerer Gaumenfreuden. Dies gibt uns ständig neue Impulse", erklärt der Bio-Spitzenkoch. Durch ihr reichhaltiges Angebot an regionalen Bio-Spezialitäten leisten Adelheid und Jürgen Andruschkewitsch einen aktiven Beitrag für den Umwelt-, Tier- und Naturschutz. „Unser Ziel ist es, Genuss und Gastfreundschaft mit Nachhaltigkeit zu verbinden. Wir beziehen den Großteil unserer Lebensmittel von Direktvermarktern aus der Umgebung. Dies fördert die Entwicklung regionaler Bio-Anbieter und stärkt den Ökolandbau mit seinen positiven Auswirkungen auf den Erhalt der heimischen Tier- und Pflanzenwelt. Außerdem sorgt der Kauf bei regionalen Erzeugern und Weiterverarbeitern für kurze Transportwege, verringert die Abgasemissionen und schützt das Klima."
Auch Transparenz ist Jürgen Andruschkewitsch wichtig. In regelmäßigen Abständen besucht er die

Höfe seiner Lieferanten, informiert sich über Warenneuheiten und lässt sich die Produktionsbedingungen erklären. „Mir ist es wichtig, zu meinen Lieferanten ein gutes Verhältnis aufzubauen und ihre Arbeitsweise zu kennen. Das schafft Vertrauen bei allen Beteiligten."

M9 Treibhausplantagen in Almería

Paprika, Tomaten, Zucchini und Melonen werden heute das ganze Jahr über angeboten. Das größte Gemüseanbaugebiet Europas liegt an der spanischen Südküste in der Provinz Almeriá. 350 km^2 sind hier mit Treibhausplantagen bedeckt. Aus der Luft sieht die Gegend aus wie ein riesiges Plastikmeer. Noch vor etwa 20 Jahren gehörte die Provinz zu den ärmsten Regionen Spaniens. Spanier, die Jahre zuvor auf der Suche nach Arbeit nach Deutschland oder Frankreich ausgewandert waren, kehrten in die Region zurück. Mit Hilfe des Kapitals, das sie mitbrachten, wurden sie zu landwirtschaftlichen Kleinunternehmern. Sie stellten in dem trockenen Land Wasserpumpen auf und bauten Gewächshäuser. Heute hat die Region das höchste Pro-Kopf-Einkommen Spaniens. Hauptabnehmer des Gemüses aus der Region Almería ist Deutschland – und hier sind es vor allem die großen Lebensmitteldiscounter. Allein 120 LKWs der Kooperative für Obst- und Gemüseanbau MurgiVerde verlassen täglich die Region in Richtung Deutschland.
Etwa 80 000 Menschen verdienen in Almería ihr Geld in der Landwirtschaft. Hiervon sind fast 30 000 Immigranten, überwiegend aus Marokko, Nigeria, der Elfenbeinküste oder Mali. Sie werden überwiegend für Pflückdienste in den Treibhäusern eingesetzt.

M10 Treibhaus oder Sizilien?

aid infodienst (05.06.2003): „Treibhaus oder Sizilien?" www.aid.de/presse/presseinfo_archiv.php?mode=beitrag&id=1177 [Stand: 26.12.2011]

„Der Anbau von Tomaten im Gewächshaus verbraucht etwa 45-mal mehr Energie als der Anbau im Freiland: pro Kilogramm Tomaten knapp 0,6 Liter Heizöl., obwohl nicht mitten im Winter, sondern erst im Frühjahr angebaut und geheizt wird. Ein Kilogramm Freiland-Tomaten über 3 000 Kilometer von Sizilien nach Norddeutschland zu transportieren, würde nur ein Drittel der Energie benötigen, die beim Gewächshausanbau in Norddeutschland gebraucht würde."

METHODE

Abb. 10: Rundgespräch

Methode (1): Rundgespräch

Vorbereitung Im Klassenraum wird ein Stuhlkreis gebildet und mindestens zwei Moderationswände so aufgestellt, dass sie von allen gut zu sehen sind. Ein Moderator wird zur Diskussionsleitung bestimmt.

Benötigte Materialien
- zwei Moderationswände
- Metaplanpapier
- Filzstifte
- Pinnwandstifte

Durchführung Ziel des Gespräches ist es, aus allen Vorschlägen ein gemeinsames Ergebnis zu bestimmen. Dabei kann ein Vorschlag ausgewählt werden oder aus verschiedenen Vorschlägen ein gemeinsames Endergebnis zusammengestellt werden.
- Alle Beteiligten sitzen im Kreis.
- Der Moderator führt in das Thema ein.
- Das Thema und Ziel werden genannt.
- Der Moderator vergewissert sich, dass alle Teilnehmer wissen, worüber gesprochen werden soll.
- Der Moderator führt in die erste Runde so ein, dass möglichst viele Teilnehmer die Chance haben, sich zu äußern. Zur Verdeutlichung sollten die Gesprächsbeiträge schriftlich festgehalten werden.
- Der Moderator formuliert Zwischenergebnisse.
- Der Moderator arbeitet gegensätzliche Auffassungen heraus.
- Der Moderator schließt die Runde mit einer Zusammenfassung des Zustandes der Diskussion.
- Der Moderator fordert die Gruppe zur Bewertung der Arbeit auf.

Stolpersteine Der Moderator kann leicht den Überblick über die inhaltliche Entwicklung des Gesprächs verlieren. Er kann einzelne Gesprächsbeiträge nicht ausreichend würdigen oder auf die Gruppe als Ganzes achten. Der Moderator sollte sich nicht inhaltlich beteiligen, auf Disziplin achten, die Beitragslänge steuern und sicherstellen, dass sich alle zuhören.

Methode (2): To-do-Liste

To-do-Listen helfen, Aufgaben, Aktivitäten und Termine nicht zu vergessen. Sie können genutzt werden, um längere Arbeitsphasen zu strukturieren. Um z. B. die Gemüseplatte für die Bankettveranstaltung herstellen zu können, sind verschiedene Informationen zusammenzutragen.
Die To-do-Liste wird in den Klassenraum gehängt, damit jederzeit sichtbar ist, an welchem Arbeitsschritt man sich derzeit befindet. Zusätzlich können To-do-Listen mit Verantwortlichkeiten versehen werden. Hinter den Arbeitsschritt werden dann die Namen der Schülerinnen und Schüler geschrieben, die z. B. in der Stunde ein Referat halten oder die Auswertung der Arbeitsergebnisse moderieren.

Durchführung Zunächst schreibt man alle Aufgaben und Aktivitäten auf. Die Aufgaben können durch Methoden wie das Brainwriting gewonnen werden. Damit die Aufgaben besser geordnet werden können, empfiehlt es sich, diese auf Karten zu schreiben. Wenn bestimmte Aufgaben sehr komplex sind, werden sie in Teilaufgaben zerlegt. Auf jeden Fall muss die To-do-Liste die Aufgabe, den voraussichtlichen Zeitbedarf und den Termin enthalten. Eine einfache To-do-Liste umfasst demnach drei Spalten.

Aufgabe/Aktivität	Zeitbedarf in Minuten	Termin
Übersicht über die Gemüsesorten		
Einkauf von Gemüse		
Garmethoden		
Schnittformen		

Tab. 3: Beispiel To-do-Liste

Methode (3): Abc-Methode

Die Methode kann in Einzel- oder Partnerarbeit angewendet werden. Zu jedem Buchstaben des Alphabets wird ein Begriff bzw. Einfall notiert.
Die Einfälle werden auf Plakat, Moderationswand oder Tafel gesammelt. Durch Abfragen im Plenum werden die Listen ergänzt, z. B. werden Gemüsesorten, die nicht allen bekannt sind, erläutert.

Arbeitsblatt 1

Gemüsesorten kennen

Arbeitsauftrag: Erstellen Sie mit Hilfe der Abc-Methode eine Sammlung aller Ihnen bekannter Gemüse. Markieren Sie die Gemüse, die in Ihrem Ausbildungsbetrieb angeboten werden.

A	Artischocken	N	
B		O	
C		P	
D		Q	
E		R	Radieschen, Rettich, Rote Bete
F		S	
G		T	
H		U	
J		V	
K		W	
L		XY	
M		Z	

NACHSCHLAGEMÖGLICHKEITEN:

- Eurotoques: *Frühlings- und Sommergemüse.* Hädecke, Weil der Stadt, 2009
- Eurotoques: *Herbst- und WIntergemüse.* Hädecke, Weil der Stadt, 2009
- aid-Infodienst: *Obst und Gemüse.* aid, Bonn, 2007

online www.aid.de
[Ernährung ► unsere Lebensmittel ► Saisonkalender]

online www.gemuese.de

Erstellen einer To-do-Liste für die Zubereitung der Gemüseplatte

Arbeitsauftrag: Was müssen Sie alles wissen und können, um die Gemüseplatte zusammenzustellen? Planen Sie Ihre Vorgehensweise mit Hilfe einer „To-do-Liste". Hinweis: In Betrieben wird eine solche Liste auch als *Arbeitsplan* oder *Projektplan* bezeichnet. Die dafür verwendeten Formulare können sich je nach Betrieb unterscheiden.

Arbeitsplan (Projektplan) für: ....
Bezeichnung der Veranstaltung
am: ....
Datum der Veranstaltung

Beteiligte Abteilungen:

Abteilung	informiert durch	verantwortlicher Mitarbeiter	Namenskürzel
Hotelleitung			
Küche			
Restaurant			
Empfang			
Housekeeping			
Magazin			
Rechnungswesen			

Kerndaten der Veranstaltung (weitere Angaben im Function-Sheet)

Art der Veranstaltung:	
Personenzahl:	
Preis pro Person:	
Speisen und Getränke:	
Zimmer:	

Festlegung der Arbeitsschritte

lfd. Nr.	Arbeitsschritt	verantwortlich	Soll-Datum	Ist-Datum (erledigt)

Ampelgemüse nach Angebotszeiten sortiert

Arbeitsauftrag: Erstellen Sie eine Übersicht der Gemüse, die nach dem Angebotszeitraum und der Farbe sortiert ist. Verwenden Sie zur Erarbeitung → Material M1, Ihr Fachbuch und ggf. das Internet.

	rot (orange)	gelb (weiß)	grün
Frühjahr (März, April, Mai)			
Sommer (Juni, Juli, August)			
Herbst (September, Oktober, November)			
Winter (Dezember, Januar, Februar)			

NACHSCHLAGEMÖGLICHKEITEN:
- Eurotoques: *Herbst- und Wintergemüse.* Hädecke, Weil der Stadt, 2009
- aid-Infodienst: *Obst und Gemüse.* aid, Bonn, 2007

online www.gemuese.de

Gemüse aus aller Welt

Arbeitsauftrag: Tragen Sie anhand ihrer Ergebnisse von Aufgabe 2 die Herkunft der Gemüse auf der Weltkarte ein.
Welche Gemüse können auch aus dem Inland bezogen werden und welche Gemüse sind nur aus dem Ausland zu beschaffen? Diskutieren Sie die Frage, inwieweit es notwendig ist, bestimmte Gemüse aus weit entfernten Ländern zu importieren.

Steckbriefe fast vergessener Gemüsesorten

Arbeitsauftrag: Erstellen Sie in Partnerarbeit einen Steckbrief einer fast vergessenen Gemüseart. Erfragen Sie weitere Informationen bei Gemüsehändlern, benutzen Ihre Fachbücher und/oder recherchieren Sie im Internet.

Name des Gemüses:

andere gebräuchliche Bezeichnungen:

Angebotszeit (heimischer Anbau):

Abbildung (Skizze):

Beschreibung des Aussehens:

Tagespreis pro kg
biologischer Anbau:

konventioneller Anbau:

durchschnittlicher Vorbereitungsverlust in %:

Vorbereitung (in Stichworten):

Zubereitung (in Stichworten):

besonders geeignete Garverfahren und Schnittformen:

klassische und moderne Zubereitungen (Anrichtweisen):

NACHSCHLAGEMÖGLICHKEITEN:

- Achtner-Theiss, Elke; Kumm, Sabine: *Mangold und Pastinake – Vergessene Gemüsesorten neu entdeckt.* Thorbecke, Ostfildern, 2007

online: www.oekolandbau.de
[Verbraucher ► Kaufen Biowarenkunde ► Gemüse]

Herstellung von Kartoffelbeilagen
Vielfalt im GLOBALE-WELT-HOTEL

Nachhaltigkeitsperspektive: „Vielfalt als positiven Wert begreifen"

Das sind Ihre fachlichen Kompetenzen	Das sind Ihre personalen Kompetenzen

Das sind Ihre fachlichen Kompetenzen

Sie sind in der Lage,

- verschiedene Kartoffelsorten zu benennen
- verschiedene Zubereitungsformen von Kartoffelspeisen darzustellen
- die inneren und äußeren Qualitätsmerkmale von Kartoffeln zu nennen
- Zusammenhang zwischen industrieller Lebensmittelproduktion und Verlust der Sortenvielfalt von Kartoffeln zu beschreiben
- Kartoffelsorten anhand ihrer Merkmale zu unterscheiden
- den Begriff der ökologischen Wertigkeit von Lebensmitteln zu erklären
- die Bedeutung des Erhalts von Kartoffelvielfalt zu erklären
- die umweltbezogenen Risiken importierter Kartoffeln zu erläutern
- den Begriff der ökologischen Wertigkeit von Lebensmitteln zu erklären

Das sind Ihre personalen Kompetenzen

Sie sind in der Lage,

- Artenvielfalt als notwendige Voraussetzung zum Erhalt der Naturressourcen zu bewerten
- sich mit fremden Gewohnheiten und Arbeitstechniken auseinanderzusetzen
- ein Verständnis für ökologische Wertigkeit von Lebensmitteln zu entwickeln

1 Verschiedene Kartoffelbeilagen am Buffet des GLOBALE-WELT-HOTEL

Abb. 1: Kartoffeln am Buffet des GLOBALE-WELT-HOTEL

Laura S. ist Auszubildende auf dem Entremetier des GLOBALE-WELT-HOTEL. Sie hat die Aufgabe, bei der Zubereitung der verschiedenen Kartoffelspeisen für das warme Buffet zu helfen. Hier lautet das Motto „Vielfalt im GLOBALE-WELT-HOTEL", weshalb das Speisenangebot reichhaltig ist und die Gäste mit einer großen Auswahl an Beilagen verwöhnt werden. Insgesamt werden sieben verschiedene Zubereitungsformen an Kartoffelspeisen angeboten, die je nach Menüzusammenstellung an unterschiedlichen Tagen das warme Buffet ergänzen. Dabei handelt es sich um folgende Kartoffelbeilagen:

- Salzkartoffeln
- Annakartoffeln
- Kartoffelplätzchen
- Kartoffelkroketten
- Ofenkartoffeln
- Schlosskartoffeln
- Lyoner Kartoffeln

Als Auszubildende ist Laura S. noch unerfahren und muss erst noch die verschiedenen Zubereitungsformen kennen lernen.

Abb. 2: Zubereitungsform von Kartoffeln: Kroketten

AUFGABEN

1 **Helfen Sie Laura S. bei der Zubereitung der Kartoffelbeilagen. Verwenden Sie hierfür das →Arbeitsblatt 1.**

2 **Welche weiteren Zubereitungsformen von Kartoffeln sind Ihnen bekannt? Ordnen Sie Ihre Beispiele nach folgenden Gesichtspunkten: „Vorbereitung aus rohen Kartoffeln" und „Vorbereitung aus gekochten Kartoffeln".**

2 Qualitätsmerkmale von Kartoffeln

2.1 Qualität: Kocheigenschaften

Bei der Herstellung der verschiedenen Kartoffelspeisen stellt Laura S. fest, dass es Unterschiede bei den Kartoffeleigenschaften gibt und nicht jede Sorte für jedes Kartoffelgericht gleich gut geeignet ist. Sie muss also auf die verschiedenen Qualitätsmerkmale achten, wenn sie bei der Zubereitung der Kartoffelspeisen keinen Fehler machen möchte. Kartoffel ist eben nicht gleich Kartoffel.

Innere Qualitätsmerkmale

Typ: festkochend
Kartoffeln, die zwischen Mai und Juli geerntet werden, haben einen eher geringen Stärkeanteil. Diese frühen Sorten bleiben nach dem Kochen, Backen und Braten fest. Ihre Schale ist ebenso unversehrt. Geeignet sind die frühen Sorten für Speisen, bei denen es darauf ankommt, dass die Kartoffel eine hohe Festigkeit besitzt, z. B. für Kartoffelsalate und Gratins.
Kartoffelsorten: z. B. Annabelle, Hansa, Cilena, Sieglinde, Nicola, Princess, Selma

Typ: vorwiegendfest kochend
Kartoffeln, die im Zeitraum Juli bis September geerntet werden, haben einen mittleren Stärkeanteil. Diese Sorten bleiben nach dem Kochen weitgehend fest, sind mäßig feucht, wobei die Schale kleine Einrisse aufweisen kann. Geeignet sind diese Sorten für viele Speisen, gerade als Soßenbeilage. Da ihr Stärkeanteil höher als bei den frühen Sorten ist, bräunen sie gleichmäßiger beim Frittieren und zerfallen nicht. Daher sind sie z. B. für Aufläufe, Suppeneinlagen, Salz-, Pell- und Bratkartoffeln, Rösti und Pommesfrites geeignet.
Kartoffelsorten: z. B. Bintje, Laura, Gala, Hela, Sandra, Maja

Typ: mehligkochend
Kartoffeln, deren Ernte spät erfolgt (zwischen September und Oktober), haben einen hohen Stärkeanteil und beginnen, nach dem Kochen leicht zu zerfallen. Die Schale ist eingerissen. Wegen des hohen Stärkeanteils sind sie nach dem Garen eher trocken und daher geeignet für Speisen, bei denen die Kartoffel zerkleinert wird. Dies gilt für Press- und Stampfkartoffeln und Püree aber auch für Schupfnudeln und Klöße.
Kartoffelsorten: z. B. Melina, Agria, Irmgard, Majestic, Saturna

Angaben zu den inneren Qualitätsmerkmalen findet die Auszubildende Laura S. auf der Verpackung der Kartoffeln; die Erzeuger sind zur Kennzeichnung verpflichtet.
Allerdings stellt sie fest, dass es auch äußere Unterschiede bei den einzelnen Kartoffeln gibt.
So findet sie einige mit tiefen Stellen, sogenannten Augen, andere haben wiederum kleine grüne Flecke und wieder andere besitzen eine besondere Form.

Äußere Qualitätsmerkmale

- Gleichmäßigkeit der Größe
- Augentiefe (möglichst flach)
- äußere Beschaffenheit

AUFGABEN

1 **Für die Auswahl der richtigen Kartoffelsorte muss Laura S. die erwünschte Konsistenz der Kartoffelspeisen kennen. Helfen Sie ihr und verwenden Sie das →Arbeitsblatt 2.**

2 **Erklären Sie den Satz: „Kartoffel ist nicht gleich Kartoffel“.**

3 **Warum eignen sich mehligkochende Kartoffelsorten nicht für die Zubereitung von Aufläufen?**

2.2 Qualität: Gesundheit

Von Frau Clausen, ihrer Postenchefin, erfährt Laura S., dass zur Qualität einer Kartoffelspeise nicht nur die fachgerechte Zubereitung gehört, sondern diese auch gesundheitlich unbedenklich sein sollte. Aus diesem Grund werden im GLOBALE-WELT-HOTEL nur Bio-Kartoffeln verwendet, denn diese lagern auf Grund der Anbaumethode durchschnittlich weniger Nitrat ein. Das Interesse der Auszubildenden ist geweckt.
Sie informiert sich über das Thema Kartoffeln und Nitrat und findet heraus, dass Kartoffeln zwar grundsätzliche keine Nitratspeicher sind, wie z.B. Rettich, Kopfsalat, rote Bete oder Spinat, aber dennoch der Nitratgehalt durch hohe Düngergaben zunehmen kann. Der Nitratgehalt einer Kartoffel hängt allerdings auch vom Standort, von der Sorte und vom Wetter ab. So bilden sich beispielsweise bei Trockenheit weniger und kleinere Knollen. Da die Kartoffelpflanze aber die gleiche Düngermenge aufnimmt, steigt der Nitratgehalt in den einzelnen Kartoffeln.

Kartoffeln stehen bei vielen Verbrauchern sehr häufig und in relativ großen Mengen auf dem Speiseplan, so kann dieses Nahrungsmittel zu einer erhöhten täglichen Nitrataufnahme beitragen.
Aus Sicht der gesundheitlichen Vorsorge ist aber ein niedriger Nitratgehalt wünschenswert. Nitrat kann im Körper unter bestimmten Bedingungen in Nitrit umgewandelt werden und zusammen mit Eiweißbestandteilen der Nahrung krebserzeugende Nitrosamine bilden.
Laura S. ist bei ihrer Recherche auf zwei Untersuchungen von konventionellen und Bio-Kartoffeln gestoßen.
Die Untersuchungen zeigen einen deutlichen Unterschied beim Nitratgehalt zwischen biologischem und konventionellem Anbau. Die Auszubildende findet weitere Studien, die dieses Ergebnis bestätigen. So haben Untersuchungen der Zeitschrift „Öko-Test“ im Jahr 2003 ergeben, dass jede zweite getestete Kartoffel im konventionellen Anbau Nitratgehalte von mehr als 200 mg/kg aufweist.

Sorte	gekauft bei	mg/kg
Agria	Moosburg ab Hof	70
Aula	Höhenkirchen ab Hof	70
Desiree	Viktualienmarkt	75
Irmgard	Vitalia	90
Linda	Viktualienmarkt	120
Marabel	Tengelmann (Naturkind)	55
Molli	HL-Markt (Biolandhof Huber)	100
Nicola	Moosburg ab Hof	100
Raja	Moosburg ab Hof	80
Selma	Höhenkirchen ab Hof	65
Quarta	Höhenkirchen ab Hof	70
	Mittelwert:	**82**

Tab. 1: Nitratgehalt bei biologischem Anbau

Sorte	gekauft bei	mg/kg
Agria	Pasinger Markt	50
Ba. Hörndl	Viktualienmarkt	215
Christa	Plus	175
Christa	Viktualienmarkt	250
Cilena	HL-Markt	105
Desiree	Pasinger Markt	90
Irmgard	Viktualienmarkt	315
Marlena	Tengelmann	250
Sieglinde	Pasinger Markt	105
Sieglinde	Gemüsegeschäft Haar	195
Saturna	Pennymarkt	95
Quarta	Plus	80
	Mittelwert:	**165**

Tab. 2: Nitratgehalt bei konventionellem Anbau

Samwel, Margriet (1999): „Kartoffeln und Nitrat: Vergleich bio/konventionell“
http://umweltinstitut.org/lebensmittel/nitrat-in-gemuse/kartoffeln-und-nitrat-165.html [Stand: 26.12.2011]

Dies ist bedenklich, weil es nicht nur ein Risiko für die Gesundheit darstellt, sondern sich mit einem hohen Nitratgehalt auch der Geschmack und die Lagerfähigkeit verschlechtern. In vier von fünf Bio-Kartoffeln haben die Tester erwartungsgemäß wenig Nitrat gefunden. Allerdings gab es auch hier eine Ausnahme. So stellte das Labor bei einer Sorte Bio-Speisefrühkartoffeln stattliche 307 mg/kg fest. Das zeigt, dass auch eine übertriebene organische Düngung zu erhöhten Nitratwerten führen kann.
Insgesamt verweisen aber die Untersuchungen der verschiedenen Tester auf eine Besonderheit: der Nitratgehalt hängt auch von der Kartoffelsorte ab, was die Schwankungen bei den Ergebnissen erklärt. Problematisch ist nur, dass es für Kartoffeln keinen Richt- oder Grenzwert gibt. Diätetische Lebensmittel (darunter fällt auch Babynahrung) dürfen hingegen maximal 250 mg/kg Nitrat enthalten. Für Trinkwasser ist laut Deutsche Trinkwasserverordnung ein Grenzwert von 50 mg/l festgelegt.

AUFGABEN

1 Vergleichen Sie die Angaben über den Nitratgehalt bei unterschiedlichen Anbaumethoden (Tab. 1 und Tab. 2). Was stellen Sie fest? Wie erklären Sie sich die hohe Schwankungsbreite bei den Werten? Verwenden Sie zur Beantwortung der Frage auch das →Material M1.

2 Einige Kartoffeln haben erkennbar grüne Stellen. Bewerten Sie dazu folgende Aussage: *Das Grüne ist Chlorophyll und unbedenklich, weil es in allen Pflanzen vorkommt. Außerdem werden durch das Erhitzen beim Kochen alle potenziellen Schadstoffe vernichtet.* Verwenden Sie zur Beantwortung der Frage auch das →Material M2.

2.3 Qualität: Vielfalt

Bei ihrer Recherche zum Thema Kartoffeln und Nitrat hat Laura S. viele unterschiedliche Kartoffelsorten kennengelernt. Sie weiß nun, dass es weltweit ca. 10 000 unterschiedliche Kartoffelsorten gibt und immer neue Sorten hinzukommen. Unterscheidungsmerkmale gibt es reichlich. Dies gilt nicht nur für den Kochtyp, sondern auch für die Knollenform, die rund, oval oder lang (hörnchenförmig) sein kann. Außerdem existieren verschiedenen Schalenfarben, wie gelb, rot, blau und sogar weiß. Auch das Fruchtfleisch kann gelb, weißlich, bläulich und rötlich sein.

Abb. 3: Kartoffelsorte Vitelotte

Die Vielfalt der Kartoffelsorten erstaunt Laura S., da sie bisher aus dem Supermarkt nur wenige Sorten kennt. Blaue und rote, aber auch längliche Kartoffeln hat sie noch nie gesehen. Von ihren Kollegen in der Küche erfährt sie, dass viele Sorten nur selten angebaut werden und daher kaum im Handel zu finden sind. Dennoch gibt es sie und einige Sorten gelten durchaus als Delikatesse. So zum Beispiels das „Bamberger Hörnchen", das nicht nur in der Spitzengastronomie verarbeitet und angeboten wird, sondern auch in der regionalen Küche.

ZEITUNGSARTIKEL

Klassiker neu entdeckt

„(...) Die 31-jährige Landwirtin [Ulrike Cohrs/Hof Wilkenshoff], die den Biohof in 13. Generation bewirtschaftet, hat sich der alten Kartoffelsorten angenommen. ‚Um die Geschmäcker und die Vielfalt zu erhalten', sagt sie. Darum geht es ihr. ‚Es geht uns und unseren Kindern so viel verloren, wenn wir uns auf die wenigen gängigen Sorten beschränken.'
Neun verschiedene Sorten baut sie auf ihrem Hof an, darunter auch die Bamberger Hörnchen und die Mandelhörnchen. ‚Die Bamberger sind mir die liebsten', sagt die Landwirtin. ‚Am besten schmecken sie einfach längs halbiert, mit etwas Olivenöl und Rosmarin im Ofen zubereitet.'
Dreieinhalb Hektar Kartoffelacker bestellt sie jetzt während der Erntezeit, die von Anfang September bis Mitte Oktober andauert. Auf einem halben Hektar der Fläche stehen die alten Sorten: Sie sind nicht so ertragreich wie etwa die Linda, die immer noch ‚am besten geht'. Zudem sind die alten Sorten teurer – etwa um das Doppelte. (...)
Aber Absatz finden die exotisch klingenden Kartoffeln natürlich – auch in Hamburger Restaurants. Wie im ‚Landhaus Scherrer'. Heinz O. Wehmann nutzt die besonderen Kartoffelsorten von Ulrike Cohrs für Kreationen wie ‚Kartoffelvinaigrette mit gebratenem Kabeljau, Balsamico-Senf und blauen Kartoffel-Chips'. Es müssen eben nicht immer nur Bratkartoffeln oder Kartoffelmus sein.
Auch im ‚Fuh'-Restaurant in der Fischers Allee gibt es die ‚alten Sorten' auf der Karte, im ‚Wachtelhof' in Rotheburg oder im Hotel ‚Altes Land' in Jork. Dort finden sich die Erdäpfel auf der Karte sogar unter der Rubrik ‚Vergessene Genüsse'.
Doch dass diese Sorten nicht in Vergessenheit geraten, dafür sorgt unter anderem Ulrike Cohrs. Gemeinsam mit Eckhart Brandt, der sich in Großenwörden der alten Obstsorten angenommen hat, pflegt sie die alten Pflanzgüter. Vor zwei Jahren haben sie einen Verein gegründet. ‚Boomgarden' – im Kampf gegen die regionale Sortenarmut sozusagen. (...)"

Stahlberg, Britta (10.09.2006): „Klassiker neu entdeckt" www.welt.de/print-welt/article151472/Klassiker_neu_entdeckt.html [Stand 26.12.2011]

PRESSEMITTEILUNG

Weiter wie bisher ist keine Option!

„Die industrielle Landwirtschaft ist das dominierende Modell der weltweiten Lebensmittelerzeugung. Sie verschlingt immense Mengen Trinkwasser und ist verantwortlich für 14 % der weltweiten Treibhausgasemissionen. Rechnet man Landverbrauch durch Abholzung, Lebensmitteltransporte, -verpackungen und -abfälle mit ein, sind es gar bis zu 32 % des globalen Ausstoßes.
Industrielle Landwirtschaft ist abhängig von Erdöl und bedingt den Einsatz von Pestizid- und Kunstdüngern. Das schadet der Bodenfruchtbarkeit und verringert die natürlichen Abwehrkräfte eines Agrar-Ökosystems. In öden Monokulturen gibt es keine Pflanzen- und Tiervielfalt mehr. Zunehmend bedroht genmanipuliertes Saatgut die Artenvielfalt auf dem Acker, auf die die Welt in Zeiten des Klimawandels so dringend angewiesen ist. Bei vermehrten Trockenzeiten, schweren Niederschlägen und starken Temperaturschwankungen braucht es lokal angepasste Sorten mit verschieden ausgeprägten Eigenschaften. Nur so können große Ernteausfälle vermieden werden. Grund für die Umweltkatastrophe auf den Äckern dieser Welt sind vor allem die internationalen politischen Rahmenbedingungen. Diese begünstigen den Absatz von giftigen Pflanzenschutzmitteln oder überschwemmen den Weltmarkt mit subventionierter Lebensmitteln zu Spottpreisen. Davon profitieren vor allem internationale Großkonzerne; Verlierer sind Bauern, die ihre Ernte in der Region nicht mehr verkaufen können, weil von weit her transportierte Lebensmittel oftmals billiger sind. Die Macht über die globale Lebensmittelproduktion konzentriert sich so in den Händen von wenigen Agrar-Multis."

Greenpeace Schweiz (9.3.2010): „Lebensmittelproduktion: Weiter wie bisher ist keine Option!" www.greenpeace.org/switzerland/de/Kampagnen/Landwirtschaft/Industrielle-Landwirtschaft/ [Stand: 26.12.2011]

Laura S. berichtet Frau Clausen, was sie bei ihren Recherchen über die Vielfalt der Kartoffel herausgefunden hat. Frau Clausen stimmt ihr zu:
„Es ist schon erstaunlich, welche Vielfalt an Kartoffelsorten es gibt. Schade ist, dass meist nur die gängigen Sorten angebaut und die lokal angepassten Sorten dadurch verdrängt werden. Diese Art von Monokultur schränkt die Vielfalt ein und fördert die Ausbreitung von Kartoffelkrankheiten, wie z. B. Pilzbefall. Als Gegenmaßnahme setzten dann die Landwirte vermehrt Pflanzenschutzmittel ein, was zu einer stärkeren Belastung für Mensch und Umwelt führt."

Abb. 4: Seltene Kartoffelsorten (mittlere Kiste, von oben nach unten): Bamberger Hörnchen, rote Emma und Solara

Greenpeace fordert:

„1. Einen Umbau der industriellen Landwirtschaft mit Anbaumethoden, die für Mensch, Tier und Umwelt verträglich sind.
2. Keine Rodung von Urwäldern und Trockenlegung von Feuchtgebieten zur landwirtschaftlichen Nutzung.
3. Klimaabgabe auf mineralische Stickstoffdünger.
4. Umwandlung der europäischen und nationalen Agrarsubventionszahlungen zur Förderung von Betrieben, die ökologisch sinnvoll und klimafreundlich wirtschaften und auf ihren landwirtschaftlichen Böden den Humusgehalt erhöhen.
5. Staatlich finanzierte Werbemaßnahmen, insbesondere in den Industriestaaten, für eine geänderte Ernährungsweise mit weniger Fleisch."

Greenpeace (01/2008): „Landwirtschaft und Klima", S. 4 www.greenpeace.de/fileadmin/gpd/user_upload/themen/landwirtschaft/Landwirtschaftsreport_08jan08.pdf [Stand: 26.12.2011]

AUFGABEN

1 Welche Gründe sprechen nach Angabe von Landwirtin Cohres für den Anbau alter Kartoffelsorten? Verwenden Sie zusätzlich die →Materialien M3, M4 und M5.

2 Fragen Sie in Ihrem Ausbildungsbetrieb nach und/oder ermitteln Sie in Ihrem Einkaufsmarkt, welche Kartoffelsorten verwendet/angeboten werden. Verwenden Sie das →Arbeitsblatt 3.

3 Welche Folgen der industriellen Landwirtschaft nennt Greenpeace?

3 „Verwurzelt in der Region“

Im Eingangsbereich des GLOBALE-WELT-HOTEL hängt ein Schild, das die Auszubildende Laura S. bislang wenig beachtet hat. Nach ihren Recherchen zur Kartoffel liest sie sich die Informationen genauer durch.

> GWH
> GLOBALE-WELT-HOTEL
>
> **Verwurzelt in der Region**
>
> Unsere Lebensmittel stammen vorwiegend aus der Region, weil wir die heimische Wirtschaft unterstützen möchten. Lange Transportwege sind für uns aus ökologischen Gründen nicht vertretbar. Im Gespräch mit den Landwirten vor Ort haben wir bereits viele regionale Spezialitäten kennen und schätzen gelernt. Sie finden eine Auswahl auf unserer Speisekarte. Durch den guten Kontakt zu den Landwirten haben wir schon viel erreicht. Dies betrifft vor allem die Erhaltung und Wiederentdeckung heimischer Spezialitäten und traditioneller Lebensmittel. Wir unterstützen damit die Artenvielfalt der Region. Ein weiterer Pluspunkt ist die Begegnung mit den Betrieben, die ökologische Anbaumethoden verwenden. Diese Bio-Höfe sorgen für gesunde Lebensmittel, die wir vertrauensvoll unseren großen und kleinen Gästen anbieten können. Und noch etwas: Ein Ausflug auf einen der umliegenden Bio-Höfe lohnt sich allemal. Besucher sind stets willkommen.
>
> Wir informieren Sie gern!

Laura S. versteht nun das Motto „Verwurzelt in der Region“. Ihre Recherchen zu den verschiedenen Kartoffelsorten haben ja gezeigt, wie wichtig es ist, die regionale Vielfalt zu nutzen. So können auch alte Kartoffelsorten wiederentdeckt werden und als kulinarische Besonderheit die Speisekarte des GLOBALE-WELT-HOTEL bereichern.
Als sie aber Kartoffeln beim Lieferanten, einer Kooperation von Bio-Landwirten aus der Umgebung, bestellen will, erfährt sie vom derzeitigen Engpass an regional angebauten Bio-Kartoffeln. Sie können dem GLOBALE-WELT-HOTEL nicht mehr alle gewünschten Sorten in der angeforderten Menge liefern. Der Lieferant verspricht, bei andern Bio-Landwirten aus der Region nachzufragen, ob diese die gewünschten Sorten noch vorrätig haben. Andererseits könne man natürlich auch Bio-Kartoffeln aus Frankreich, Holland oder Israel beziehen, was die Auszubildende nachdenklich macht. Sie beschließt, mit Frau Clausen über das Problem zu sprechen. Auch beim Einkauf im Supermarkt bemerkt die Auszubildende, dass auf einigen Verpackungen von Bio-Kartoffeln ferne Herkunftsländer zu finden sind, z. B. Ägypten, Marokko und Zypern.

Starke Nachfrage nach Bio-Kartoffeln

Speisekartoffeln aus biologischer Erzeugung sind in den letzten Jahren in deutlich höheren Mengen gekauft worden als im Vorjahr. Vor allem die Discounter haben ihr Angebot an Bio-Kartoffeln spürbar gesteigert und auch die Einkaufsmengen der Privathaushalte sind höher als im Vorjahresmonat. Die Produktion an Bio-Kartoffeln kann wegen Ernteausfällen die starke Nachfrage aus dem Lebensmitteleinzelhandel und besonders aus dem Discountbereich nicht decken. Aber der eigentliche Hauptgrund bleibt:
Es gibt immer noch zu wenig Bauern, die ihren Betrieb auf Bio-Produktion umstellen. Denn obwohl der Öko-Umsatz in Deutschland in den letzten Jahren um 70 % gestiegen ist, wuchs die Öko-Anbaufläche nur um ein Drittel. Daher sind Importe aus dem Ausland notwendig: Bio-Kartoffeln aus Ägypten, Israel und Tunesien. Die Auflagen sind dort jedoch weniger streng und auch die Transportwege kaum ökologisch vertretbar.

Frau Clausen entscheidet sich jedoch für einen anderen Weg. Statt Bio-Kartoffeln aus fernen Ländern zu bestellen, kauft sie lieber bei Lieferanten aus anderen Regionen Deutschlands und nimmt für eine kurze Zeit bestimmte Kartoffelsorten von der Karte. Als die Auszubildende nachfragt, ob die Gäste nicht das gewohnte Angebot nachfragen würden, erklärt ihre Postenchefin:
„Das Angebot an Lebensmitteln ist in Deutschland sehr reichhaltig. Sich auf ein bestimmtes Angebot dauerhaft einzuschränken, das ist für mich ein Verlust von gastronomischer Qualität. Wenn es Engpässe bei den Lieferanten gibt, so können wir immer noch auf andere Lebensmittel ausweichen. Schließlich gibt es nicht nur eine biologische Vielfalt der Natur, die wir fördern müssen, sondern auch eine kulinarische Vielfalt in der Gastronomie.“

AUFGABEN

1 Das GLOBALE-WELT-HOTEL führt das Motto „Verwurzelt in der Region“. Listen Sie stichwortartig Gründe auf, weshalb sich das Hotel für Regionalität einsetzt.

2 Auch im DEHOGA-Jahrbuch 2009 wird Regionalität positiv hervorgehoben. In welchem Zusammenhang steht hier die Aussage: „Back to the roots“?
Vergleichen Sie die Aussagen mit dem Motto „Verwurzelt in der Region“. Verwenden Sie hierzu das ➔Material M6.

3 Führen Sie eine Betriebserkundung zu einem regionalen Bio-Hof durch. Fragen Sie insbesondere nach dem Angebot regionaler Kartoffelprodukte. Verwenden Sie hierzu auch die Hinweise im ➔Methodenblatt: Betriebserkundung.

4 Welche Bedenken äußern schweizerische Bauern gegen den Import von Kartoffeln aus Ägypten? Verwenden Sie hierzu das ➔Material M7.

5 Angebot und Nachfrage bei regionalen Bio-Kartoffeln stimmen oft nicht überein. Nennen Sie mögliche Gründe.

6 Haben regionale Bio-Kartoffeln eine bessere Ökobilanz als Importware? Nennen Sie mit Hilfe von ➔Material M8 Argumente, die dafürsprechen.

ALLES KLAR?

1 Fassen Sie alle hier genannten Qualitätsmerkmale von Kartoffeln zusammen. Verwenden Sie das ➔Arbeitsblatt 4.

2 Das Angebot an Kartoffelsorten im Handel ist meist auf wenige Sorten wie Linda und Bintje beschränkt. Welche Folgen hat Ihrer Meinung nach der Verlust von Sortenvielfalt für Ihren Beruf und die Umwelt?

3 Diskutieren Sie folgende Positionen:
A „Bio-Kartoffeln aus dem Ausland lehne ich ab, weil dies ökologisch nicht vertretbar ist.“
B „Bio-Kartoffeln aus dem Ausland kaufe ich, um auch in anderen Ländern ökologisches Denken zu fördern.“

Vielfalt bedeutet Qualität!

§1 Ziele des Naturschutzes und der Landschaftspflege

(1) Natur und Landschaft sind auf Grund ihres eigenen Wertes und als Grundlage für Leben und Gesundheit des Menschen auch in Verantwortung für die künftigen Generationen im besiedelten und unbesiedelten Bereich nach Maßgabe der nachfolgenden Absätze so zu schützen, dass

1. die biologische Vielfalt,

2. die Leistungs- und Funktionsfähigkeit des Naturhaushalts einschließlich der Regenerationsfähigkeit und nachhaltigen Nutzungsfähigkeit der Naturgüter sowie

3. die Vielfalt, Eigenart und Schönheit sowie der Erholungswert von Natur und Landschaft

auf Dauer gesichert sind; der Schutz umfasst auch die Pflege, die Entwicklung und, soweit erforderlich, die Wiederherstellung von Natur und Landschaft (allgemeiner Grundsatz).

[Gesetz über Naturschutz und Landschaftspflege (Bundesnaturschutzgesetz – BNatSchG), Kapitel 1, § 1]“

4 Materialien

M1 Kartoffelqualität: Einflüsse

Die Qualität von Speisekartoffeln hängt wesentlich von den Einflussfaktoren Sorte, Boden und Witterung ab, wogegen die Anbaumethode (ökologisch oder konventionell) weniger Einfluss nimmt. Entscheidend ist daher nicht zuletzt die Kartoffelsorte, wenn es z.B. um die Belastung mit Nitraten geht. Dennoch haben Vergleichsstudien gezeigt, dass im ökologischen Anbau von Kartoffen ein bis zu 50 % geringerer Nitratgehalt messbar ist. Doch dies ist ein Durchschnittswert, weshalb die Faktoren Sorte, Boden und Witterung meist einen größeren Einfluss auf die Qualität der Speisekartoffel besitzen. Ein anderes Qualitätsmerkmal ist hingegen die Aromabildung. Hier haben Studien ergeben, dass eine Überdüngung der Felder meist mit einer vermehrten Bildung unerwünschter Aromakomponenten bei Kartoffeln verbunden ist. Dagegen wirkt sich die Düngung mit Stallmist beim ökologischen Anbau günstig auf den sortentypischen Geschmack aus.

M2 Solanin – ein natürlich vorkommender Schadstoff

Ministerium für Ländlichen Raum und Verbraucherschutz Baden-Württemberg (k. A.): „Kartoffelbroschüre"
www.landwirtschaft-mlr.baden-wuerttemberg.de/servlet/PB/show/1200662_l1/Brosch%C3%BCre_klein.pdf
[Stand: 26.12.2011]

„Solanin ist ein natürlich vorkommender Schadstoff, der in zahlreichen Nachtschattengewächsen (z.B. Kartoffeln, Tomaten) gebildet wird. Er schützt die Pflanzen vor Fraßschäden. Die höchsten Solaninkonzentrationen finden sich in den grünen Früchten der Pflanze. Sie sind sehr giftig und lassen sich auch nicht durch Kochen zerstören. Unreife oder angekeimte Knollen sowie Knollen, die durch Lichteinwirkung grüne Stellen gebildet haben, enthalten ebenfalls Solanin. Dieses findet sich hauptsächlich direkt in sowie unter der Schale, in Augennähe und in den ergrünten Keimansätzen. Sachgerecht gelagerte Knollen enthalten in der Regel weniger als 5–7 mg Solanin pro 100 g. An der Oberfläche ergrünte Kartoffeln weisen dagegen Solaningehalte von durchschnittlich 35 mg/100 g auf. Ab einer Dosis von 25 mg können bei einem Erwachsenen bereits erste Anzeichen einer Vergiftung auftreten. Diese äußern sich in Kopfschmerzen, Kratzen und Brennen im Hals, Erbrechen und Durchfall. In schweren Fällen treten Krämpfe und Lähmungen bis hin zu Atemnot und Bewusstlosigkeit auf. Derart extreme Vergiftungen kommen heute selten vor. Der Solaningehalt kann über die Vor- und Zubereitung in der Küche deutlich reduziert werden. Dazu zählen dunkle Lagerung, Schälen, großzügiges Entfernen der grünen Stellen und Wegschütten der Garflüssigkeit."

M3 „Vielfalt als Programm"

Bioland e.V. (k. A.): „Vielfalt als Programm"
www.bioland.de/bioland/bioland/portraits/ankuendigung-zu-biodiversitaet/ellenberg.html
[Stand: 26.12.2011]

Bioland-Bauer Karsten Ellenberg: Wieder-Entdecker der Kartoffelvielfalt

„Ein kleines Dorf in der Lüneburger Heide und mittendrin der Bioland-Hof von Karsten Ellenberg. In Barum dreht sich alles um die Kartoffel. Was 1997 mit einer Handvoll Knollen alter Sorten begann, ist heute zu *dem* Kartoffelhof schlechthin geworden. Die Kunden im Kartoffelladen können zwischen 22 Sorten wählen. Karsten Ellenberg wurde zu einem der bekanntesten Biobauern Norddeutschlands: durch seine Kartoffelvielfalt, aber vor allem durch den Kampf um die selbsternannte ‚Königin der Kartoffeln', die Linda. (...)
Aus der Genbank Groß Lüsewitz bekam Ellenberg eine Handvoll Knollen alter Kartoffelsorten. ‚Viele dieser Sorten sind noch so gezüchtet, wie es heute der ökologische Landbau vorschreibt', so Ellenberg. Die zwölf Sorten pflanzte er im Garten aus. Das Ergebnis beeindruckte die ganze Familie: verschiedene Blüten, verschiedene Knollen, verschieden im Geschmack. ‚Der Geschmack geht von cremig über würzig bis erdig, so was gibt es bei den neuen Sorten kaum noch', erzählt Ellenberg. Die wohlschmeckenden Sorten vermehrte er, darunter rote und blaufleischige Kartoffeln. In einer Gegend, in der man an jeder Ecke ‚Heidekartoffeln' kaufen kann, berichtete die Presse plötzlich über „Bamberger Hörnchen", die ‚Blauen Schweden' oder alte Inkakartoffeln. Erste Händler wie *manufactum* kauften kleine Mengen der bunten Kartoffeln. (...)
Schließlich begann der ‚Kartoffelhof Ellenberg', selbst Kartoffeln zu züchten, also alte Kartoffelsorten mit Wildkartoffelarten und einigen neuen Sorten zu kreuzen. Wichtig für den Biolandbau: Teilweise haben die alten Sorten eine geringere Anfälligkeit gegen Krautfäule oder das Kraut wächst sehr stark, was zu weniger Beikräutern führt. Mittlerweile gibt es ein kleines Labor auf dem Hof, in dem unter sterilen Bedingungen die Pflänzchen ‚in vitro'

vermehrt werden. Im Kühlraum entsteht allmählich eine eigene Genbank mit den wichtigsten Sorten für den Hofanbau. Im Gewächshaus nebenan werden die neuen Sorten herangezogen und selektiert und als Knollen dann im Freiland ausgesetzt. Die moderne konventionelle Kartoffelzucht verringerte dagegen die Kartoffelvielfalt immer mehr. Nur Massenertragssorten, die industriell als Stärke- oder Pommeskartoffeln gut verwertbar sind, haben noch eine Chance. Die wenigen – auf Ertrag gezüchteten – Speisesorten schmecken alle relativ homogen. ‚Dagegen kämpfen wir an, das ist Biodiverstät auf dem Acker – und eine Bereicherung des Geschmackserlebnisses', sagt Ellenberg. (...)
Zwischen 30 und 50 Pakete pro Tag verlassen durchschnittlich den Hof, drei der fünf Hilfskräfte auf dem Hof beschäftigen sich mit dem Verpacken. ‚Vielfalt macht Arbeit', sagt Karsten Ellenberg, aber ‚Vielfalt schafft auch Arbeit'."

M4 Kartoffelsorten

Weltweit existieren mehr als 10 000 verschiedene Kartoffelsorten. In Deutschland sind mehr als 200 Sorten zugelassen. Der Geschmack von Kartoffeln ist vielfältig und variiert; kann aber auch durch falsche Lagerung beeinflusst werden. Besondere Aufmerksamkeit hat die Sorte „La Bonnotte" erreicht, weil sie mit 500 Euro/kg als die teuerste Kartoffelsorte der Welt gilt. Sie wird in Frankreich auf der Atlantikinsel Noirmoutier angebaut. Die Bauern düngen die kleine Sorte mit Tang vom Strand und wässern sie mit salziger Gischt. Sie wird mit der Hand gepflückt und hat einen feinsalzigen Geschmack. In den Verkauf gelangen hingegen nur wenige Sorten. Diese sind für die industrielle Produktion, Verarbeitung und Lagerung gut geeignet und kommen auch den Erwartungen der Verbraucher, z.B. nach einem geringen Schälverlust, entgegen. Der Preis dafür ist aber eine geringe Sortenauswahl und ein Verlust der Geschmacksvielfalt.

online Bundesoberbehörde für die Zulassung und für den Sortenschutz von Pflanzensorten
www.bundessortenamt.de

M5 Biodiversität (biologische Vielfalt)

2008 wurde von den Vereinten Nationen das internationale Jahr der Kartoffel ausgerufen. Ziel war es, die Bedeutung der Kartoffel für die Welternährung herauszuheben. Verbrauchern und Landwirten wurde nahegelegt, die Vielfalt der Kartoffelsorten kennen zu lernen, aber auch deren Erhalt zu schützen. Denn auf den meisten Tellern landen immer die gleichen Sorten wie Sieglinde, Linda oder Bintje. Weil aber der Konsum sehr hoch ist und in Deutschland fast 70 kg pro Kopf und Jahr verzehrt werden (insgesamt 5,5 Mio. Tonnen), führt das Angebot an immer gleichen Kartoffelsorten zu Monokulturen, einer Verarmung der Sortenvielfalt und zum Verlust der Geschmacksvielfalt. Wer weiß schon, dass das „Bamberger Hörnchen" einen sehr würzigen Geschmack hat und das „Kipfler" eher buttrig und nussig schmeckt. Die „La Ratte" ist dagegen cremefarbig und hat ebenfalls einen nussigen Geschmack. Daher empfiehlt der aid-Infodienst Landwirten, vereinzelte kleinere Flächen mit anderen Kartoffelsorten anzubauen, um auf diese Weise zur biologischen Vielfalt der Natur beizutragen. Biodiversität geht uns alle an!

online www.aid.de
[► Landwirtschaft ► Umwelt + Landschaft ► Biodiversität ► Biodiversität und Landwirtschaft]

online www.bmelv.de
[► Landwirtschaft und Landwirtschaftliche Räume ► Klima & Umwelt ► Biologische Vielfalt]

M6 „Back to the roots"

DEHOGA Bundesverband (Hg.): „Jahrbuch 2008/2009 – Hotellerie und Gastronomie in Deutschland", S. 39
www.dehoga-bundesverband.de/fileadmin/Inhaltsbilder/Publikationen/Jahrbuecher/jahrbuch_2008_2009.pdf
[Stand: 26.12.2011]

„Man isst und trinkt wieder ‚Heimat' – in der Krise mehr denn je. Die Gäste legen Wert auf frische, saisonale Angebote und regionale Herkunft. Die einheimische Küche steht vor der italienischen Küche auf der Beliebtheitsskala der Deutschen ganz oben. Entscheidend sind Qualität, Geschmack und ein attraktives Preis-Leistungs-Verhältnis. Einhergehend mit der Rückbesinnung auf heimische Produkte und regionale Spezialitäten lässt sich auch bei der Einrichtung von Gastronomiebetrieben ein Trend zum ‚Heimatlichen' feststellen – back to the roots. In Zeiten, in denen immer mehr Menschen die Globalisierung kritisch hinterfragen, haben regionale Küche und eine gemütliche Wohnzimmer- oder Hüttenatmosphäre – bitte mit frischen Blumen – Konjunktur. Gefragt sind Wohlfühlorte zur Kommunikation, Inspiration und Entspannung. Neben qualifizierter Beratung zählen mehr denn je eine ehrliche, aufrichtige Zuwendung und herzliche Gastfreundschaft."

M7 „Bauern-Protest gegen Kartoffeln aus Ägypten"

NZZ online (18.04.2008): „Bauern-Protest gegen Kartoffeln aus Ägypten"
www.nzz.ch/nachrichten/politik/schweiz/aegypten_protest_kartoffeln_1.713590.html [Stand: 26.12.2011]

„Verschiedene Schweizer Bauernorganisationen wehren sich gegen den Import von Kartoffeln aus Ägypten. Diese seien sowohl in Bezug auf die Lagerbestände wie auch in ethischer Hinsicht fraglich. Es gebe auf Grund der bestehenden inländischen Lagerbestände überhaupt keinen Bedarf, neben dem WTO-Kontingent von 6500 Tonnen Frühkartoffeln weitere fast 2700 Tonnen ausländische Speisekartoffeln auf den Schweizer Markt zu bringen. Der Import von Speisekartoffeln aus Ägypten lasse aber auch hinsichtlich anderer Aspekte einige Zweifel aufkommen. So gehöre Ägypten zu denjenigen Ländern der Welt, in denen es in jüngster Zeit zu massiven Protestaktionen infolge Lebensmittelverknappung gekommen sei. Der Import von Kartoffeln aus Ägypten bedeute, dass die Schweiz Nahrungsmittel aus einem Land beziehe, wo der Hunger ein echtes menschliches Problem darstelle. In den Augen der Produzenten darf die Ethik im Kontext des globalen Handels künftig nicht mehr ausgeklammert werden. Das gelte auch für die Frage, unter welchen sozialen und ökologischen Bedingungen die Kartoffeln in einem Land wie Ägypten produziert würden."

M8 „Heimische Bio-Kartoffeln sind Klimaschützer"

Bundesanstalt für Landwirtschaft und Ernährung (25.03.2010): „Heimische Biokartoffeln sind Klimaschützer
www.oekolandbau.de/haendler/verkaufspraxis/verkauf-regionaler-produkte/heimische-biokartoffeln-sind-klimaschuetzer/ [Stand 26.12.2011]

„Die ersten Bio-Kartoffeln aus Übersee liegen in den Regalen. Ab Mitte März wird sich das Angebot israelischer und ägyptischer Bio-Ware auf dem deutschen Markt sprunghaft erhöhen. Und dies, obwohl noch ausreichende Mengen heimischer Bio-Kartoffeln in guten Qualitäten verfügbar sind. Aus Sicht der deutschen Bio-Bauern ein Ärgernis und fragwürdig aus Sicht des Klimaschutzes. (...)
Ganzjährig verfügbare Bio-Produkte und stark ausgeweitete Sortimente haben den Import von Bio-Produkten in den letzten Jahren mehr und mehr zur Selbstverständlichkeit gemacht. (...) Und in Anbetracht von Geschmack, Klimaschutz und wachsendem Bewusstsein für regionale Produkte durchaus fraglich. Bio-Lagerkartoffeln und -möhren gibt es bis weit in den Frühling hinein. Wie neue Untersuchungen zeigen, schmecken sie noch genauso gut wie nach der Ernte. Es ist wohl eher eine Marketing-Sache, wenn dem Verbraucher die Wahl gelassen wird zwischen den ersten frischen Produkten oder der Lagerware. Die Lagerung erfolgt ungekühlt oder gekühlt.
Lager mit intensiver Kühlung ermöglichen, dass die Lagerkartoffel bis Ende April ihre Qualität behält. Trotz der Lagerung und dem damit verbundenen Energieaufwand weisen die heimischen Produkte in der CO_2-Bilanz deutlich bessere Werte auf als die ersten Frühkartoffeln aus Israel. Diese schneiden übrigens geschmacklich meistens schlechter ab als die deutschen Lagerkartoffeln, da sie auf Sandboden und unter anderen klimatischen Bedingungen wachsen. (...)
Im April auf den Markt gebrachte heimische Bio-Kartoffeln haben trotz Lagerung eine bessere Treibhausgasbilanz als israelische oder spanische Ware. Und das, obwohl in den Berechnungen mit der Maschinenkühlung die energieaufwändigste Lagervariante unterstellt wurde. Die höheren CO_2-Belastungen der Import-Kartoffeln sind vor allem durch die längeren Transportwege per LKW und Schiff bedingt. (...) In Spanien und ganz besonders in Israel entstehen Treibhausgasemissionen durch die für den Bio-Kartoffelanbau erforderliche hohe Bewässerung. Auf Grund dessen schneiden die in Israel angebauten Biokartoffeln insgesamt mit der höchsten CO_2-Belastung ab. (...)"

METHODE

Betriebserkundung eines Bio-Bauernhofes

Abb. 5: Bauernhof

Vorbereitung

Um eine gezielte Auswahl eines Betriebes treffen zu können, informieren Sie sich vorab z. B. bei folgendem Informationsportal:

online www.oekolandbau.de
[Verbraucher ► Demonstrationsbetriebe]

Nachdem ein Betrieb ausgewählt ist, sollten unbedingt die
- Beobachtungsschwerpunkte,
- Erkundungsfragen sowie
- Verhaltensregeln

festgelegt werden.

Dazu gehört ferner,
- Informationen zu den Beobachtungsschwerpunkten zu sammeln und auszuwerten und
- ggf. Genehmigungen einzuholen (z. B. Schulleitung).

Nach den inhaltlichen Vorbereitungen kann anschließend bestimmt werden, wie die Informationen beschafft werden sollen. Ist beispielsweise ein Interview geplant, dann muss geklärt werden, wie das Interview festgehalten werden soll (z. B. schriftlich, per Video, Audio) und wer für die Besorgung der Technik verantwortlich ist (Medienbeauftragter).

Werden Fragebögen vorbereitet, dann sollte an eine ausreichende Anzahl an Kopien und Stifte gedacht werden. Erfolgt die Durchführung in Teams, so können die Aufgaben verteilt werden. Zur Vorbereitung gehört auch festzulegen, wie die Ergebnisse ausgewertet werden sollen. Organisieren Sie ggf. die notwendigen Mittel zur Präsentation.

Kontaktaufnahme

Nehmen Sie Kontakt mit einem Betrieb auf. Bedenken Sie ein freundliches Auftreten und aufmerksames Zuhören bei Fragen oder Anmerkungen der Hofbesitzer. Klären Sie die Schwerpunkte und den Ablauf der Erkundung. Dazu gehören
- das eigene Anliegen (Ziele der Erkundung),
- die Anzahl der Teilnehmer,
- der Ansprechpartner vor Ort,
- Angabe zum eigenen Ansprechpartner und Kontaktdaten (z. B. Telefonnummer zwecks Rückfragen),
- die Handlungsmöglichkeiten vor Ort (Einkauf, Restaurant),
- Ankunftszeit und Zeitkorridor der Gesamterkundung,
- Preise, z. B. für eine Führung sowie
- evtl. auch weitere Ausflugsziele.

Durchführung

Bei der Durchführung sind alle zuvor festgelegten Aufgaben zu erfüllen. Denken Sie aber daran, dass immer wieder Sachen passieren, die nicht einkalkuliert sind. Seien Sie flexibel und kreativ und notieren Sie auch ungeplante Eindrücke.

Auswertung

Alle Ergebnisse sind zu würdigen. Achten Sie daher darauf, dass ausreichend Zeit zur Verfügung steht. Planen Sie genügend Vorbereitungszeiten ein, z. B. für die Präsentation der Ergebnisse und die Reflexion der Vorbereitung, Durchführung und Auswertung.

Zubereitungsformen

Arbeitsauftrag: Vervollständigen Sie die fehlenden Angaben in der Tabelle.

Name deutsch	Name französisch	Vorbereitung	Zubereitung	Anrichte
Salzkartoffeln				
Annakartoffeln				
Kartoffelplätzchen				
Kartoffelkroketten				
Ofenkartoffeln				
Schlosskartoffeln				
Lyoner Kartoffeln				

NACHSCHLAGEMÖGLICHKEITEN:
- Putz, Bernd; Haase Norbert U.: *Kartoffeln und Kartoffelerzeugnisse.* aid infodienst, Bonn 2008
- Rosenblatt, Lucas; Beckmann, Edith: *Das goldene Buch der Kartoffel.* Hädecke, Weil der Stadt, 20‑2

online www.lebensmittellexikon.de

Arbeitsblatt 2

Innere Qualitätsmerkmale

Arbeitsauftrag: Bestimmen Sie für die jeweilige Kartoffelspeise die erwünschte Konsistenz, den geeigneten Kartoffeltyp (Kocheigenschaft) und den notwendigen Stärkeanteil. Nennen Sie geeignete Sorten.

Name	**Konsistenz (weich/ mittel/fest)**	**Kocheigenschaft**	**Stärkeanteil (gering/ mittel/hoch)**	**Kartoffelsorte (Beispiel)**
Salzkartoffeln	*mittel*	*vorwiegend festkochend*	*mittel*	*Bintje, Hela*
Annakartoffeln				
Kartoffelplätzchen				
Kartoffelkroketten				
Ofenkartoffeln				
Schlosskartoffeln				
Lyoner Kartoffeln				

NACHSCHLAGEMÖGLICHKEITEN:

- Putz, Bernd; Haase Norbert U.: *Kartoffeln und Kartoffelerzeugnisse.* aid infodienst, Bonn, 2008
- Rosenblatt, Lucas; Beckmann, Edith: *Das goldene Buch der Kartoffel.* Hädecke, Weil der Stadt, 2012

online www.lebensmittellexikon.de

Kartoffelangebot

Arbeitsauftrag: Fragen Sie in Ihrem Ausbildungsbetrieb nach und/oder ermitteln Sie in Ihrem Einkaufsmarkt, welche Kartoffelsorten verwendet/angeboten werden. Ermitteln Sie auch die jeweilige Anbaumethode, das Herkunftsland und den Preis. Diskutieren Sie die Unterschiede.

Kartoffelsorte	Kocheigenschaft	Anbaumethode	Herkunftsland/ Region	Preis/kg

Zusammenfassung Qualitätsmerkmale

Arbeitsauftrag: Vervollständigen Sie die Grafik, indem Sie die fehlenden Qualitätsmerkmale von Kartoffeln auf die vorgesehenen Linien eintragen.

Qualitätsmerkmale von Kartoffeln

innere Qualitätsmerkmale	äußere Qualitätsmerkmale
1.	1.
2.	2.

weitere Qualitätsmerkmale

1.

2.

Arbeiten am Frühstücksbuffet

Kein Ei mit „3“ im GLOBALE-WELT-HOTEL

Nachhaltigkeitsperspektive: „Empathie zeigen“

Das sind Ihre fachlichen Kompetenzen

Sie sind in der Lage,

- zwischen artgerechter und nicht artgerechter Tierhaltung zu unterscheiden,
- die Kennzeichnungen bei Eiern zu erklären
- die Zubereitungsschritte einfacher Eierspeisen zu beschreiben
- verschiedene Einflüsse auf den Geschmack von Eiern zu nennen
- die unterschiedlichen Haltungssysteme von Hühnern zu beschreiben
- die Nachteile aus der fehlenden Kennzeichnung zu benennen
- Argumente für eine ausreichende Personalhygiene mit Bezug auf Salmonellen zu benennen

Das sind Ihre personalen Kompetenzen

Sie sind in der Lage,

- eigene Werte zu erkennen, zu überprüfen und ggf. zu ändern,
- sich kritisch mit Werbebotschaften auseinander zu setzen
- sich für den Tierschutz einzusetzen
- andere für den Tierschutz zu motivieren
- die eigenen Emotionen zu erkennen, zu benennen und zu verstehen

1 Eierspeisen am Frühstücksbuffet des GLOBALE-WELT-HOTEL

Abb. 1: Eierspeise am Buffet des GLOBALE-WELT-HOTEL

1.1 Ei ist nicht gleich Ei

Eine Reisegruppe meldet sich kurzfristig im GLOBALE-WELT-HOTEL zum Frühstück an. Es besteht ein Spitzenbedarf an Eiern, da am Frühstücksbuffet verschiedene Eierspeisen angeboten werden sollen. Dazu zählen neben dem traditionellen Frühstücksei auch pochierte Eier, Rühreier und Omeletts. Da die Auszubildende Laura S. momentan in der „Kalten Küche“ (Gardemanger) arbeitet, wird sie beauftragt, auf dem Markt kurzfristig 60 Eier zu kaufen. Folgende Hinweise erhält sie von der Küchenleitung, Frau Ehrlicher: *„Weil wir auch pochierte Eier machen, muss die Ware unbedingt frisch sein. Außerdem solltest Du darauf achten, dass es mittelgroße Eier sind, sie möglichst aus unserer Region stammen und ökologisch erzeugt wurden.*

1.2 Eierkennzeichnung

Die Auszubildende Laura S. kennt sich zwar mit der Zubereitung von Eierspeisen aus, doch sind ihr die verschiedenen Kennzeichnungen von Eiern eher unbekannt. Daher geht sie zunächst in einen nahe gelegenen Supermarkt und schaut sich die Eierverpackungen genauer an. Sie ist erstaunt, welche Angaben sie findet.

Kennzeichnungspflicht für Eier

Die Eierkennzeichnung ist EU-weit einheitlich und verbindlich in den Vermarktungsnormen für Eier geregelt. Vorgeschrieben ist die Angabe von
- Güte- und Gewichtsklasse,
- Anzahl der verpackten Eier,
- Name, Anschrift und Kennnummer des Verpackungsbetriebes,
- Erzeugercode (Herkunft und Haltungsform) sowie
- Mindesthaltbarkeitsdatum (MHD).

Abb. 2: Loseverkauf von Eiern

Laura S. wird von einer freundlichen Verkäuferin über die verschiedenen Kennzeichnungen aufgeklärt. Grundsätzlich gilt, so die Verkäuferin, dass die Bedeutung des Erzeugercodes auf den Verpackungen oder bei Loseverkäufen erklärt werden muss. Der Code setzt sich in festgelegter Abfolge aus diesen Merkmalen zusammen:

Code für das Haltungssystem
0 = ökologische Erzeugung
1 = Freilandhaltung
2 = Bodenhaltung
3 = Käfighaltung

Code des Registrierungsmitgliedstaats (Herkunft)
AT = Österreich
BE = Belgien
DE = Deutschland
NL = Niederlande

Identifizierung des Herkunftslandes
Über die ersten beiden Stellen der sechsstelligen Prüfziffer kann das Bundesland identifiziert werden.
01 = Schleswig-Holstein
02 = Hamburg
03 = Niedersachsen
04 = Bremen
05 = Nordrhein-Westfalen
06 = Hessen
07 = Rheinland-Pfalz
08 = Baden-Württemberg
09 = Bayern
10 = Saarland
11 = Berlin
12 = Brandenburg
13 = Mecklenburg-Vorpommern
14 = Sachsen
15 = Sachsen-Anhalt
16 = Thüringen

Identifizierung des Betriebs
Die Erzeugerbetriebe lassen sich über deren individuelle vierstellige Nummer identifizieren. Es können weitere Stellen angefügt werden, um einzelne Bestände/Ställe zu kennzeichnen.

Güteklasse
- Klasse A („frische Eier“): Eier dürfen weder gewaschen noch anderweitig gereinigt, nicht haltbar gemacht oder gekühlt werden; normale Konsumeier für private Haushalte.
- Klasse B („Eier zweiter Qualität oder deklassiert“): Eier sind für Unternehmen der Nahrungsmittelindustrie und Unternehmen der Nichtnahrungsmittelindustrie bestimmt.

Kriterien für die Einteilung in die Güteklassen sind der Zustand der Schale und der dünnen Schutzschicht (*Kutikula*), der Luftkammer, des Eiklars, des Dotters, des Keims sowie der Geruch des Eies.

Gewichtsklassen
- XL sehr groß (73 g und mehr)
- L groß (63 g bis unter 73 g)
- M mittel (53 g bis unter 63 g)
- S klein (unter 53 g)

Kleingruppenhaltung
Eier aus der deutschen Kleingruppenhaltung sind auf der Verpackung als „Eier aus Käfighaltung“ zu kennzeichnen. Die Angabe der Haltungsart kann um den Begriff „ausgestalteter Käfig“ ergänzt werden.

Kennzeichnung bei Direktvermarktung
Eier brauchen nicht gekennzeichnet zu werden, wenn der Erzeuger auf der Hofstelle oder im Verkauf an der Tür seine Produkte an den Endverbraucher zum Eigenbedarf abgibt. Die Eier sind hier unverpackt und haben keine Güte- und Gewichtsklassenangaben. Auf dem örtlichen Markt ist jedoch der Erzeugercode angegeben.

Abb. 3: Kennzeichnung von Eiern

Kennzeichnung ökologisch erzeugter Eier
Auf der Verpackung ist zusätzlich die Codenummer oder der Name der Öko-Kontrollstelle anzugeben.

Mindesthaltbarkeitsdatum (MHD)
Das MHD darf die Frist von 28 Tagen nach Legedatum nicht überschreiten. Danach dürfen Eier nicht mehr verkauft werden. Die Angabe des Legedatums ist freiwillig.

Laura S. muss sich entscheiden. Zurück auf dem Markt findet sie ein großes Angebot an Eiern. Allerdings fehlen bei der Direktvermarktung einige Angaben, weshalb die Auszubildende zu einem Stand geht, der ausschließlich Bio-Produkte anbietet. Sie stellt fest, dass hier die Eier etwas teurer sind, aber dafür aus ökologischer Haltung. Laura S. entscheidet sich für diese Eier und kauft für das GLOBALE-WELT-HOTEL zwei Paletten à 30 Stück. Ob aber Frau Ehrlicher mit dem höheren Preis einverstanden ist?

AUFGABEN

1 **Am Frühstücksbuffet werden pochierte Eier, Rühreier und Omeletts angeboten. Erstellen Sie die richtigen Arbeitsabläufe mit Hilfe des →Arbeitsblatt 1.**

2 **Laura S. soll 60 Eier kaufen. Welche Kennzeichnung muss auf der Verpackung stehen, damit sie die Vorgaben der Küchenleitung einhält? Verwenden Sie das →Arbeitsblatt 2.**

3 **Führen Sie eine Umfrage zu folgenden Aspekten durch: *Worauf achten Sie beim Kauf von Eiern? Welche Eier schmecken Ihnen am besten? Wodurch verändert sich der Geschmack von Eiern?* Vergleichen Sie die Antworten mit dem Material M1 und diskutieren Sie die Motive beim Kauf von Eiern.**

4 **Im →Arbeitsblatt 3a werden zwei Fälle dargestellt, bei denen Fehler im Umgang mit Eiern erfolgen. Benennen Sie diese.**

5 **Führen Sie eine Verkostung von Eiern durch. →Arbeitsblatt 3b–c.**

2 Hygiene ist wichtig!

Nachdem Laura S. die Eier gekauft hat, soll sie für das Frühstücksbuffet Eier kochen. Sie holt eine Palette mit Eiern aus dem Kühlhaus und legt sie auf ihren Arbeitsplatz am Gardemanger.
Doch bevor sie mit der Arbeit beginnt, wird sie von ihrer Küchenchefin darauf aufmerksam gemacht, dass zunächst alle anderen Lebensmittel an ihrem Arbeitsplatz wegzuräumen sind. Dies betrifft vor allem die Früchte, welche die Auszubildende für die Dessertspeisen zur Dekoration verwendet.
Gerade im Umgang mit Eiern, so ihre Küchenchefin, spielt die Einhaltung von Hygieneregeln eine besondere Rolle. Denn Eier können Überträger von Salmonellen sein, die zu schweren Erkrankungen führen.

Salmonellenerkrankung

Eine Salmonellenerkrankung beginnt meist plötzlich mit starken Durchfällen, Bauchschmerzen, teilweise mit Fieber, Übelkeit, Erbrechen und Kopfschmerzen. Die Symptome dauern in der Regel nur wenige Stunden oder Tage. In schweren Fällen kann es zu Schüttelfrost, höherem Fieber und sogar zum Kollaps kommen. Das Robert Koch-Institut stellte 2006 insgesamt 52 575 Erkrankungsfälle und 47 Todesfälle fest. Infektionswege: Salmonellenerkrankungen sind meist lebensmittelbedingte Erkrankungen und treten oft in öffentlichen Einrichtungen mit Gemeinschaftsverpflegung wie Kindergärten oder Altenheimen auf. Infektionsquellen: rohes Fleisch (Hackfleisch, Rohwurst wie frische Mettwurst), nicht ausreichend erhitztes Fleisch, besonders vom Geflügel, aber auch vom Schwein und Rind. Besonders bedenklich sind rohe Eier und Speisen, die Rohei enthalten, wie z. B. roher Kuchenteig, Eischäume, Cremes, Mayonnaise und Speiseeis – vor allem, wenn sie zu lange oder ungekühlt aufbewahrt wurden.

Laura S. sieht ein, dass sie im Umgang mit Eiern besonders vorsichtig sein muss. Daher räumt sie sämtliche anderen Lebensmittel weg und achtet auf gründliche Personalhygiene.

AUFGABEN

1 **Hygiene ist wichtig, weil im Schadensfall nicht nur die eigene, sondern auch eine fremde Person betroffen ist. Erarbeiten Sie die risikoreichen Übertragungswege und verwenden Sie auch das →Arbeitsblatt 4.**

2 **Welche Möglichkeiten bei der Zubereitung von Eispeisen gibt es, wenn man auf Rohei verzichten möchte?**

3 Haltungsformen

3.1 Kein Ei mit „3“

Laura S. hat sich informiert und kennt nun die verschiedenen Merkmalskennzeichnungen von Eiern. Allerdings weiß sie noch sehr wenig, was die verschiedenen Haltungsformen im Einzelnen tatsächlich bedeuten. Zwar hat sie hin und wieder Reportagen in den Medien über die Käfighaltung von Hühnern gesehen, doch möchte sie nun mehr erfahren. Bei ihren Nachforschungen erfährt sie von der Kampagne: Kein Ei mit „3“.

PRESSEMITTEILUNG

Kein Ei aus Quälerei – Kein Ei mit „3“

Abb. 4: Kampagnenplakat des Deutschen Tierschutzbund e.V.

„Mit unserer Lobbyarbeit und der Kampagne „Kein Ei aus Quälerei“ setzen wir uns seit Jahren für ein Verbot der grausamen Käfigbatterien für Legehennen ein. Als ersten Erfolg konnten wir erreichen, dass Eier im Handel entsprechend ihrer Herkunft gekennzeichnet werden. Seit Januar 2004 müssen alle Eier mit einem Zahlencode versehen sein, der unter anderem Auskunft über das Haltungssystem der Legehennen gibt. Seit Juli 2005 gilt dies auch für die auf Wochenmärkten lose angebotenen Eier.“

Deutscher Tierschutzbund e.V.: „Kein Ei aus Quälerei“ www.tierschutzbund.de/kampagne_kein-ei-aus-quaelerei.html [Stand: 26.12.2011]

Die Auszubildende findet die Aktion der Tierschützer gut, weshalb sie sich weiter mit den verschiedenen Haltungssystemen beschäftigt. Schließlich möchte die Auszubildende dem Leitbild des GLOBALE-WELT-HOTEL entsprechen, worin ausdrücklich der Tierschutz erwähnt wird.

3.2 Haltungssysteme

Freilandhaltung

In der **Freilandhaltung** (Code für das Haltungssystem = 1) besitzen die Tiere einen Mindestfreilaufanteil von 4 Quadratmetern pro Legehenne. Für die Hühner sind ein überdachter Stall mit Sitzstangen, Nestern und Einstreu sowie ein Auslaufgehege vorgesehen. So wird ermöglicht, dass die Tiere ihren natürlichen Verhaltensweisen und Bewegungsbedürfnissen nachgehen können. Daher muss auch der Auslauf teilweise mit Bäumen oder Sträuchern begrünt sein. Ein Unterstand vor natürlichen Feinden ist ebenso vorgeschrieben.

Ökologische Haltung

Die ökologische bzw. biologische Legehennenhaltung (Code für das Haltungssystem = 0) ist mit der Freilandhaltung vergleichbar, nur dürfen im Stall bis zu sechs Hennen pro Quadratmeter gehalten werden. Hinsichtlich der Fütterung gelten die strengeren Auflagen der ökologischen Tierhaltung. So muss das Futter zu 80 % aus ökologischem Anbau stammen. Verboten sind künstliche Dotterfarbstoffe und Medikamente. Die Tiere haben acht Stunden Nachtruhe.

Bodenhaltung

Bei der **Bodenhaltung** (Code für das Haltungssystem = 2) werden die Legehennen meistens in großen Gruppen von hundert bis mehreren tausend Tieren gehalten. Nach EU-Vermarktungsordnung sind maximal neun Hennen pro Quadratmeter zulässig. Bodenhaltung ist eine reine Stallhaltung, in der der Boden zu mindestens einem Drittel mit Stroh, Sand oder Torf eingestreut sein muss. Der Rest besteht aus Latten- oder Gitterrosten. Neun Tiere teilen sich einen Quadratmeter Boden. Die Tiere sitzen auf gestuften Sitzstangen, wobei die Eier meist mit einem automatischen Fließband (oder auch per Hand) abgesammelt werden. Es ist nicht vorgeschrieben, die Tiere ins Freie zu lassen.

Zur Bodenhaltung gehört auch die sogenannte **Haltung in der Voliere**. Üblich sind hier mehreren Etagen mit Sitzstangen, Tränk- und Futtereinrichtungen, sodass die Legehennen zwischen den Ebenen wechseln und fast den gesamten Stallraum nutzen können. Da die Etagen auch als nutzbare Fläche anerkannt sind, insofern sie mindestens 30 Zentimeter breit und 45 Zentimeter hoch sind, können bei der Volierenhaltung mehr Tiere je Quadratmeter Stallfläche als bei der Boden- und Auslaufhaltung gehalten werden. Die Legehennenverordnung begrenzt die maximale Tierzahl allerdings auf 18 Hennen je Quadratmeter Stallgrundfläche.

Käfighaltung

Die **Batteriekäfighaltung** wurde zum 31. Dezember 2009 in Deutschland verboten. Bis zu diesem Zeitpunkt durften vier oder fünf Hennen auf schrägem Drahtgitter zusammengepfercht werden. Die Fläche für eine Henne betrug weniger als die Fläche einer DIN-A4-Seite. Seit 2010 ist die Käfighaltung durch die **Kleingruppenhaltung** (Code für das Haltungssystem = 3), auch als Kleinvoliere bezeichnet, ersetzt worden.
Doch schon kurz nach dem Inkrafttreten der Kleingruppenhaltung hat das Bundesverfassungsgericht am 12.10.2010 auch diese Haltungsform für nichtig erklärt. Danach verstoße die Kleingruppenhaltung gegen Artikel 20a des Grundgesetztes. So ist im Grundgesetz Tierschutz als Staatsziel festgelegt, was aber die Kleingruppenhaltung nicht gewährleiste. Aus diesem Grund hat das Bundesverfassungsgericht die Politik aufgefordert, bis 2012 eine Neuregelung zu finden und eine Änderung bei der Kleingruppenhaltung herbeizuführen.

Für die Auszubildende Laura S. steht fest, Eier für das GLOBALE-WELT-HOTEL sollten nur noch aus ökologischer Produktion stammen. Schließlich entspricht dies dem Leitbild des Tierschutzes und auch dem Leitbild der Ökologie.

Abb. 5: Huhn in Freilandhaltung

Abb. 6a und b: „Die Fotos entstanden auf einer Wiesenhof-Farm in Twistringen, Kreis Diepholz.. Die Farm ist für etwa 26 800 Tiere ausgelegt. Zehn Monate verbringen die Hühner, sog. Masttelterntiere, in den stickigen, fensterlosen Ställen."

PRESSEMITTEILUNG

Kleingruppenhaltung nicht tiergerecht

„Obwohl die neuen Käfige Legenester, Sitzstangen und einen winzigen Einstreubereich enthalten, sind weder Kleingruppenhaltung noch EU-Käfig tiergerecht. Im Vergleich zu herkömmlichen Batteriekäfigen können nun mehr Hennen in größeren Käfigen gehalten werden. Die Einrichtungen wie Legenester etc. sind völlig unzureichend und erfüllen lediglich eine Alibifunktion. Der Einstreubereich, der laut Gesetz jeder Henne zum Scharren und Picken zur Verfügung stehen muss, hat eine Größe von 90 cm^2 – das ist etwa die Fläche eines Bierdeckels. Viele für den herkömmlichen Käfig typischen Verhaltensstörungen, Verletzungsgefahren und Krankheiten sind auch hier vorprogrammiert."

Menschen für Tierrechte – Bundesverband der Tierversuchsgegner e.V. (2010): „Tierschutzwidrige Käfighaltung"
www.tierrechte.de/themen/landwirtschaftliche-intensivtierhaltung/legehennen/tierschutzwidrige-kaefighaltung [Stand: 26.12.2011]

AUFGABEN

1 **Diskutieren Sie in der Klasse die unterschiedlichen Haltungssysteme für Legehennen. Beziehen Sie dabei Ihr eigenes Kaufverhalten mit ein. Nutzen Sie ergänzend das →Material M2, M4, M5 und M6.**

2 **Analysieren Sie die Werbebotschaften beim Verkauf von Eiern. Welche Inhalte stehen im Vordergrund? Verwenden Sie das →Arbeitsblatt 5.**

3 **Erstellen Sie für das Eierspeisenangebot des GLOBALE-WELT-HOTEL einen Werbeflyer, der den Aspekt der nachhaltigen Erzeugung betont. Nutzen Sie auch das →Material M3 und das →Arbeitsblatt 6.**

4 **Erstellen Sie Präsentationsmaterial für eine Ausstellung zum Thema Hühnerhaltung. Nutzen Sie das →Methodenblatt: Ausstellung.**

4 Problem: Eierprodukte

Lebensmittelprodukte

Inzwischen ist die Reisegruppe im GLOBALE-WELT-HOTEL angekommen. Die Gäste waren mit dem Frühstücksbuffet zufrieden und werden im Hotel auch zu Mittag essen.
Einige Gäste haben als Sättigungsbeilage Nudeln bestellt. Die Auszubildende Laura S. kann bei der Zubereitung von selbst hergestellten Nudeln auf Bio-Eier zurückgreifen. Doch sie fragt sich, wie sie eigentlich bei Fertigprodukten erkennen kann, welche Zutaten verwendet werden.
Nach Rücksprache mit ihrer Küchenchefin erfährt sie, dass dies kaum möglich ist, da die Hersteller nicht zu derartigen Angaben verpflichtet sind. Wenn sie also sichergehen will und wissen möchte, was tatsächlich in ihrem Essen enthalten ist, dann muss die Auszubildende auch zu Hause möglichst alles selbst herstellen.
Auf den Verpackungen wird sie auf jeden Fall keine Hinweise über die Herkunft sämtlicher Zutaten finden.

Kennzeichnungspflicht bei Lebensmittelprodukten, die Eier enthalten

Die Kennzeichnungspflicht für Eier hinsichtlich der Haltungssysteme betrifft derzeit nicht Lebensmittelprodukte, die Eier als Rohstoff verwenden. So kann der Verbraucher nicht erkennen, ob ein Lebensmittel, wie z. B. Nudeln, Schokolade, Backwaren und Mayonnaise, mit Hühnereiern aus Käfighaltung (Kleingruppenhaltung) oder aus Freilandhaltung hergestellt wurde. Der Deutsche Tierschutzbund fordert daher eine entsprechende Kennzeichnungspflicht auch für verarbeitete Lebensmittel, damit der Verbraucher mündig entscheiden kann. Mit der Kampagne „Keine Käfigeier in Produkten" wird ein Einlenken von der Politik erhofft, die Kennzeichnungsverordnung auszuweiten. Davon unabhängig zeigt die Kampagne erste Erfolge. So sahen sich bereits mehrere Unternehmen sowie einige Handelsketten veranlasst, keine Käfigeier mehr zu verwenden. Lidl stellt beispielsweise seit 2010 seine Eigenmarken auf die Verarbeitung von Boden- und Freilandeiern um. In Pasta der Lidl-Eigenmarke werden anstatt Käfigeier nun Eier aus Bodenhaltung verwendet.

Weitere Informationen unter: www.tierschutzbund.de [Kampagnen und Aktionen ► Aktionen für Tiere in der Landwirtschaft ► Kein Ei aus Quälerei ► Keine Käfigeier in Produkten]

Die Auszubildende Laura S. ist verunsichert. Sie erkennt, dass es bei Fertigprodukten keine ausreichende Möglichkeit der Kontrolle gibt. Aber was ist, wenn ein unerwarteter Spitzenbedarf besteht und kaum Zeit für eine aufwändige Zubereitung von Speisen ist. Kann man denn immer alles frisch machen oder muss man nicht auch gelegentlich auf Fertigprodukte zurückgreifen? Schließlich hat die Auszubildende auch in der Berufsschule das Thema Convenience ausführlich behandelt. Sie hat gelernt, dass die Vorteile dieser Produkte gerade im Bereich der Zeitersparnis und auf dem Gebiet der hygienischen Standards liegen. Nun erfährt sie aber von der fehlenden Kennzeichnungspflicht und weiß, dass für diese Produkte oft Eier aus Käfighaltung verwendet werden.
In einem Zeitungsartikel liest sie von einem anderen Hotel, in dessen Küche auf Eier aus Käfighaltung verzichtet wird. Das macht ihr Mut.

PRESSEMITTEILUNG

Hotelkette „Dorint Hotels & Resorts" verzichtet auf Eier aus der Käfighaltung

„Nachdem bereits nahezu alle großen Discounter und Handelsunternehmen den Verzicht auf Eier aus der Käfighaltung erklärt haben, steht ab heute fest, dass auch die Dorint-Hotels keine Eier mit der Ziffer 3 mehr verwenden. Der Deutsche Tierschutzbund begrüßt diese Entscheidung und setzt darauf, dass weitere Hotelketten folgen. ‚Für jeden Gastgeber gilt, seinen Gästen nur das Beste. Dazu gehört auch die moralisch einwandfreie Verköstigung. Mit dem Verzicht auf Eier aus der Käfighaltung gehen die Dorint-Hotels jetzt einen konsequenten Weg. Unsere Kampagne zeigt immer mehr Wirkung', begrüßt Wolfgang Apel, Präsident des Deutschen Tierschutzbundes, die heute bekannt gewordene Entscheidung der ‚Dorint Hotels & Resorts'. Dieser Schritt ist auch deswegen von besonderer Bedeutung, da in Hotels zumeist verarbeitete Eier im Angebot sind. Der Gast kann also die nur für Schaleneier vorgeschriebene Kennung mit der Ziffer 0 (Bio), 1 (Freiland), 2 (Bodenhaltung) oder eben die 3 (Käfighaltung) nicht erkennen. Dorint setzt daher auch konsequenterweise beim Flüssigei auf die alternative, tiergerechte Herkunft. Ein Schritt, den sich der Deutsche Tierschutzbund von anderen Hotelketten und auch Lebensmittelproduzenten ebenso wünscht. In Rührei, Backwaren, Nudeln oder Fertigprodukten zum Beispiel sind häufig Käfigeier versteckt. Etwa 40 % der in Deutschland produzierten Eier werden so verarbeitet, ohne dass der Verbraucher darüber aufgeklärt werden muss, aus welchem Haltungssystem die Eier stammen."

Deutscher Tierschutzbund e. V. (17.04.2009): „Kein Ei mit 3: Hotelkette „Dorint Hotels & Resorts" verzichtet auf Eier aus der Käfighaltung" www.tierschutzbund.de/3513.html [Stand: 26.12.2011]

Laura S. ist sich nun sicher: Der Einsatz von Convenience-Produkten lässt sich nicht mit dem Leitbild des GLOBALE-WELT-HOTEL verbinden. Wenn möglich, dann müssen die Speisen mit frischen Produkten zubereitet werden, damit die Herkunft der Lebensmittel bestimmt werden kann. Wenn dies aber nicht möglich ist, weil z. B. ein unerwartet hoher Bedarf besteht, dann sollte man lieber mal mein Gericht von der Karte nehmen und den Gästen den Grund erklären. Anderenfalls würde das GLOBALE-WELT-HOTEL ein Imageproblem bekommen und unglaubwürdig hinsichtlich des eigenen Leitbildes werden – schlimmstenfalls auch Gäste verlieren.

PRESSEMITTEILUNG

Warum kaufen Sie eigentlich so viele Käfigeier?

„Doch warum werden immer noch rund 16 % aller Legehennen in Deutschland – immerhin 4,6 Millionen Tiere – in Käfigen und Kleingruppen gehalten, wenn Verbraucher die Käfighaltung mehrheitlich ablehnen und kaum noch Käfigeier kaufen? Schuld daran ist eine Kennzeichnungslücke. Nur etwa 50 % aller verkauften Eier werden vom Endverbraucher als frische Eier gekauft, den Rest verarbeitet vor allem die Lebensmittelindustrie sowie das Hotel- und Gaststättengewerbe. Bei verarbeiteten Produkten wie beispielsweise Teig- und Backwaren und auch in der Gastronomie müssen jedoch keine Informationen über die Haltungsform der Hühner angegeben werden. Experten schätzen, dass Eier und Zutaten wie Eipulver, die von der Lebensmittelindustrie und von Großverbrauchern verarbeitet werden, nach wie vor überwiegend aus Käfighaltung stammen – oftmals importiert aus dem Ausland. (...) Die Industrie bevorzugt den billigeren Rohstoff Käfigei – Eier aus Bodenhaltung sind rund ein Viertel teurer –, muss das aber auf der Verpackung nicht kenntlich machen. (...) Ein ‚Huhn im Käfig'-Symbol auf den Verpackungen von Nudeln oder Backwaren mit Käfigeiern wäre leicht verständlich und für alle auf einen Blick zu erfassen. Erst dann hätten Verbraucher die echte Chance, der Käfigeier-Lobby die rote Karte zu zeigen. Wer Käfigeier verwendet, sollte das auch kenntlich machen müssen."

Foodwatch e. V. (04/2011): „Warum kaufen Sie eigentlich so viele Käfigeier?" http://foodwatch.de/foodwatch/content/e10/e6751/e25811/Eier-Informationen_April_2011_ger.pdf [Stand: 26.12.2011]

AUFGABEN

1 Diskutieren Sie die Frage, warum bislang eine Kennzeichnungspflicht bei verarbeiteten Lebensmittelprodukten fehlt.

2 Überlegen Sie, welche Chancen sich für ein Hotel- und Gaststättenunternehmen ergeben, wenn auf Eier aus Käfighaltung verzichtet wird?

5 Massentierhaltung und Konsumverhalten

Die Auszubildende Laura S. hat verstanden, dass das Leitbild des GLOBALE-WELT-HOTEL mit Schwerpunkt Nachhaltigkeit nur mit artgerechter Tierhaltung zu verbinden ist und dass Lebensmittel sorgfältig danach ausgesucht werden müssen.
Laura S. erkennt, dass auch ihr eigenes Konsumverhalten mitentscheidet, welche der Haltungsformen (Massentierhaltung oder artgerechte Tierhaltung) zukünftig von Bedeutung sind.

ZEITUNGSARTIKEL

Wir essen die Welt

„Für billige Lebensmittel nehmen die Konsumenten alles in Kauf – von der Tierquälerei bis zur Rodung der Urwälder. Früher brauchte ein Schwein fast drei Jahre, bis es schlachtreif war. Heute sind es sechs Monate. Ein frisch geschlüpftes Küken endet nach 38 Tagen als Chicken Nugget in der Fritteuse. Es sind keine Tiere, sondern Produkte. Optimiert für schnelles Wachstum und reibungslose maschinelle Weiterverarbeitung. Sie sind Objekte derselben industriellen Logik, die Gummi in Autoreifen verwandelt und Rinder in Hackbraten. [...] Und trotzdem spüren die Menschen, dass es eben doch einen Unterschied gibt zwischen Autoreifen und Lebensmitteln. Wir reagieren verstört, wenn uns gezeigt wird, dass riesige Gemüseplantagen in Südeuropa das Grundwasser knapp werden lassen. Dass Südamerikaner den Urwald roden, um Soja für deutsches Mastvieh anzubauen. [...] Doch bald werden die Bilder vergessen sein, und wir spielen weiter das Spiel des ‚Mehr, schneller, billiger‘, das unseren Umgang mit Lebensmitteln seit Jahrzehnten prägt. [...] Bei aller Kritik hat die Industrialisierung der Nahrungskette auch Vorteile. Die Hygiene lässt sich bei großen Fabriken viel besser überwachen als in Tausenden Kleinbetrieben. Und mag es auch befremdlich wirken, dass Kühltransporter täglich riesige Mengen Schweinefleisch in die Supermärkte karren: Ein paar Lastwagen verbrauchen allemal weniger Sprit, als wenn Hunderte Großstädter selbst mit ihren Autos die Hofläden im Umland abklappern, um sich einzelne Schnitzel aus der Hausschlachtung zu besorgen. Eine bessere Nahrungsmittelproduktion muss also beides verbinden: den ökologischen Gedanken eines respektvollen Umgangs mit der Natur und die effizienten Strukturen der Industrie. [...] Die Verbraucher müssten sich dann wohl davon verabschieden, dass manch eine Wurst weniger kostet als ein Glas Mineralwasser. Wer umsichtig hergestellte Lebensmittel will, kann sie bekommen, auch zu einem bezahlbaren Preis. Wer aber so billig wie irgend möglich einkaufen möchte, der soll nicht in den Film *We feed the world* gehen und sich anschließend darüber empören, er habe nichts von alledem geahnt. Dann soll er sagen: Ja, ich weiß um den Preis, aber er ist mir egal."

Rohwetter, Marcus (11.05.2006): „Wir essen die Welt"
www.zeit.de/2006/20/01_leit_1_neu
[Stand: 26.12.2011]

ZEITUNGSARTIKEL

„Der Verbraucher ist schuld"

„Wir liefern nur, was die Verbraucher wollen, verteidigt sich der Marktführer bei Geflügel. Man müsste jedes Jahr neue Mastbetriebe eröffnen, um die Nachfrage zu decken. Deutschlands größter Hühnerbaron, Paul-Heinz Wesjohann, wäscht seine Hände in Unschuld. Zwar ist die Unternehmensgruppe PHW mit ihrer Marke ‚Wiesenhof' unter seiner Führung zum bundesweit wichtigsten Hühnermäster aufgestiegen. Die Stallanlagen mit teilweise mehr als 200 000 Hühnern werden wegen der Haltungsbedingungen und Umweltbelastungen heftig kritisiert.
Doch Wesjohann, der fast jedes zweite deutsche Hähnchen produziert, sieht die Verantwortung nicht bei sich, sondern bei den Konsumenten. Die entschieden schließlich über die Art der Haltung: über „bio" mit mehr Platz für jedes Tier oder „konventionell" mit seinen niedrigeren Standards. ‚Das, was der Verbraucher wünscht, das werden wir ihm auch liefern', sagte der Geflügelunternehmer dazu bei einem Gespräch der Grünen-Bundestagsfraktion über Massentierhaltung am Montag in Berlin. (...)"

Maurin, Jost (21.04.2010): „Der Verbraucher ist schuld"
www.taz.de/!51371/ [Stand: 26.12.2011]

REGIONALANZEIGER (01.02.2012)

Die Verantwortung der Gastronomie, des Handels und der Verbraucher

Viele Hühnerbauern der Region würden ja gerne auf biologische Produktion und eine artgerechte Tierhaltung umsteigen. Doch leichter gesagt als getan. Denn es kommt auf die Abnehmer an, so Betreiber Horst Meier. Als mein Hauptabnehmer von Hühnereiern, eine große Fast-Food-Kette, komplett auf Freilandhaltung umgesetzt hat, habe ich auch meinen Betrieb umgestellt. Das ist nämlich nicht so einfach. Ich bin kein überzeugter Öko, sondern in erster Linie Geschäftsmann und wenn meine Kunden das so wünschen, dann mache ich das auch. Nun habe ich nur Freilandhühner. Aber das kann sich ändern. Würden die Kunden plötzlich keine Freilandeier mehr kaufen, würde ich auch wieder auf Käfighaltung umsteigen – sonst müsste ich dicht machen.

Die Auszubildende Laura S. ahnt, dass mit artgerechter Tierhaltung auch die Preise auf der Speisekarte des GLOBALE-WELT-HOTEL steigen würden. Kann sich das ein Hotel leisten?
Sie geht zu ihrer Küchenchefin und fragt nach. Frau Ehrlicher hat folgende Antwort:
„Liebe Laura, das ist schon richtig. Wenn man artgerechte Tierhaltung möchte, dann muss man auch be-

reit sein, die Mehrkosten zu tragen. Aber als Hotel haben wir ja noch eine andere Möglichkeit. Wir sind schließlich ausgebildete Fachkräfte und können mit unserem Wissen über die Zubereitung von Lebensmitteln und mit unserem handwerklichen Können alle unsere Speisen veredeln. Gerade die Verwendung von frischen Zutaten an Stelle von Fertigprodukten erlaubt es uns, immer neue und abwechslungsreiche Gerichte auf höchstem Niveau zuzubereiten. Letztendlich nutzt auch ein zähes Stück Rinderfilet aus artgerechter Tierhaltung niemanden etwas.
Es kommt also auch auf die Zubereitung an, auf den Umgang mit den Produkten, sodass die Gäste für ihr Geld einen entsprechenden Gegenwert erhalten und zufrieden nach Hause gehen."

online www.bio-spitzenkoeche.de
[Suche: „Nachhaltig und transparent"]

AUFGABEN

1 **Zur industriellen Lebensmittelproduktion gehört auch die Massentierhaltung. Welche Argumente werden in den Zeitungsartikeln genannt, die dafür verantwortlich sind? Verwenden Sie auch das** **→Material M4.**

2 **Diskutieren Sie über die Chancen und Risiken der industriellen Massentierhaltung.**

3 **Diskutieren Sie die Frage, welche Verantwortung der Verbraucher hinsichtlich der Hühnerhaltung besitzt. Verwenden Sie auch das** **→Material M2.**

ALLES KLAR?

1 **Welche Informationen lassen sich aus der Kennzeichnung von Eiern ablesen?**

2 **Nennen sie die Unterschiede bei den Haltungsformen von Hühnern und erklären Sie, weshalb auch die Bodenhaltung in der Kritik steht.**

3 **Welche Motive werden mit der Kampagne Kein Ei mit „3" verfolgt?**

4 **Welche Gründe werden genannt, die für eine Kennzeichnung von Lebensmitteln mit verarbeiteten Eiern sprechen?**

5 **Wo liegen Ihrer Meinung nach die Gründe, weshalb die Massentierhaltung noch immer führend in der Produktion tierischer Lebensmittel ist?**

6 **Diskutieren Sie in der Klasse folgende Standpunkte:**

„Bio-Eier sind mir egal. Weil ich nicht viel Geld verdiene, muss ich auf billige Lebensmittel achten."

„Ich kaufe vorzugsweise Bio-Eier, weil der Preisunterschied nicht so groß ist und ich für den Tierschutz gerne mal auf ein Ei verzichten kann."

Wir haben die Wahl!

Artikel 20a
Der Staat schützt auch in Verantwortung für die künftigen Generationen die natürlichen Lebensgrundlagen und die Tiere im Rahmen der verfassungsmäßigen Ordnung durch die Gesetzgebung und nach Maßgabe von Gesetz und Recht durch die vollziehende Gewalt und Rechtsprechung.

6 Materialien

M1 Einflüsse auf den Geschmack von Eiern

Sensorik
Um den Geschmack von Eiern festzustellen, werden sensorische Tests durchgeführt. Auf diese Weise können Qualitätseigenschaften unterschieden werden, die man mit den Sinnesorganen wahrnehmen und bewerten kann. Dazu gehören Geruch, Geschmack, Gehör, Tasten und Gesicht (visuelle Wahrnehmung). Beim Ei werden das Aroma, der Geschmack und die Farbe bewertet. Allerdings hat jeder Mensch bereits Vorstellungen vom guten Geschmack oder von einer guten Konsistenz.
Einige mögen beispielsweise das Frühstücksei lieber fest, andere bevorzugen eine weiche Dotterkonsistenz. Die Sensorik hängt daher stark von den persönlichen Voraussetzungen, Einstellungen und Erwartungshaltungen ab. Selbst die Fähigkeit, alle Geschmäcker auf der Zunge einwandfrei bestimmen zu können (salzig, süß, bitter usw.), ist von Mensch zu Mensch unterschiedlich stark ausgeprägt.

Geschmacksbeeinflussung
Tierfutter Der Geschmack von Eiern kann vom Futter der Hühner beeinträchtigt sein. Dies erklärt, warum heute kein Fischmehl mehr als Futterbeigabe verwendet wird. Allerdings besitzt ranziges Fett im Futter die gleiche Eigenschaft und bewirkt einen Fischgeschmack. Ebenfalls negativ sind Baumwollsaatmehl, Raps, Bohnen, Hirse und Roggen. Ist das Tierfutter von Schimmelpilzen und Bakterien befallen, kommt es ebenfalls zur negativen Geschmacksbeeinträchtigung („Heugeruch“ und „käsiger Fäulnisgeruch“).

Tierhaltung Eine unzureichende Hygiene im Stall der Tiere führt ebenfalls zur Geschmacksbeeinträchtigung. Schmutz- und Kotgerüche sowie Fäulnisgerüche durch nicht abgesammelte Eier können übertragen werden. Bei Erkrankungen von Hühnern müssen Wartezeiten eingehalten werden, da die Tiere die im Kot enthaltenen und ausgeschiedenen Medikamente über die neue Einstreu wieder aufnehmen.

Lagerung Die Eischale besitzt viele tausend Poren und kann fremde Gerüche aufnehmen. Eine Lagerung mit Zwiebeln, Kartoffeln oder Zitrusfrüchten beeinträchtigt daher den Geschmack. Dies gilt auch für die Lagerung der Eier im Groß- und Einzelhandel. Bei der Kühlung mit Umluft entsteht ein muffiger Eigengeschmack (z.B. bei Kühlregalen in Großküchen). Bei der Lagerung am Kochherd werden die Kochdünste übertragen. Ebenso können Eierkartons Geschmack aufnehmen/abgeben. Eierkartons sollten auch nicht wiederverwendet werden, da Eierreste anhaften können und es zur Übertragung von Bakterien (z.B. Salmonellen) kommt. Optimal ist ein kühler, dunkler und feuchter Lagerplatz.

Verarbeitung Den größten Einfluss auf die Geschmacksbildung besitzt sicherlich die Verarbeitung des Lebensmittels. Ob Eier mit Öl oder mit Butter zubereitet werden, gewürzt werden oder ungewürzt bleiben – das alles bestimmt ihren Geschmack.

Verzehr Werden Frühstückseier mit einem Silberlöffel verzehrt, schmecken sie bitter und riechen streng. Die besten Eierlöffel sind aus Horn, ersatzweise auch aus Kunststoff.

Alter Zwischen dem 3. und dem 14. Tag nach dem Legen entwickelt das Ei die meisten Geschmacksstoffe. Ältere Eier (14.–28. Tag) verlieren an Geschmack und ihre Schale wird porös. Bei älteren Eiern ist daher auf das Verfallsdatum zu achten.

M2 Eierproduktion und Eierkonsum in Deutschland

Bundesministerium für Ernährung, Landwirtschaft und Verbraucherschutz (2010): „Kennzahlen des deutschen Eiermarktes“
http://berichte.bmelv-statistik.de/DFB-0100200-2010.pdf
[Stand: 26.12.2011]

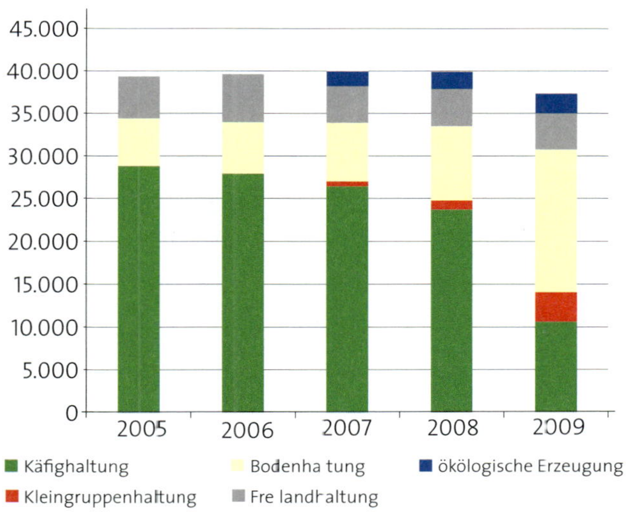

Abb. 7 Haltungsplätze nach Haltungsform in Deutschland 2005–2009

	Jan	Feb	März	April	Mai	Jun	Jul	Aug	Sep	Okt	Nov	Dez
mit Angabe der Haltungsform	537,7	484,7	507,9	568,5	491,3	455,0	479,6	450,4	464,6	538,5	534,0	622,5
– ökologische Erzeugung	37,1	34,1	35,7	35,7	35,5	32,8	34,9	34,9	33,2	37,7	36,0	38,1
– Freilandhaltung	128,8	112,9	117,5	131,6	114,3	106,0	116,4	111,9	112,2	133,8	129,4	151,6
– Bodenhaltung	198,2	189,4	199,2	225,9	199,4	194,6	209,7	197,5	215,0	265,1	278,9	331,7
– Käfighaltung	173,6	148,3	155,5	175,3	142,1	121,6	118,6	106,1	104,2	101,9	89,7	101,1
ohne Angabe der Haltungsform[1]	88,8	84,2	89,9	99,8	83,4	77,8	83,9	72,9	76,2	85,0	77,3	88,8
bunte gekochte Eier	22,6	41,4	71,1	103,2	10,9	8,7	9,7	8,8	8,6	10,7	10,1	10,0
Käufe insgesamt	649,1	610,3	668,9	771,5	585,6	541,5	573,2	532,1	549,4	634,2	621,4	721,3

[1] Diese Rubrik umfasst die direkt vermarkteten Eier, die nicht gekennzeichnet werden müssen und die nicht identifizierbar gestempelten Eier.

Tab. 1: Eierkäufe privater Haushalte nach Haltungsformen 2008 in Mio. Stück

M3 Gesunde Bio-Eier?

Bei der Frage, ob Bio-Eier gesünder sind als Käfigeier, gehen die Meinungen auseinander. Da es kaum Untersuchungen zu diesem Thema gibt, wird in der Presse viel spekuliert.
Dies betrifft z. B. den oft zitierten helleren Dotter bei Bio-Eiern, was aber kein Zeichen mangelnder Qualität ist. Vielmehr wird in der ökologischen Produktion auf Farbstoffe im Futter verzichtet, was das Phänomen erklärt.
Einen deutlichen Unterschied gibt es jedoch hinsichtlich der Zusatzstoffe. So besteht in der ökologischen Landwirtschaft grundsätzlich ein Verbot des Zusatzes mit Antibiotika. Auch dürfen keine Pflanzenschutzmittel und andere Medikamente eingesetzt werden, was ein deutlicher Pluspunkt in Sachen Gesundheit für die Bio-Eier ist.
Dies erklärt auch, warum die vielen Futtermittelskandale oft die konventionelle Produktion betreffen und nicht die Erzeuger von Bio-Eiern. Rückstände, wie z. B. Dioxine, polychlorierte Biphenyle (PCB) oder das Hormon Medroxy-Progesteron-Acetat (MPA), finden sich daher im ökologischen Landbau nicht.

online www.was-wir-essen.de
[Suche: Sind Bio-Eier gesünder?]

M4 Massentierhaltung

KATALYSE-Institut Köln (21.05.2001): „Massentierhaltung"
www.umweltlexikon-online.de/RUBlandwirtsrohstoffe/Massentierhaltung.php [Stand: 26.12.2011]

„Als Massentierhaltung wird die konzentrierte Haltung von Tieren, vor allem Geflügel, Rindern und Schweinen in großer Zahl auf engem Raum (z. B. Batteriehaltung von Legehennen) zur Erzeugung tierischer Nahrungsmittel bezeichnet. Massentierhaltung erfolgt mit sehr großen Beständen und meist nur einer Tierart.
Die zunehmende Konzentration der Tierhaltung erfolgte aus arbeitstechnischen und ökonomischen Gründen. Tierschützer kritisieren die Massentierhaltung, weil die Tiere nicht artgerecht gehalten werden. Massentierhaltung findet unter hohem Aufwand technischer Hilfsmittel und mit möglichst wenig Personal- und Zeitaufwand statt, um möglichst hohe Gewinne zu erwirtschaften. Mit der Spezialisierung gehen Tierhaltungsbetriebe wirtschaftlich und seuchenhygienisch ein größeres Risiko ein als ein vergleichbarer Mischbetrieb.

Auf Grund der beengten Haltung und der einseitigen Züchtung auf Leistung (z.B. hohe Fleischerträge) sind die Tiere krankheitsanfälliger, was zu einem höheren Arzneimitteleinsatz führt. [...] Der teilweise hohe Einsatz von Antibiotika wird für die Resistenz verschiedener Krankheitserreger bei Mensch und Tier verantwortlich gemacht.
Ein großes Problem sind die großen Mengen an Gülle und Festmist, die bei zu geringer Landfläche des Betriebes nicht komplett auf den eigenen Flächen ausgebracht werden können, sodass sie anderweitig entsorgt werden. Eine Überdüngung der Ackerflächen birgt die Gefahr der Grundwasserbelastung.
Die Massentierhaltung setzt zudem im besonderen Umfang klimawirksame Emissionen frei. Hierzu gehören die für den Treibhauseffekt verantwortlichen Gase Methan und Lachgas."

online www.bund.net
[Suche: „Landwirtschaft Agrarreform statt Massentierhaltung"]

M5 Bodenhaltung in der Kritik

Nach Angaben verschiedener Tierschutzorganisationen steht auch die Bodenhaltung von Hühnern in der Kritik. So leben in einer Bodenhaltung bis zu 6 000 Tiere in einer Halle. Verhaltensstörungen, wie Kannibalismus und Federpicken, sind daher nicht selten. Aus diesem Grund stellt die Bodenhaltung aus Sicht des Tierschutzes nur ein Kompromiss zur Käfighaltung dar, nicht aber eine artgerechte Haltungsform. Zudem lassen sich einige Betriebe nicht gerne kontrollieren. Was in ihren Hallen passiert und ob überhaupt die Möglichkeit des Auslaufes in die freie Natur besteht (z.B. durch Öffnungen an den Ställen), wird gerne verschwiegen. Dafür hat z.B. die Tierschutzorganisation ‚peta' zahlreiche Dokumente, wie Fotos und Videos, sammeln können. Die reine Bodenhaltung ist daher manchmal nur ein reiner Etikettenschwindel, so Tierschützer, um den Verbrauchern vorzumachen, es handle sich um eine Haltungsform, die besonders artgerecht sei. Dass diese Strategie auch aufgeht, zeigt das gestiegene Verbraucherinteresse an Eiern aus Bodenhaltung.
Mittlerweile sind es die meistgekauften Eier. Dennoch mangelt es den Tieren häufig an Beschäftigung, da es keinen Grünauslauf gibt. Krankheiten und Verhaltensstörungen sind dabei oft das Resultat fehlender natürlicher Verhaltensweisen, die von den Tieren nicht mehr ausgeübt werden können. Dazu gehören die Futtersuche, das Scharren, aber auch das Kratzen und Picken – Handlungen, die auch die Bodenhaltung kaum ermöglicht.

online www.vier-pfoten.de
[► Projekte: „Hühnermobil"]

online www.peta.de
[► Suchbegriff: „Hühner"]

M6 Markteinführung von Eiern aus Kleingruppenhaltung

Bundesministerium für Ernährung, Landwirtschaft und Verbraucherschutz (28.05.2009): „Markteinführung von Eiern aus Kleingruppenhaltung"
www.bmelv.de/SharedDocs/Pressemitteilungen/2009/104-LI-Eier-aus-Kleingruppenhaltung.html
[Stand 26.12.2011]

[Gert Lindemann vom BMELV:] „Die Markteinführung von Eiern aus Kleingruppenhaltung ist ein wichtiger Schritt für die deutsche Eiererzeugung. Die Verbraucher erhalten damit eine preisgünstige Alternative zu den Eiern aus Boden- und Freilandhaltung sowie aus ökologischer Erzeugung. Wir wollen ein Abwandern der Legehennenhaltung aus Deutschland verhindern.
Deshalb hat sich die jetzige Bundesregierung für die Aufnahme der Kleingruppenhaltung als wettbewerbsfähige Haltungsform eingesetzt. Die Kleingruppenhaltung ist durch ein hohes Maß der Ausübung arttypischer Verhaltensmuster und eine hohe Bewegungsaktivität gekennzeichnet. Dies schafft die Voraussetzungen für eine hohe Gesundheit und damit eine hohe Leistungsfähigkeit der Legehennen. Diese wiederum ist eine wichtige Grundlage für eine wettbewerbsfähige Produktion von Eiern.
Weitere Vorteile der Kleingruppenhaltung liegen in einer geringeren Stallstaubbelastung und einer geringeren Konzentration von belastenden Gasen. Beides kommt sowohl dem Umweltschutz als auch dem Schutz der mit den Legehennen beschäftigten Personen zu gute."

METHODE

Ausstellung mit Beispiel Hühnerhaltung

Abb. 8: Medienwahl für die Präsentation: z. B. Leinwand für Visualisierungen

Ziel
Ziel einer Ausstellung ist die Veröffentlichung und Verbreitung der Ergebnisse von Unterrichtsarbeit. Über diese Form lässt sich also Transparenz herstellen, was durchaus zu einer breiten Diskussion führen kann. In der Schule werden Mitschüler, aber auch die Schulleitung, die Eltern und sogar (wenn beabsichtigt) fremde Personen informiert und angesprochen. Dies kann auch zu Unruhe führen, wenn z. B. mit der Ausstellung eine Provokation beabsichtigt ist. Insofern ist eine Ausstellung sorgfältig zu planen und die Ziele genau zu bestimmen.

Vorbereitung
Für die Vorbereitung sollte ausreichend Zeit eingeplant werden, da hier wichtige Grundentscheidungen zu treffen sind:

- Ziel der Ausstellung
- Fokus: Welche Personen werden angesprochen?
- zeitlicher Umfang
- Auswahl der Ergebnisse/Objekte
- Art der Präsentation
- Ort festlegen
- Materialien und Medien: Werden weitere Sachen benötigt, wie z. B. Kleber, Beamer, Lichtquellen?
- Rollenzuweisung/Aufgabenverteilung
- Klärung des Konfliktpotenzials: Kann es durch die Ausstellung zu (unerwarteten) Diskussionen kommen?
- rechtliche Rahmenbedingungen: Wer muss informiert werden, z. B. Schulleitung?

Medien
Die Wahl und Gestaltung der Medien, die für eine Ausstellung benötigt werden, ist sorgfältig und den Unterrichtsergebnissen entsprechend auszuwählen.

- Texte, die erklärenden Charakter haben, sind kurz und präzise zu gestalten
- Bilder (sofern sich nicht selbst erstellt worden sind) müssen auf ihre Rechte überprüft werden
- Visualisierungen über Lichtquellen (z. B. Beamer) müssen mit den Lichtverhältnissen vor Ort abgestimmt werden
- Gegenstände (z. B. Skulpturen) müssen auf ihre Sicherheit überprüft werden (Umsturzgefahr)
- Fluchtwege, bei Ausstellungen auf Fluren, sind zu beachten
- Werbung, Flyer u. Ä. sind in ausreichender Zahl zu Verfügung zustellen

Durchführung
Der Ablauf der Ausstellung hängt von ihrer gewählten Form ab.
So ist eine Bilderausstellung auf den Fluren des Schulgeländes weitgehend selbsterklärend, wogegen eine Präsentation der Unterrichtsergebnisse in Projektform (z. B. als Ausstellung in den Räumen der Handwerkskammer) von Schülern/Lehrern begleitet werden muss, z. B. durch einen „Museumsführer“.
In diesem Fall sind die Schüler aufgefordert, sachkundig Informationen geben zu können.

Auswertung
Jede Ausstellung sollte hinsichtlich ihres Erfolges überprüft werden. Anliegen einer Ausstellung ist es, Ergebnisse einem breiten Publikum zugänglich zu machen. Entsprechend ist in der Nachbesprechung danach zu fragen, welche Faktoren (auch der Planung) erfolgreich und welche nicht zielführend waren.

Beispiel: Hühnerhaltung

Ziel Eine Ausstellung zum Thema Hühnerhaltung informiert über die verschiedenen Haltungsformen und Haltungsvorschriften. Sie könnte zum Ziel haben, über die Auswahl an Bildern zu provozieren, indem die nicht artgerechte Haltung und ihre Folgen bei den Tieren offen dargestellt werden. Hierdurch wird emotionalisiert und bewusst angeklagt – mit dem Ziel, das Kaufverhalten zu überprüfen. Diese Form der Konfrontation ist durchaus legitim, muss aber mit allen verantwortlichen Personen abgesprochen werden.

Vorbereitung Bei Vorbereitung sollte vor allem abgeklärt werden, welches Ziel die Ausstellung verfolgt und damit zusammenhängend welche Form der Darstellung zum Thema Hühnerhaltung gewählt wird.

Beispiel: Provokation

- Auswahl von Bildmaterial mit erschreckenden Beispielen für nichtartgerechte Tierhaltung; dazu werden auf einem Beistelltisch jene Eierverpackungen präsentiert, die von Betrieben stammen, die ihre Ware mit dieser Haltungsform produzieren.
- Die Ergebnisse einer Schulumfrage werden auf einer Präsentationswand dargestellt, wonach (erwartungsgemäß) überwiegend Eier mit der Kennzeichnung 3 konsumiert und verarbeitet werden.
- Standorte der „Hühnerfarmen" werden auf einer Karte dargestellt, um offenzulegen, wer verantwortlich ist und in welchem Umfang dies geschieht.
- Schüler stehen bereit und führen eine Umfrage durch, welche Eier konsumiert werden. Die Ergebnisse werden zeitnah auf einem Plakat festgehalten.
- Videoclips werden auf einem Notebook präsentiert, auf denen nicht artgerechte Haltung von Tierschutzorganisationen dargestellt wird.

Medien Sofern eine provokative Ausstellung geplant ist, sind die Medien wichtige Träger der Informationen.
Hier bietet sich insbesondere Bildmaterial und Filmmaterial an, das die nicht artgerechte Haltung visualisiert. Hinzu kommt die Möglichkeit, über provokante Fragen die Ausstellung inhaltlich zu lenken. Denkbar sind große Schriftzüge auf aneinandergereihte Metaplankarten, die streitbare Fragen darstellen: *Willst Du Tiere quälen? Hast Du schon einmal darüber nachgedacht, woher Dein Frühstücksei stammt?*

Durchführung Bei der Durchführung einer provokativen Ausstellung ist der Anreiz zur Diskussion einzuplanen. Viele werden betroffen sein und nachfragen oder sich provoziert fühlen und Kritik äußeren. Dies ist einzuplanen und vorzubereiten.

Auswertung Die Auswertung sollte hier einen klaren Fokus haben, der mit der Provokation verbunden ist:

- Sind Emotionen angesprochen wurden?
- Sind die hervorgerufenen Emotionen Anlass für die Leute, ihr Verhalten zu überprüfen?
- Ist es gelungen, ins Gespräch zu kommen?

Arbeitsabläufe bei der Herstellung von Eierspeisen

Arbeitsauftrag: Erstellen Sie mit Hilfe eines Fachbuches und/oder des Internets die Arbeitsabläufe.

1. Pochierte Eier

2. Rühreier

3. Omeletts

NACHSCHLAGEMÖGLICHKEITEN:

- Birle, Herbert: *Die Sprache der Küche: Hädeckes kulinarisches Lexikon.* Hädecke, Weil der Stadt, 2007
- Reich, Carola [Red.]: *Dr. Oetker – Vorspeisen von A bis Z.* Dr. Oetker, Bielefeld, 2010

online www.jungekoeche.de

Kennzeichnung von Eiern

Arbeitsauftrag: Ergänzen Sie die fehlenden Angaben.

Welche Kennzeichnung müsste auf der Verpackung stehen, damit Laura S. die Vorgaben der Küchenleitung einhält?

Erzeugercode

MDH **Güteklasse und Gewicht**

Fallbeispiele zum Geschmack von Eiern

Arbeitsauftrag: Lesen Sie sich die Fallbeispiele sorgfältig durch und beantworten Sie die Fragen.

Fall 1: Festbankett – Spargel mit Sauce hollandaise: Für das Frühjahrsbankett im GLOBALE-WELT-HOTEL werden große Mengen Spargel mit Sauce hollandaise vorbereitet. Für die Sauce benötigt das Haus mehr frische Bio-Eier als üblicherweise notwendig. Jan B. ist Auszubildender zum Koch und nimmt die Lieferung am Montagmorgen um 9:00 Uhr am Lieferanteneingang entgegen. Er kontrolliert die Lieferung: Die Eier sind mit einer „0" zu Beginn der Ziffernfolge markiert, sind in mehreren Paletten offen gestapelt und nach Auskunft des Lieferanten erst drei Tage alt. Da das Kühlhaus, in dem normalerweise die Eier gelagert werden, bereits voll ist, stellt er die frischen Bio-Eier in ein Kühlregal des gefüllten Kartoffelspeichers. Hier lagern die Eier neben Kartoffeln und Zwiebeln dunkel bei durchschnittlich 6 °C. Am kommenden Tag holt Jan B. die frischen Bio-Eier aus dem Kühlregal und stellt sie auf seinen Arbeitsplatz direkt neben den Herd. Auf diese Weise kann er die vielen Eier ohne Platzprobleme neben dem Wasserbad für die Sauce hollandaise aufschlagen und verarbeiten. Er beginnt unverzüglich mit der Arbeit. Die Sauce hollandaise verarbeitet er fachgerecht, doch trotzdem muss er feststellen, dass der Geschmack leicht verfälscht und etwas moderig ist.

Frage: Welchen Fehler hat der Auszubildende Jan B. gemacht?

Fall 2: Einkauf im Supermarkt: Eine Reisegruppe wird kurzfristig im GLOBALE-WELT-HOTEL drei Tage im Voraus angemeldet. Die Gäste wollen frühstücken, wobei der Reiseleiter dem Restaurantchef erklärt, dass ab dem kommenden Monat regelmäßig eine Reisegruppe eintreffen soll. Dies hänge allerdings auch vom Frühstück ab, das frisch zubereitet und lecker schmecken soll. Spontan entschließt sich die Küchenleitung, für das Buffet noch zusätzlich 40 Eier als gekochte Bio-Frühstückseier anzubieten. Die Auszubildende Laura S. erhält den Auftrag, im nahe gelegenen Supermarkt 60 frische Bio-Eier einzukaufen. Als sie im Supermarkt ankommt, muss sie feststellen, dass zwar die Auswahl groß ist, doch frische Bio-Eier nur als Sonderangebot aufgeführt werden. Die Eier stehen wenige Tage vor Ablauf des Verfallsdatums. Neben den Bio-Eiern stehen noch frische Eier mit der Kennzeichnung „1" und „3". Die Auszubildende entscheidet sich dennoch für die Bio-Eier, da das Verfallsdatum erst in drei Tagen erreicht ist. In der Küche des Hotels werden zeitgleich die Vorbereitungen für das Frühstücksbuffet getroffen. Nachdem Laura S. die Eier abgegeben hat, muss sie im Restaurant helfen, die Tische einzudecken. Sie weiß, dass vom Frühstück viel abhängt. Aus diesem Grund deckt die Auszubildende die Tische mit dem Silberbesteck ein und sorgt für frische Schnittblumen.

Frage: Ist der Kauf von Bio-Eiern die richtige Entscheidung gewesen? Welche Alternative hätte es gegeben und sind weitere Fehler gemacht worden?

Verkostung von Eiern verschiedener Herkunft

Arbeitsauftrag: Führen Sie in Ihrer Klasse eine Einzelverkostung und geschmackliche (sensorische) Bewertung von Eiern durch.

A. Versuchsziel

bewusste Wahrnehmung der sensorischen Genusseigenschaften von gekochten Eiern verschiedener Herkunft vor dem Hintergrund des subjektiven Eindruckes

B. Vorbereitung

- ein Raum mit Kochgelegenheiten und Kochgeschirr (Töpfe, Schöpfkellen, Trockentücher usw.)
- bei nicht ausreichend vielen Kochgelegenheiten ist zeitversetzt zu arbeiten

C. Aufbau

- Tische zu Gruppenarbeitsflächen zusammenstellen, mit Schildern markieren (z. B. Arbeitsstation 1, 2 usw.) und mit einheitlichen Materialien ausstatten; dazu gehören je Schüler/-in
  - ein gekennzeichnetes Ei aus biologischer Legehennenhaltung,
  - ein gekennzeichnetes Ei aus Bodenhaltung,
  - ein gekennzeichnetes Ei aus Käfighaltung,
  - ein Teller und Eierlöffel (Kunststoff) sowie
  - Arbeitsblatt, Stifte, Uhr.
- Die Eier haben die gleiche Größe und ein vergleichbares Legedatum (bzw. Mindesthaltbarkeitsdatum).
- Flipchart, Poster o. Ä. für die Ergebnissicherung bereitstellen

D. Durchführung

Bilden Sie je nach Größe der Klasse homogene Gruppen.

- Informieren Sie sich über das Vorhaben und legen Sie einen Ablaufplan fest.
- Wasser erhitzen, Zeit nehmen und Eier exakt 7 Minuten sieden (Dotterkonsistenz sollte nicht fest sein).
- Eier vorsichtig entnehmen und mit kaltem Wasser abschrecken.

E. Verkostung

- Eier ohne Salz verkosten und Ergebnisse auf dem Arbeitsblatt notieren

F. Auswertung

Austausch in der Gruppe.

- Ergebnisse auf Flipchart oder Poster notieren
- Ergebnisse vergleichen (Einzelabfrage)
- nach den Ursachen für Geschmacksunterschiede fragen:
  - Welchen Einfluss hat die Herkunft (Haltung der Hühner) auf den Geschmack?
  - Welchen Einfluss hat meine persönliche Geschmackserwartung?
  - Welche weiteren Einflüsse auf den Geschmack kann es geben?
  - Welches Gesamturteil lässt sich festhalten?

Arbeitsblatt 3c

Notizen zur Verkostung

Arbeitsauftrag: Beurteilen Sie die Eier mit Hilfe der aufgestellten Kriterien. Halten Sie Ihre sensorischen Wahrnehmungen stichpunktartig fest.

Ordnen Sie jedem getesteten Merkmal eine Wertung zu: positiv (+) und negativ (-).

Nummer der Ei-Probe: ....

Kriterien	**Testergebnis**
Aussehen Farbe z.B. – helles Dotter, – kräftig-gelbes Dotter, – blasses Eiweiß – sattes Eiweiß, – klares Eiweiß, – trübes Eiweiß, – wässrig, matt, leuchtend, glänzend	
Aussehen Form z.B. – glatt, – rissig, – grießig, – gleichmäßig	
Geruch z.B. – frisch oder alt, – aromatisch oder leer, – faulig oder ausgewogen/ harmonisch	
Geschmack z.B. – frisch oder alt, – metallisch oder vollmundig, – bitter oder süßlich	

Salmonellen – Hygieneregeln beachten

Arbeitsauftrag: Lesen Sie sich das Fallbeispiel durch. Welche Fehler hat die Auszubildende Laura S. bei ihrer Arbeit gemacht? Achten Sie auf die Hygieneaspekte und vor allem auf mögliche Übertragungswege von Salmonellen.

Fallbeispiel:
Laura S. bereitet die Eier für das Frühstücksbuffet zu. Sie soll 30 Eier trennen. Folgendes ereignet sich im GLOBALE-WELT-HOTEL:

Die Auszubildende Laura S. fragt beim Chef der „Kalten Küche“ nach, ob sie wegen fehlender Arbeitsflächen auf seinem Posten arbeiten dürfe. Da der Chef der „Kalten Küche“ gerade im Magazin arbeitet, hat er nichts dagegen. Sie möge nur alles wieder ordentlich hinterlassen. Auf seinem Arbeitsplatz befinden sich zahlreiche offene Obstschalen mit frischem Obst. Laura S. schiebt die Obstschalen etwas nach hinten, damit sie genügend Platz für ihre Arbeit hat. Sie säubert den Tisch mit Papier. Dann legt sie ein sauberes Arbeitsbrett und ein neues, sauberes Trockentuch zurecht und stellt zwei große Schalen auf die Arbeitsfläche. Dann wäscht sie sich gründlich die Hände. Sie holt eine Palette mit Eiern aus dem Kühlhaus, stellt sie auf ihren Arbeitsplatz und beginnt, die Eier zu trennen. In die eine Schale wirft sie die Eigelb und in die andere Schale das Eiweiß. Die Schalenreste legt sie auf das Arbeitsbrett. Nach kurzer Zeit ist sie mit der Arbeit fast fertig. Um sich zu erfrischen, nimmt sie aus einer Obstschale eine Erdbeere, dann trennt sie die letzten Eier. Die Arbeit ist schnell geschafft. Laura S. trägt die beiden Schalen mit den getrennten Eiern zu ihrem Arbeitskollegen, der frische Omeletts zubereiten möchte. Die Eierschalenreste wirft sie in den Müll. Anschließend säubert sie das Arbeitsbrett und den Arbeitsplatz mit dem neuen und sauberen Trockentuch. Nachdem sie das Arbeitsbrett trocken gewischt hat, legt sie es ordentlich auf den Arbeitsplatz zurück und schiebt die Obstschalen wieder an ihre Stelle. Weil das Trockentuch nicht sehr feucht ist, verwendet sie es für ihre Arbeit weiter. Sie hängt es über ihre Schulter und geht sich die Hände waschen. Gründlich trocknet sie ihre Hände mit demselben Trockentuch ab und geht in die Pause. Der Chef der „Kalten Küche“ kehrt nun an seinen Arbeitsplatz zurück und beginnt, auf dem von Laura S. hinterlassenen Arbeitsbrett eine frische Ananas für die Eisspeisen vorzubereiten. Er freut sich, dass Laura S. den Arbeitsplatz ordentlich aufgeräumt hinterlassen hat.

Fehler:

1.

2.

3.

4.

5.

6.

Arbeitsblatt 5

Vermarktung von Eiern

Arbeitsauftrag: Gehen Sie in ein Lebensmittelgeschäft und notieren Sie die fehlenden Angaben. Diskutieren Sie die Unterschiede und begründen Sie Ihr eigenes Kaufverhalten.

1. Preisunterschiede

Eier Herkunft	**Preis pro 100 g** (oder pro Packung mit gleicher Anzahl und Größe)
ökologische Haltung (Code = 0)	
Freilandhaltung (Code = 1)	
Bodenhaltung (Code = 2)	
Kleingruppenhaltung (Code = 3)	

2. Vermarktung

Eier Herkunft	**Elemente der Vermarktung** – Wo befindet sich die Ware? im Zentrum der Einkaufstraße, Regal, ... – Wie wird die Ware vermarktet? Werbung, Aufsteller, Gewinnspiele, Aktionen, ... – Wird die Ware überhaupt angeboten? Angebotssegment, Sonderfläche, ... – Wie ist die Verpackung der Ware? optisch ansprechend, lose Ware, Verpackungsgröße ...
ökologische Haltung (Code = 0)	
Freilandhaltung (Code = 1)	
Bodenhaltung (Code = 2)	
Kleingruppenhaltung (Code = 3)	

Arbeitsblatt 6

Flyer für das GLOBALE-WELT-HOTEL

Arbeitsauftrag: Vervollständigen Sie die Flyervorlage, indem Sie den Gästen des GLOBALE-WELT-HOTEL die Vorteile der Verwendung von Bio-Eiern erklären.

GWH
GLOBALE-WELT-HOTEL

Liebe Gäste,

____

____

____

____

Genießen Sie z. B. unsere stets frischen

Frühstückseier.

____

____

____

____

Die Gesundheit von Mensch und Tier ist uns ein Selbstverständnis.

S. 7: Cordes, G., Hotel Gutshaus Stellshagen Cordes KG,
S. 8: Cordes, G., Hotel Gutshaus Stellshagen Cordes KG,
S. 9: Stomporowski, S., Hamburg,
S. 10: Stomporowski, S., Hamburg,
S. 11: pixelio/insektivor212 (M.: Stomporowski, S., Hamburg),
S. 13/1: Cordes, G., Hotel Gutshaus Stellshagen Cordes KG,
S. 13/2: Shutterstock/Portlandia,
S. 14/1: pixelio/Eckholdt, Barbara,
S. 14/2: pixelio/Sturm, Rainer,
S. 24: Cordes, G., Hotel Gutshaus Stellshagen Cordes KG,
S. 25: Shutterstock/osov,
S. 26: Shutterstock/Guy Shapira,
S. 28/1a: Shutterstock/studiogi,
S. 28/1b: Shutterstock/Gabi Siebenhuehner,
S. 28/1c: Shutterstock/Fedor Selivanov,
S. 28/1d: Shutterstock/Quan Zheng,
S. 28/2: Europäische Kommission/ http://ec.europa.eu,
S. 28/3: Bundesanstalt für Landwirtschaft und Ernährung/ www.bio-siegel.de,
S. 29/1a: Demeter e. V., Darmstadt,
S. 29/1b: Bioland – Verband für organisch-biologischen Landbau e.V., Mainz,
S. 29/1c: Naturland – Verband für ökologischen Landbau e.V., Gräfelfing,
S. 30/1: pixelio/Knipseline,
S. 30/2: Shutterstock/Arunas Gabalis,
S. 31: Shutterstock/a9photo,
S. 32/1: Shutterstock/Gregory Gerber,
S. 32/2: pixelio/Rainer Rosenwald,
S. 34/1a: pixelio/Marc Tollas,
S. 34/1b: Jürgen Sörensen,
S. 34/1c: pixelio/Oskar Günther,
S. 35: pixelio/Rainer Sturm,
S. 38: pixelio/S. Hofschlaeger,
S. 42/1a: Shutterstock/dionisvera,
S. 42/1b: Shutterstock/val r,
S. 42/1c: Shutterstock/Petr Vaclavek,
S. 46: Shutterstock/vincenzo Bernardi,
S. 47: pixelio/Rainer Sturm,
S. 49/1: Shutterstock/colorlife,
S. 49/2a: pixelio/Sandra Nabbefeld,
S. 49/2b: Shutterstock/Jessmine,
S. 50: pixelio/Campomalo,
S. 51/1a: TURM HANDELS AG, St. Gallen (CH),
S. 51/1b: Wikipedia/Ronchy,
S. 52/1: pixelio/Ernst Rose,
S. 52/2: Shutterstock/tommiphoto,
S. 53/1a: Shutterstock/Arunas Gabalis,
S. 53/1b: Shutterstock/Richard Laschon,
S. 54/1: Shutterstock/pdesign,
S. 54/2: Shutterstock/helissente,
S. 55: Clive Chilvers/Shutterstock.com,
S. 56/1: Wikipedia/Afrank99,
S. 57/1: Solino Coffee/LENOX GmbH & Co KG, Hamburg,
S. 57/2a: ORIGINAL FOOD GmbH, Freiburg,
S. 57/2b: denn ree GmbH, Töpen,
S. 60/1a: GEPA mbH, Wuppertal,
S. 60/1b: dwp eG Fairhandelsgenossenschaft, Ravensburg,
S. 60/1c: Liberación e.V., Karlsruhe,
S. 61: pixelio/Silke Kaiser,
S. 62: pixelio/Knipseline,
S. 66: Shutterstock/Arunas Gabalis,
S. 68: Shutterstock/Arunas Gabalis,
S. 70: Stomporowski, S., Hamburg,
S. 71: Shutterstock/erwinova,
S. 72: Shutterstock/Serer ethos,
S. 74: Wikipedia/Usien,
S. 75: Stomporowski, S., Hamburg,
S. 81: Danish Veterinary and Food Administration, Søborg (DK),
S. 89: pixelio/Gerd Altmann,
S. 98: pixelio/Joujou,
S. 99: Shutterstock/Elena Gaak,
S. 100/1: Shutterstock/3445128471,
S. 100/2: Shutterstock/kropic 1,
S. 101: Shutterstock/Komar Maria,
S. 104: Shutterstock/picturepartners,
S. 105/1: Nayashkova, Olga,
S. 105/2: Tupungato,
S. 107 [Hintergrund]: Shutterstock/ Evgeny Karandaev,
S. 111: Shutterstock/CoraMax,
S. 116: Shutterstock/Arunas Gabalis,
S. 118: Wikipedia/Lyzzy,
S. 119/1: Shutterstock/bonchan,
S. 119/2: Shutterstock/ampFotoStudio,
S. 122: Shutterstock/Elene Schweitzer,
S. 123: pixelio/Ulrike Linnenbrink,
S. 130: pixelio/Tim Caspary,
S. 135: pixelio/M. Großmann,
S. 136/1: Shutterstock/margouillat photo,
S. 136/2: pixelio/zaubervogel,
S. 137: pixelio/Andreas Morlok,
S. 139: Deutscher Tierschutzbund e.V., Bonn,
S. 140/1: pixelio/Regina Kaute,
S. 140/2a+b: PETA Deutschland e.V., Gerlingen,
S. 144/1: PETA Deutschland e.V., Gerlingen,
S. 144/2: pixelio/Karl-Heinz-Liebisch,
S. 148: Shutterstock/optimarc,
S. 151: pixelio/Andreas Morlok,
S. 157/1: pixelio/Karl-Heinz-Liebisch,
S. 157/2: pixelio/Angelina Ströbel

be my guest

Die neue Reihe für Auszubildende im Gastgewerbe

Sie befinden sich in einer Ausbildung im Gastgewerbe? Sie möchten sich auf Ihre Prüfung vorbereiten? Dann liegen Sie mit den be my guest – Prüfungstrainern genau richtig. Hier finden Sie zahlreiche, an den Originalprüfungen angelehnte Aufgaben, die Sie fit für Ihre Prüfung machen.

Prüfungstrainer
Hotelfachmann/-frau
978-3-06-450660-2

Prüfungstrainer
Restaurantfachmann/-frau
978-3-06-450663-3

Prüfungstrainer
Koch • Köchin
978-3-06-450661-9

Prüfungstrainer
Fachmann/-frau
Systemgastronomie
978-3-06-450664-0

Prüfungstrainer
Fachkraft im Gastgewerbe
978-3-06-450662-6

erscheinen 1. Halbjahr 2012

be my guest ist online

Besuchen Sie unsere be-my-guest-Seite und finden Sie einen interaktiven Vokabel- und Prüfungstrainer, eine Vorstellung des Globale-Welt-Hotels und zahlreiche Tipps rund um Prüfungsvorbereitung und Auslandsaufenthalte.

online www.cornelsen.de/be-my-guest

be my guest ist mobil

Sie möchten sich mobil auf Ihre Prüfung vorbereiten? Dann sind die be-my-guest-Apps genau das Richtige für Sie. So haben Sie be my guest immer dabei, auf I-Pad, I-Phone oder I-Pod-touch.

be my guest – Prüfungstrainer sind auf Facebook

Besuchen Sie unseren Prüfungstrainer „Flitz" auf Facebook.